JN299067

生き方支援の心理学

脳の働きから心や行動を理解する

安東末廣 編著

北大路書房

はじめに

　本書では，心理学の立場から，生き方の支援を次の2つの側面から考えました。1つは，生き方の創造に関する支援，もう1つは生き方の立て直しに関する支援です。

　まず，生き方の創造に関する支援では，生き方の基本単位として脳を考えました。近年，特に脳科学に関するエビデンスが増え，心理学にも多大な影響を与えています。私たちが取りあげる生き方の支援においても，どのような生き方をするかで，脳内の神経ネットワークが変化することが知られています。神経力学とは神経ネットワーク内の力学関係であり，脳内の諸機能の複雑な働き合いを意味し，神経力学の結果として感情，認知，行動などが生まれます。つまり，神経力学は，生き方そのものといえます。

　ライフサイクルにおける脳の成熟や心理機能の発達，生き方を生み出す脳，生き方を支える脳，生き方のチャレンジと神経力学などの観点から，生き方を見つめなおしてみたいと思います。

　ところで，私たちは日々の生活の中で，さまざまな経験を重ねて，知識を蓄え，スキルを獲得し，現実の諸課題や人間関係に対処しています。こうした人の生き方を支える心の基本機能について，その発達とメカニズムについて検討します。

　また私たちの人生はさまざまであり，他の誰でもない自分が自分の個性をもちつつ，同じように個性をもった他者といっしょにそれぞれの人生を生きています。人には心身の成長の仕方や行動パターンなどに共通点があることがわかっています。また，時代によっての共通点もみられ，それを追うと時代による変化としてとらえることができます。人として共通している成長の仕方を追い，それから現代の特徴をあげます。

　次は，生き方の立て直しに関する支援についてです。現代社会にはストレス因子が多く存在し，私たちの社会生活は危機的状況に追い込まれる可能性に満ちています。私たちが環境への適応に失敗したり対人関係に問題を抱えたりしたときに，心理的にどのような状態が表われるかについて，発達過程での危機，日常生活のなかのこころの問題，こころの危機などの点から考えます。また，神経力学の視点から，自閉症スペクトラム，不安，うつなどのニューロイメージング研究

の概観も行ないます。

　立て直しに関する支援では，危機のアセスメントが必要となります。危機のアセスメントのために用いられる心理テストは，目的も方法も多種多様であるため，幅広く心理アセスメントをとらえ，日々の臨床の中で役立つアセスメントの手法をわかりやすく取り上げます。

　支援の実際では，早期の支援，プロセスの支援，それにフォローアップによる支援に分けることができます。早期の支援では，危機への予防的観点や危機に陥った場合の早期の支援などがあります。

　プロセスの支援，それにフォローアップによる支援では，専門的な技法のもとに支援が行なわれます。青年から大人を対象とするもの，子どもを対象とするもの，子どもから大人までを対象とするものなどに分けられます。

　危機が深刻であれば，長期間のフォローアップによる立て直しに関する支援も必要です。そこでも，理論と技法に基づいた継続的な支援がなされることになりますが，個々のクライエントの神経力学に基づく支援になるように心がけたいと思っています。

　生き方の創造に関する支援の内容は，自身の生き方を考える際に参考となることが期待できます。そして，仕事や生き方にも気づきや創意工夫がもたらされ，読者の方々の人生に新たな展開がもたらされるものと思います。

　また，生き方の立て直しに関する支援の内容は，クライエントの支援にたずさわる臨床心理士，理学療法士，作業療法士の方々，児童生徒の教育的支援にたずさわる教育関係者の方々，職業選択や就労の支援にたずさわる企業の人事担当者，ハローワーク職員，産業カウンセラーなどの方々に参考となる内容だといえます。

　本書は，これまでの心理学書ではあまり触れられることのなかった脳内の神経力学の視点を生き方支援の基本に取り入れたもので，この企画へのご理解とご支援をいただき，企画段階から刊行まで終始きめ細やかな編集の作業とをしていただいた北大路書房編集部の北川芳美氏に心よりお礼申しあげます。

2012年8月5日

編者　安東末廣

目 次

はじめに　i

第1章　生き方と脳の働き　1
第1節　知っておきたい脳の基礎　1
1．脳の働きを支える神経細胞とグリア細胞／2．6層からなるうすい大脳皮質／3．注目されるグリア細胞／4．働きが異なる2つの半球

第2節　ライフサイクルと脳や心の発達　7
1．乳幼児期から児童期までの中枢神経系の発達／2．幼児期から青年期までの神経心理学的発達

第3節　生き方を生み出す脳　12
1．パーソナリティの座／2．"社会脳"の恩恵／3．ワーキングメモリと注意／4．視空間認知とコーヒータイム／5．ことばとコミュニケーション

第4節　生き方を支える脳　19
1．"感情脳"の恩恵／2．共感の座／3．モチベーションが高まるしくみ／4．ストレスとHPA軸

第5節　生き方のチャレンジと脳の働き　27
1．アタッチメントとマターナル・デプリベイション／2．いじめとアタッチメント／3．メンタライゼーションと反抗期／4．脳内活性化の標的・神経幹細胞

第2章　生き方を支える心の基本機能
　　　——その発達とメカニズム——　37

第1節　感覚・知覚——人は外界をどのように受け止めているのか　37
1．外界の刺激情報をキャッチする感覚／2．感覚の諸性質／3．心理的環境を形づくる感覚・知覚／4．知覚の基本特性

第2節　認知・思考——人の知的活動を支える心の働きとは　45
1．情報処理過程としての心の働き／2．認知・思考の発達／3．認知・思考における言語の働き／4．認知・思考の歪み

第3節　学習・記憶――行動や知識を獲得する原理とは　50
　　　　　1．学習とは何か／2．条件づけによる学習／3．社会的学習／4．記憶
　　　第4節　感情・欲求――人の感情の成り立ちと欲求の働きとは　57
　　　　　1．感情とは／2．感情の発達／3．感情の生理学的基礎／4．感情体験の形成過程／5．欲求とは／6．欲求と動機づけ

第3章　ライフサイクルと生き方 …………………………………… 67

　　　第1節　各発達段階の特徴と課題　67
　　　　　1．乳幼児期／2．児童期／3．青年期／4．成人期／5．老年期
　　　第2節　身体発達の傾向　71
　　　　　1．体格／2．体力
　　　第3節　親子関係の変化　75
　　　　　1．乳幼児期／2．児童期・青年期
　　　第4節　仲間関係の発達　82
　　　　　1．ギャング・グループ／2．チャム・グループ／3．ピア・グループ
　　　第5節　家族関係の発達　87
　　　　　1．日本人のライフサイクル／2．家族関係の発達

第4章　生き方の危機 ………………………………………………… 93

　　　第1節　発達の過程での危機　93
　　　　　1．自閉症スペクトラム障害／2．知的障害／3．注意欠陥／多動性障害／4．学習障害
　　　第2節　日常生活の中の心の問題　100
　　　　　1．不安障害／2．児童虐待／3．子どもの習癖／4．心身症／5．摂食障害
　　　第3節　心の危機　111
　　　　　1．統合失調症／2．うつ病／3．老人性認知症
　　　第4節　ニューロイメージング研究からの視点　114
　　　　　1．自閉症スペクトラム障害／2．不安障害／3．うつ病

第5章　生き方の危機のアセスメント ……………………………… 121

　　　第1節　心理アセスメント序説　121
　　　　　1．面接法／2．行動観察法
　　　第2節　心理テスト　123
　　　　　1．心理テストの条件／2．心理テストの分類／3．心理テストの選択と

　　　　　　実施
　第3節　**臨床で活かすアセスメント**　126
　　　　　　1．知能のアセスメント／2．パーソナリティのアセスメント／3．状態・症状のアセスメント／4．神経心理学的アセスメント／5．発達臨床に役立つ検査

第6章　生き方の危機への支援　……………………………………………… 147
　第1節　**早期の支援**　147
　　　　　　1．学校で使える構成的グループ・エンカウンター／2．アンガーコントロール／3．感情認知／4．ストレス・マネジメント教育の実際／5．ストレス対処と能力発揮に役立つリラクセーション技法
　第2節　**プロセスの支援およびフォローアップによる支援**　169
　　　　　　1．カウンセリング／2．プレイセラピー／3．行動療法／4．アスペルガー症候群の認知行動療法／5．感覚統合療法／6．発達障害の人への有効な支援ツールの紹介―「話の積み木」のつくり方と使い方

　引用参考文献　195
　事項索引　201
　人名索引　209

第1章 生き方と脳の働き

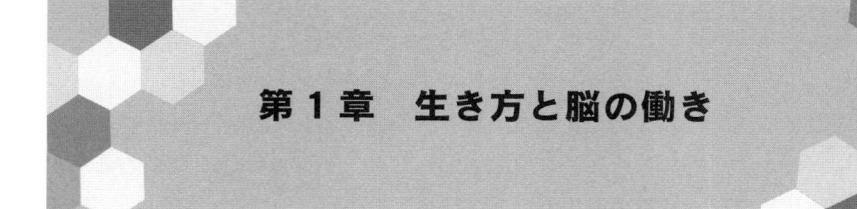

　私たちの生き方を支えている基本単位として，脳の働きを考える。脳の働きと生き方とはつねに深い関連性があり，どのような生き方をするかで，脳内の神経ネットワークが変化するともいえる。神経ネットワークを支えているものは，神経細胞間の連結の程度と神経伝達物質が中心である。神経力学とは神経ネットワーク内の力学関係であり，脳内の諸機能の複雑な働き合いを意味し，神経力学の結果として感情，認知，行動などが生まれる。つまり，神経力学は，生き方そのものといえる。

　ライフサイクルにおける脳の成熟や心理機能の発達，生き方を生み出す脳，生き方を支える脳，生き方のチャレンジと神経力学などの観点から，生き方を見つめなおしてみたい。

第1節　知っておきたい脳の基礎

　脳の働きを理解するための基本的な組織や機能について，アーデンとリンフォード（Arden & Linford, 2009）の文献をまとめながら，次の4点を取りあげる。

1．脳の働きを支える神経細胞とグリア細胞

　中枢神経系（脳と脊髄）の神経組織は，神経細胞（ニューロン）とグリア細胞によって構成されている。われわれの脳の働きを支える最小単位は，この神経細胞といえる。

　大脳皮質は，約140億個の神経細胞とその約10倍のグリア細胞からなるとい

われる。大脳の深部には神経細胞が集団をなす神経核というものが複数存在し，大脳基底核を形成している。また，小脳や脊髄にも非常に多くの神経細胞があり，中枢神経系全体では，その数は千数百億個にものぼるといわれている。

　図1-1は神経細胞の模式図であるが，神経細胞は細胞体，軸索，樹状突起という部分からなる。また，一口に神経細胞といっても，それにはいく種類かの形がある。細胞体には核（細胞体の中心にある楕円形の部分）があり，その中に遺伝子情報が詰まっている。細胞体は樹状突起とよばれる多くの触手を出して近隣の神経細胞と集団を構成し，生き残るために無数の仲間からの刺激と相互作用を必要としている。神経細胞は，平均1万個の他の神経細胞と連結しているとされ，脳では神経細胞が大規模で広範囲に分布するネットワークが構成されている。

　神経細胞の情報伝達は，軸索（神経線維ともよばれる）と樹状突起とが担う。神経細胞は，近隣の細胞とシナプスとよばれる微細な間隙を形成し，情報の伝達を行なう。

　神経細胞は入力刺激が入ってくると，仲間の細胞との間に発火を起こし，電気シグナルを発生させる。活動電位による電気シグナルは軸索を通してその情報をシナプスへ伝える。シナプスでは，前の細胞の軸索の末端であるシナプス前終末（図1-1参照）からカスケードとよばれる神経伝達物質の放出が行なわれ，次の細胞の樹状突起であるシナプス後終末に存在する伝達物質の受容体が反応し，シグナルを受け取る。受け取られた情報は電気シグナルに変換され，同様に軸索を通過することになる。情報を伝え終えた伝達物質は，シナプス前終末に再吸収さ

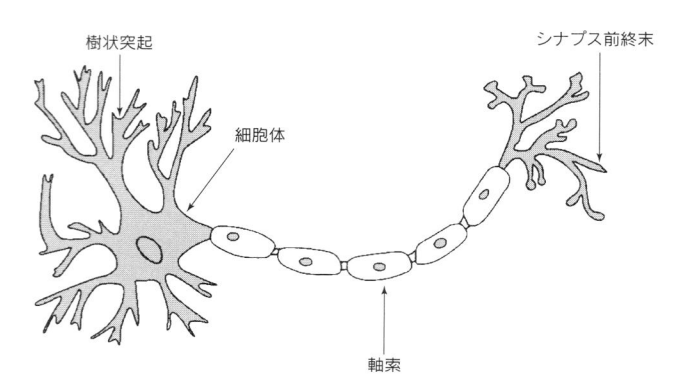

図1-1　神経細胞の模式図（Arden & Linford, 2009）

れるしくみになっている。つまり，脳内の神経ネットワークでは，電気信号→伝達物質→電気信号→伝達物質の流れがくり返されて情報伝達が行なわれ，その結果として私たちは外界情報を受け入れ，感じ，考え，行動することができるのである。

神経細胞のこのような情報伝達を効率的にしているのが，グリア細胞である。グリア（「にかわ」を意味するギリシャ語）細胞は神経細胞ではない細胞の総称で，軸索に髄鞘化（ずいしょうか）とよばれる絶縁作用を行ない，より効率的な発火をうながす働きがある。

胎児では，10〜26週の間に神経細胞がもっとも多くつくられる。過剰につくられた神経細胞は，アポトーシス，または神経除去といわれるプロセスで，それらの半数が減らされる。

発達途上にある脳では，必要以上に多くの神経細胞がつくり出されるので，新生児には母親の2倍の神経細胞があるとされる。したがって，シナプスも生き残りに必要な数よりも多くつくり出される。幼児の脳には，大人の脳よりもはるかに多くのシナプスがあり，ピーク時には100,000個以上もの多量のシナプス接続が除去されるという。他の神経細胞からの接触の頻度によって，適合性が決定された神経細胞とシナプスが生き残ることになる。

2．6層からなるうすい大脳皮質

大人の脳の重量は1360 g程度で，生まれたばかりの赤ちゃんの脳の重さは大人の約4分の1で，学齢期に達すると90％に達するといわれている。

大脳皮質は脳を取り巻く3 mm程度のうすい膜で，「回（かい）」という表面の部分と，「溝（こう）」という深いしわの部分からなり，広げたときの表面積は2000 cm^{2}くらいといわれている。

大脳皮質は，前頭葉，頭頂葉，側頭葉，後頭葉の4つの領域に分

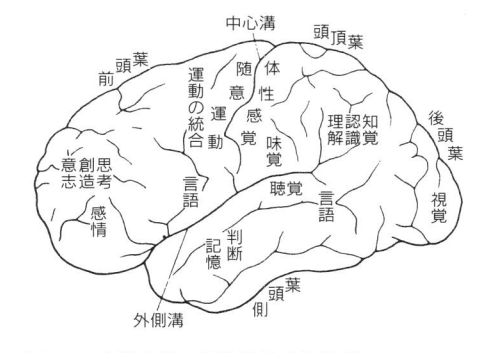

図1-2　大脳皮質の分業体制（左半球）（時実，1971）

かれている（図1-2）。

　子どもの脳で発達が最も早い部分は，前頭葉の前側にあたる前頭前皮質（prefrontal cortex：以下，PFC）で，認知的，感情的，それに社会的機能などの発達をうながす働きがある。

　大脳皮質は薄いながらも6つの層からなり，それぞれが以下のような別々の機能をもっている。

　各層内で，神経細胞は特定の目標に情報の出力を行なうか，特定の情報源からの求心性の情報を受け取る。たとえば，表面から2番目にある第2層の神経細胞は，短時間の皮質相互間の接続に加わる。第3層の神経細胞は，脳の2つの半球を接続している神経繊維の束である脳梁を横断して半球相互の伝達と同時に，より長い領域の皮質と皮質の接続に加わる。第4層は，視床（脳の中心的な配電盤）から来ている求心性の神経線維を対象にして情報の入力を受ける。第5層は，皮質から扁桃核（後に詳述）や小脳（脳のうしろで，脳幹の近く）のような皮質下組織への情報の出力（投射）の起点となる（図1-3参照）。第6層の神経細胞は，（第4層とは反対に）視床へ情報の出力を行なう。第1層での神経細胞の相互通信能力については，まだほとんど知られていない。そして，各層での神経細胞の組成は異なっている。

　さらに，大脳皮質では，6つの層がコラム構造とよばれる縦に連絡し合う円柱（コラム）の形になり，1つの機能単位として情報の処理をしている。1つずつの円柱の直径は0.5～1mm程度で，大脳皮質全体では大小のコラムが数百万個

a 脳を左右半球の間（正中面）で切ったところ　　b 大脳半球の内側面

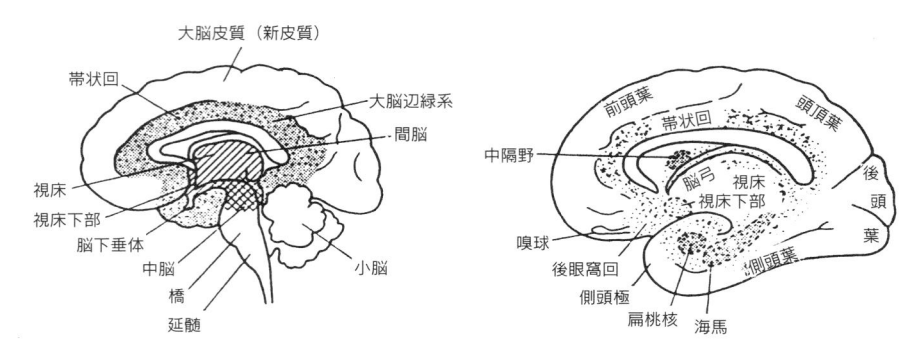

図1-3　大脳辺縁系（伊藤，1975）

あると考えられている。コラム構造の解明が進んでいるのは，後頭葉の第一次視覚野である（坂井・久光，2011）。

3．注目されるグリア細胞

　大脳皮質は脳を取り巻く灰色の膜で，別名灰白質（かいはくしつ）といわれる。大脳の内側の部分は，白質といわれる白色をした神経線維の束である（高木，1985）。

　神経系は神経細胞とグリア細胞から構成されることを紹介したが，このグリア細胞も数種類に分かれ，軸索を髄鞘とよばれる厚い脂肪質で取り巻く。髄鞘化の作用を受けた軸索はプラスチックで被われた電線のようになっていて，神経インパルスの伝導速度をより速くする働きがある。

　大脳では皮質の内側に髄鞘化された軸索の繊維が集まり，髄鞘によって見た目が相対的に白く見えるので，白質とよばれている。つまり，髄鞘化された神経ネットワークである白質は，脳の重要な部分を形成していることが理解できる。

　グリア細胞はこのような機能のほかに，BDNFとよばれる神経細胞に栄養を補給する因子を生産して神経細胞の発達を促進するとともに，神経細胞間のいっそう強固なシナプス接続を行ない，樹状突起や樹状突起針（他の神経細胞へ針を伸ばし，入力を受ける働き）の成長を促進すると考えられている。

　グリア細胞の働きによって，脳では環境への反応性が高まり，第2節で述べるように，生活の中で経験による学習の準備状態が高まることになる。

　大脳では，運動野（図1-2の随意運動，図1-4の4野）から伸びた神経線維（軸索）は，白質を通って髄鞘化され，他の領野や深層の神経核（大脳基底核）へと神経インパルスを伝達する。

4．働きが異なる2つの半球

　脳は顔のように左右が同じつくりになっているが，よく調べるとわずかに異なって見える。大脳は，右半球と左半球からなり，半球の機能分化は胎児期から始まっているとされる。

　アーデンとリンフォード（Arden & Linford, 2009）は，両半球の機能に関す

表 1-1　2 つの半球の働き (Arden & Linford, 2009)

左半球	右半球
・反復して見る刺激やくり返される経験，ものごとの細部，肯定的感情（うれしい，楽しい）などの情報処理 ・社会への積極的かかわり ・言語（読み・書き） ・思考・推理 ・道徳的判断	・初めて見る刺激や新しい経験，ものごとの全体像，物の空間配置，否定的感情（悲しい，怒った，心配）などの情報処理 ・社会への消極的かかわり ・2 歳ごろまでは，左半球よりも速く発達する

るニューロイメージング研究の結果をまとめているので，それらを表 1-1 に示す。
　以下に，彼らの研究を引用しながら解説を加える。
　大脳皮質への血流を測定した研究では，誕生から幼児期までは左半球よりも右半球の機能が優位である。
　半球の発達速度は 2 歳ごろに左半球の発達速度が増し，幼児の急速な言語の発達に備えた神経の基盤が準備され始める。3 歳ごろに始まる左半球の発達は，その速度を急激に増す。
　児童期以降の青年期になり，撤退（引き下がること），受動性（受け身になること），内向性などの特徴がみられる場合には，右半球が優位に機能していることがわかっている。
　左 PFC（前頭前皮質）は，肯定感情と他者への接近行動についての情報処理を行なうが，内気な子どもたちは右 PFC のほうがいっそう活動的であることが示されている。たとえば，楽しくて幸せな音楽を聴いているときは，左 PFC が活性化し，悲しくさせる音楽では右 PFC が活性化することが証明された。
　内気な気質をもつ子どもたちは新しい状況に過度に反応し，初めて見るものや新しい経験に直面した際に撤退する傾向があり，その際両側の前頭部の活性化が証明されている。
　他者の表情から感情を読み取る機能は，左半球よりも右半球のほうが優れ，右半球が損傷した患者では，感情を表わす表情やボディランゲージを読み取る力が弱まることが示されている。
　また，右半球は他者の表情だけではなく，姿勢やジェスチャー，わずかな動きなどを正確に読み取るが，左半球はこのような能力に欠けているとされる。われわれが他者と左半球を使って口頭でコミュニケーションを行なっているときでも，

右半球は表情，姿勢，ジェスチャーなどに正確に反応することが示されている。

失感情症の患者では，右半球よりも左半球がよく使われ，定型発達者よりも前頭領野の内側と帯状皮質（両者の機能については，後述）の活性化が乏しく（つまり，感情反応の乏しさにつながる），変則的な表情の処理がなされているとしている。

被虐待児では，左半球の発達が大きく遅れ，その遅れは左半球全体に見られ，特に側頭葉の部分に顕著にみられるとしている。大脳の左半球は言語を理解し表現するのに使われ，右半球は空間情報の処理や情動，特に否定的な情動の処理や表現などに使われるが，虐待を受けた子どもはそのつらい思い出を右半球に記憶していて，それを思い出すことで右半球を活性化しているのではないかと推測している。

第2節　ライフサイクルと脳や心の発達

1．乳幼児期から児童期までの中枢神経系の発達

脳は，大脳，小脳，間脳（視床と視床下部），中脳，橋，延髄に分けられている（図1-3a参照）。脳幹（間脳，中脳，橋，延髄）には，心拍や呼吸，睡眠や覚醒など生命を維持していくために欠かせない働きがある（高木，1985）。

生まれてから児童期までは，脳の発達が目覚ましい時期とされている。

以下に，児童期の中ごろまでの脳と心理機能の変化のおもなものについて，アーデンとリンフォード（Arden & Linford, 2009））の文献をまとめながら，解説を加える（以下，●印は脳の変化，○印は心理機能の変化を表わしている）。

①生後2～3か月の赤ちゃん【8～12週】

●補足運動野（図1-4の6野）と帯状皮質（帯状回：図1-3b）との間のシナプス連絡，○シナプス連絡により両者の相互作用が始まるために，赤ちゃんに特有な泣き叫ぶことや内生的微笑などの脳幹反射が抑制される。

●海馬の成長は，○認識記憶の向上につながり，見たり聞いたりしたことを記憶できるようになる。

●錘体路の髄鞘化。錘体路は随意運動を伝える神経連絡の経路である。錘体路

の中枢は，図1-4の4野（運動野）と3，1，2野（体性感覚野）にあり，末梢は全身の骨格筋を支配する。錐体路の神経線維の約3分の2は4野から，残りの3分の1は3，1，2野から起きている。髄鞘化により神経インパルスの伝導効率がよくなり，身体からの感覚情報（体性感覚）の処理に基づいた手足の協応運動ができるようになる。

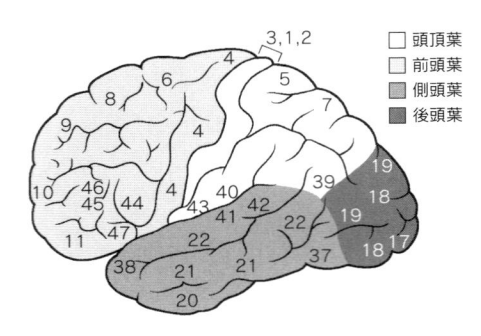

図1-4　ブロードマンの脳地図（外側面）
（山浦ら，2005）

●メラトニン合成の増加により，○サーカディアンリズム（概日リズム）が確立する。2つの視床にはさまれたグリーンピース程度の松果腺より睡眠物質メラトニンの分泌が多くなり，睡眠や摂食のパターンが形成され始める。

②生後半年〜1年の赤ちゃん【7〜12か月】

●前頭葉の成長の促進，●海馬機能の発達にともない，○記憶に関する機能が向上し，母親と見知らぬ人との区別ができるようになり，○分離不安を示すようになる。

○ワーキングメモリ（作業記憶：ものを考えるときに使う記憶）の向上。ワーキングメモリは，主として9野と46野がその中枢とされている。

●扁桃核（図1-3参照）と皮質との間の連結の髄鞘化，○スキーマ（さまざまなものごとに対するその人の物の見方，考え方）の概念の形成。大脳辺縁系の一部である海馬と扁桃核は，側頭葉の内側にあり情動や記憶の機能をつかさどる。そして，海馬と扁桃核は大脳皮質と密接な連携を保ち，スキーマの形成へとつながる。

●睡眠リズムの発達。サーカディアンリズムが安定し，しだいに1日の生活パターンが確立されてくる。

③1〜2歳の幼児【12〜24か月】

●PFC（実行機能の座：図1-4の8野の一部と，9，10，11，44，45，46，47野）の第3層の成長，●2つの半球の連結の向上。第3層は，2つの半球のつなぎ目の脳梁を経由して半球相互の伝達と同時に，皮質のより長い領域間の接続に加わる。その結果，左右の半球の機能の統合が促進される。実行機能に必要な，

○推論，○道徳観（善悪の判断），○自己認識などの心理機能が向上する。
　●ウェルニッケ野（22野）における樹状突起の伸張，○他者の言語理解の向上。樹状突起の伸長はネットワークの拡大につながり，言語理解が促進される。
　●第3層でのGABA（ギャバ）とアセチルコリンの活動の増加。両者ともに抑制作用のある神経伝達物質で，自律神経系の副交感神経に作用して循環器系，呼吸器系，消化器系の安定を図るとされている。
④2〜8歳の幼児や子ども【2〜8歳】
　●脳の重さが大人の90％になり，●PFCでシナプス密度がピークに達することから，実行機能の向上につながる。●グルコースの吸収がピークになる。血液中の糖（血糖）はほとんどがグルコース（ブドウ糖）であり，大脳を始めとする中枢神経系ではグルコースが唯一のエネルギー源であるため，グルコースの吸収が盛んになる。
　●神経細胞の除去がなされる。胎児の神経細胞形成のもっとも多産な期間（神経発生）は10〜26週であり，脳では神経細胞が過剰に生成されるために，アポトーシスまたは神経除去とよばれる作用により，生後それらの半数が減らされる。そして，この時期は，子どもたちが新しいスキルを学習するのに最適な時期であり，神経細胞のネットワークから脱落した，活性化しない神経細胞とシナプスは除去されることになる。
　●GABAとグルタミン酸の受容体の密度がピークになる。グルタミン酸は興奮性の神経伝達物質であり，この時期には子どもたちが生活する上で興奮と抑制のバランスが求められるようになる。ストレスが多すぎると，グルタミン酸の分泌量が増えやすい状態になり，脳の興奮状態が続くことになる。
　●ドーパミンとノルエピネフリンの受容体の密度がピークになる。ドーパミンは，アドレナリン，ノルアドレナリンの前駆物質で，運動調節，ホルモン調節，報酬システム（快の感情），意欲，学習などに関わり，子どもの能動性と関連する。ノルエピネフリンは緊急事態への反応と記憶に含まれ，ストレスとトラウマ，防御反応に関わり，受動性と関連する。
　●長い皮質脊髄路の髄鞘化がなされる。大脳皮質から脊髄にかけて走行する長い軸索（神経線維）の束が髄鞘化を受け，運動の計画と実行が容易になる。
　●右半球から左半球への血流の変化が起こり，左半球優位に移行する。左半球の活動が優位であることは，主として脳幹部の大脳基底核の一部である黒質より

分泌されるドーパミンの活性化を意味し，意欲的に言語や運動，仲間関係などの学習に取り組む時期を迎えていることを示している。

　●<u>海馬の分化がピークに達する</u>。〇<u>言語や感情に関する記憶の働きが活発になる</u>。海馬と隣接する扁桃核は，恐怖感情や攻撃感情などの記憶の情動に関する側面に重要な働きをすることが知られている。

　海馬の発達と相まって，子どもは過去と現在を統合し，過去の自分が現在の自分と同一のものであることの認識や自分の人生を時系列で理解できるようになる（〇<u>過去と現在を統合</u>）。

　言語発達が進み，子どもは意味の分類への理解を増す。たとえば，個々の名称は異なるが，それらが所属する物の名称（たとえば，果物など）は理解できるようになる（〇<u>意味を使い分ける能力の向上</u>）。

　また，食べるものと飲むものの関係を理解できるようになる（〇<u>異なる分類間の関係を見つける能力の向上</u>）。

　子どもは目標をもって行動し，目標のスモールステップが描けるようになり，目標に近づくための行動を推察し，実行できるようになる（〇<u>目標を目指す行動の増加</u>）。

2．幼児期から青年期までの神経心理学的発達

　ダイス・ルイスら（Dise-Lewis et al., 2002）の文献をまとめながら，幼児期から青年期にいたる神経心理学的発達について概説する。

①幼児（生後〜3歳）

　この時期に発達するスキルには，感覚運動システムの向上，睡眠リズムのコントロール，言語の獲得，原因と結果の関係性についての基本的理解，自己認識の始まりと他者への反応のスキルアップなどがある。

　この段階での疾病，傷害，または損傷は自己コントロール，睡眠と覚醒のリズム，トイレット・トレーニング，言語発達，原因と結果の関係性の理解，感情コントロール，衝動性，自己への気づき，それに社会的学業的スキルなどの困難さにつながる可能性がある。

②プレスクール（3〜6歳）

　この段階では，子どもたちは身体能力の自己コントロール，原因と結果の関係

性のより一層の理解，多様な感情を経験する能力，客観性のもてるスキル，行動のコントロール（たとえば，攻撃的行動を抑えること，行なう前に考えること），友情スキル，ソーシャルスキル，日課の変更を受け入れる能力，それに善悪の判断能力（道徳観）などを発展させる。

　この段階の疾病，傷害，損傷はトイレット・トレーニング，原因と結果の状況の理解，結果からの学習，感情コントロール，系統だった思考，日課の変更，行動のコントロール，自己表現のスキル，従順であること，それにプレスクールの概念を身につけることなどの困難さにつながる可能性がある。

③小学校（6〜12歳）

　この年齢段階では，子どもの脳の成長はこれまでの段階のようには急速ではないが，まだ続いている。小学生の脳は急速な脳の成長期を通過し，その後は認知の発達が目立つより緩やかな期間が継続する。

　この段階の子どもたちは，多様な原因と結果の関係性，アカデミックスキル，学習と記憶の新しい戦略，適切な行動，結果から意図を識別する能力，肯定的な自己イメージ，ソーシャルスキル，それに他者との協同スキルなどを発展させている。この段階で大脳に損傷が起これば，学業，系統立て，心の柔軟性，フラストレーション耐性，他者の行動の理解，それにソーシャルスキルと行動などが困難になる可能性がある。子どもたちの仲間関係にも影響が現われ，これらの子どもたちは社会的手がかりを読むことに困難さがあり，貧弱な社会的判断を行ない，遊びで過剰反応をし，仲間がこれらの子どもたちの行動に脅威または不適切さを感じる可能性がある。

④青年期（13〜19歳）

　この期間では，脳の多くの領域の発達が精密になり，特に前頭葉で著しい。20歳代の終わりころまでには，青年たちの社会的発達は遂げられる。前頭葉のシステムでは，自立した判断や問題解決，抽象化や一般化，それに思考，感情，行動の抑制的コントロールなどの実行機能が向上する。また，青年達は教育や人生で過渡期を通過している。この段階での機能の崩壊は，卒業やそれ以後の教育（たとえば，職業訓練，大学での勉強）に影響するかもしれない。

　神経心理学的困難さをもつ青年たちは，次のようなことについて問題をもつことが考えられる。つまり，思考の柔軟性，心の処理，複雑な状況への参加，問題の最重要部の特定，意思決定と判断，自発的行動，系統立て，独立への欲求，自

己イメージ，ソーシャルイメージとソーシャルスキル，感情と認知の困難さの防衛，深刻な学業問題，それにうつ病などである。

◆ 第3節　生き方を生み出す脳

　これまでは，脳の成長過程とそれにともなう心理機能の発達や神経心理学的発達などを見てきたので，次に大脳皮質の主要領野とそれらの機能との関連をみることにする。大脳皮質は，先に述べたように，前頭葉，頭頂葉，側頭葉，後頭葉の4つの領野よりなるが，それらは相互に密接なつながりをもつので，人の生き方を生み出す機能があるといえよう。

　以下に，生き方を生み出す脳について，アーデンとリンフォード（Arden & Linford, 2009）の文献をまとめながら，5つの側面から解説してみたい。各側面の解説は，【名称，部位】【機能】【ネットワーク】【機能障害】の順に行なう。

1．パーソナリティの座

【名称，部位】
　前頭葉は，運動機能にかかわる部分と実行機能にかかわる部分とに分かれる。
　前者は，随意運動や運動の統合を行なう部位である（図1-2の随意運動と運動の統合の部分，図1-4の4，6野と8野の一部）。
　後者はPFC（前頭前皮質）で，さまざまな情報を受け取り，ものごとを考え，判断し，実行に移すための機能を担う（図1-2の思考・創造・意志，感情などの部分，図1-4の8野の一部と，9，10，11，44，45，46，47野）。
　PFCは機能的に，眼窩（がんか）前頭皮質（Orbitofrontal Cortex：OFC；11野）と背外側前頭前皮質（Dorsolateral Prefrontal Cortex：DLPFC；9野と46野）に分けられている。

【機能】
　パーソナリティの中心部といわれるPFCは実行機能の本拠地で，複雑な行動を計画し，内部にある目標に合わせて考えと行動を組み合わせ，矛盾する考えを区別し，質的，道徳的に判断し，現在の活動の結果と将来の成り行きを予測し，

そして社会的なコントロール（別のやり方で容認できない結果につながる衝動を抑える能力）を実践する。

つまり，実行機能は対立する考えを区別する能力，その行動によってどのような結果になるかを予測する能力，決められた目標への行動を行なう能力，衝動を抑制し社会的な適合性を判断する能力などが関係する。

以上のことから，この部位はパーソナリティの中心部であり，その個人の個性が反映される機能をもつといえる。

【ネットワーク】

このような機能をもつ PFC は，次のような2つのネットワークをもつとされている。

1つは，脳幹部一体（間脳〈視床，視床下部〉，中脳，橋，延髄；図1-3a 参照）に網目状に分布する神経線維を連結する網様体賦活系とよばれる組織との接続，もう1つは，大脳辺縁系（海馬，扁桃核，帯状皮質〈帯状回〉；図1-3b を参照）との接続である（時実，1971）。

前者のネットワークでは，網様体の線維は，脳神経核（視覚，聴覚，平衡感覚，触覚などをつかさどる12対の神経核），痛覚をつかさどる脊髄神経との連結をもつため，呼吸，心拍，血圧の調節とともに，睡眠と覚醒リズムにも深くかかわるとされている（高木，1985）。

後者のネットワークでは，海馬による記憶とその保持，扁桃核による恐怖，怒り，悲しみなどの情動機能，HPA 軸（後述のストレスと HPA 軸を参照）を経由した内分泌系と自律神経系の機能などと密接に関係するとされている。

また，このネットワーク内には快感のシステムまたは報酬のシステム（後述）も存在し，報酬，快感，嗜癖，恐怖などとの深い関係がある大脳腹側の深部に位置する神経細胞集団の側坐核（後述）より神経伝達物質の1つであるドーパミンが放出されとされている（坂井・久光，2011）。

【機能障害】

PFC の機能障害としては，フェネアス・ゲージの事例が有名である。大筋は，以下の通りである。鉄道員であった20歳代中ごろの彼は，鉄道工事の仕事をしていたが，誤って火薬が爆発したため，鉄の棒が彼の頭蓋骨を貫通してしまった。奇跡的に一命を取り留めたものの，事故により片側，もしくは両側の PFC が破壊された。脳の他の部位は無傷だったため，彼の正常な記憶，言語，運動能力は

保たれたが、性格は一変してしまい、衝動を抑える能力は消失した。かつては正直で、感情的には控えめで広く尊敬された監督者であったが、事故後、衝動的になり、とっぴで無作法で、抑制がなくなった。それでも彼は後にサーカスで割り当てられた仕事をしていたが、40歳前にひどく貧乏になり亡くなった。

　近年、ニューロイメージング研究が発展し、ADD（注意欠陥障害）またはADHD（注意欠陥／多動性障害）の子どもたちでは、その原因として脳の実行機能の障害説が有力となった。つまり、PFCの統制システムの未発達が脳の実行機能の障害を引き起こし、注意と自己統制の問題へとつながるとするものである。ADDまたはADHDの子どもたちは、楽しいことには集中力を発揮するが、宿題のような楽しくない課題では課題の遂行（課題を始め、仕上げる）に必要な注意の持続と関係する神経ネットワークを維持することは非常に困難で、すぐに退屈してしまう。このことは、ワーキングメモリの観点から、適切な行動との調和が未発達であると解釈されている。

2．"社会脳"の恩恵

【名称，部位】
　OFC（眼窩前頭皮質）は、図1-3bの後眼窩回、図1-4の11野）は、目のうしろに位置するPFCの一部である。
【機能】
　OFCは感情的な意思決定と感情のコントロールに不可欠で、パーソナリティと行動に対して大きな影響力をもつとされている。
　OFCは感情的な問題を社会基準に照らして解決し、本能的、短絡的な方法で解決することを抑えると考えられている。したがって、OFCには高度な方法で処理された、感情に満ちた情報が集中するために、"社会脳"ともよばれている。
　この"社会脳"は、適応的な社会行動や意思の決定、他者（社会）との協調による社会生活などのために必要な機能といえる。
　このため、"社会脳"は「心の理論」を必要とし、他者がどう思っているかについての認知的-感情的モデルを組み立てることに重要な機能であると考えられている。

【ネットワーク】

OFC は，前帯状皮質（anterior cingulate cortex：ACC；図1-3 a，b の帯状回の前半分，図1-5 の 24，32 野），扁桃核，それに海馬などの大脳辺縁系からの入力を調整して，感情経験に関する情報を神経力学プロセスに加えるとされている。また，子どもは自分の価値観や動機づけに修正を迫られる状況によく遭遇するが，OFC の働きにより矛盾や誤りを見つけながら，自分の行動をうまく調整することができるようになる。

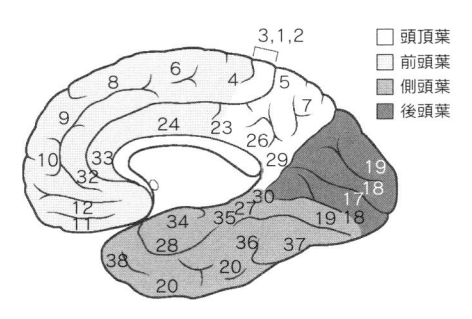

図1-5 ブロードマンの脳地図（内側面）
（山浦ら，2005）

OFC の活動を機能的磁気共鳴画像（fMRI）により測定したイメージング研究から，温かい感情や愛情を経験すると，その人は前頭葉のこの領域が活性化していることがわかった（Nitschke et al., 2003）。研究に参加した母親では，自分たちの赤ん坊の写真を見ると OFC が活性化したが，他の人たちの写真を見ても活性化しなかった。OFC が活性化する程度が大きくなるほど，より強い感情が報告された。

この研究から，OFC は母性的な温かい感情との関連が深く，母子間の安全なアタッチメントの形成に重要な役割を果たすことが理解できる。

【機能障害】

フェネアス・ゲージの事例とも重複するが，OFC が損傷を受けて機能障害を起こすと，自己主張や衝動，それに感情などを抑えることが困難になるといえる。

たとえば，腹立ちまぎれに万引きや暴走運転を行なう場合や，触法行為なども OFC の機能障害と考えられる。

3．ワーキングメモリと注意

【名称，部位】

DLPFC（背外側前頭前皮質）は前頭葉の頂上と側面にある PFC の一部で，図1-4 の 9 野と 46 野にあたる。

【機能】

　DLPFCには，ワーキングメモリと注意の持続，時系列の知覚などの機能があるとされている。

　ワーキングメモリは作業記憶または短期記憶ともいわれ，ものを考えるときに使う記憶で，自分が今行なっていることを客観的に観察し記憶していることである。たとえば，ある文章を暗記して，別のところに転記する場合には，ワーキングメモリとともに注意の持続も必要である。また，ワーキングメモリには個人差があるので，課題の遂行にも影響が出る。

【ネットワーク】

　ワーキングメモリには，おもに聴覚の情報処理過程と視覚の情報処理過程が関係する。つまり，9野と46野はPFCの一部で，バデリー（Baddeley, 2000）のワーキングメモリモデルでは中央制御系とよばれる。聴覚の情報を保存するシステムは音韻ループ，視覚の情報を保存するシステムは視空間スケッチパッドとよばれる。そして，中央制御系の中で，短期記憶の中にある音韻ループと視空間スケッチパッドと長期記憶との間でやり取りがなされ，ワーキングメモリの機能がはたらくと考えられている。

　したがって，中央制御系はDLPFCが，音韻ループは左側頭葉の聴覚野が，視空間スケッチパッドは後頭葉から頭頂葉への投射経路（背側皮質視覚路；p.17参照）がそれぞれ中心となり処理されるといえる。

【機能障害】

　PFCの機能障害が引き起こされても，これまでに触れたように，記憶，言語，運動能力は保たれることを紹介した。つまり，PFCの機能障害により，短期記憶であるワーキングメモリは損傷を受けるが，エピソード記憶（経験したことの記憶）や手続き記憶（自転車に乗るなどの運動技能の記憶など）などの長期記憶はほとんど損傷を受けないことが，ニューロイメージング研究などでも明らかになっている。

　通常，脳で処理しようとすることが複数ある場合，たとえば電話をかけながらメモを取る場合には，話すことと書くことが同時に求められる。通常，この作業はワーキングメモリの働きで瞬間的になされている。しかし，ワーキングメモリの機能が低いと，このような並行作業は不可能で，少し前に聞いたことを覚えていないとか，複数の内容をいわれても1つしか覚えていないといった結果になる。

結局，ワーキングメモリの機能の弱さは，仕事能率の低下や自信喪失につながりやすい。

4．視空間認知とコーヒータイム

【名称，部位】
　視空間認知にかかわるものは，後頭葉，頭頂葉，それに側頭葉である。後頭葉は図1-2の視覚に関する部分で，図1-5では17，18，19野にあたる。17野は第一次視覚皮質で，18，19野を含めたものが後頭連合野とよばれる。頭頂葉は，図1-2では知覚・認識・理解の部分，図1-4では3，1，2野，5，7野，39，40野にあたる。側頭葉は図1-2の聴覚，言語，判断・記憶の部分である。

【機能】
　後頭葉は視覚や色彩の認識をつかさどる機能をもっている。後頭連合野は，視覚，言語機能など視覚情報からより有用な情報を引き出す。

　頭頂葉も外界の認識にかかわる機能で，その前部は顔や手足をはじめとする体全体からの感覚情報が集まる体性感覚野（3，1，2野）といい，上のほうから足，手，顔の順に前述の運動野と平行に並んでいる（高木，1985）。このため，頭頂葉には感覚野で集めた情報を処理して統合する機能がある。たとえば，われわれはバッグの中に手を入れ指先の感覚から必要なものを取り出すが，これは指先の感覚情報が頭頂葉で統合されて認識されるからである。

　また，視覚野との連携による頭頂葉の外界認識は，日常生活には大変重要である。この他に，頭頂葉では数学的思考などへの影響力が大きく，アインシュタインの頭頂葉は特に大きいとされている。側頭連合野では，形の認識，記憶，聴覚，言語理解などの機能を担う。

【ネットワーク】
　まず，目で見た視覚情報は目の網膜から視神経を通して視床に伝えられ，次に後頭葉の一次視覚野から視覚連合野に伝えられる。視覚野からの投射経路は2つあり，1つは背側皮質視覚路（別名 where 経路）と，もう1つは側頭皮質視覚経路（別名 what 経路）である。頭頂葉では，背側皮質視覚路により知覚した対象物の認識や自分との位置関係，それに三次元関係などの認識が行なわれ，視空間認知の機能がある。側頭葉では，側頭皮質視覚経路により，知覚した対象物の名

称や形状などの認識が行なわれる。

　頭頂葉は，頭頂間溝という溝を境に上頭頂小葉（5，7野）と下頭頂小葉（39，40野）に分かれている（高木，1985）。

　上頭頂小葉は体性感覚の統合と位置関係，空間知覚にかかわり，下頭頂小葉はウェルニッケ野（22野）とも近く，言語や認知などの処理にかかわるとされている。

　コーヒータイムでは，私たちはコーヒーが入ったカップを手に取って飲む。この一連の動作は脳内でごく短時間のうちになされるが，後頭葉の視覚野に入った情報は，コーヒーカップであることやコーヒーの香りなどの知覚は"what"経路とよばれる情報伝達路を経由して側頭葉に伝えられ，カップの位置の知覚は"where"経路とよばれる情報伝達路を経由して頭頂葉へ伝えられる。そして，カップを手にして飲む動作は，PFC，運動野と運動前野，それに頭頂葉などの連動による。私たちはこのような脳内の働きに支えられて，美味しいコーヒーを飲んで満足感を味わうことができる。

【機能障害】

　後頭葉から頭頂葉や側頭葉への投射経路に問題が生じると，より高次の認識機能が損傷を受け，色彩失認，運動失認，失書といった症状が現われることになる（高木，1985）。

　上頭頂小葉の機能障害は体性感覚の統合や他者や環境に対する自身の位置関係などに障害をきたし，下頭頂小葉の機能障害は書字表出や失読や失書などの症状を起こすといわれている。

5．ことばとコミュニケーション

【名称，部位】

　側頭葉は，図1-2では聴覚，言語，判断・記憶などの部分を含む。図1-4では20，21，22，37，38，41，42野の部分で，内側部に扁桃核，海馬がある。

【機能】

　4．で述べたように側頭葉は側頭連合野ともよばれ，聴覚機能や言語，判断・記憶などの機能がある。私たちがコミュニケーションを行なう際には，話されたことばの理解と書かれた言語の理解とが必要になる。

【ネットワーク】

　感覚性言語中枢のウェルニッケ野（22野）と運動性言語中枢のブローカ野（44, 45野）とでネットワークが形成されるので、コミュニケーションが可能となる。

　まず、話されたことばの理解では、耳からの情報が一次聴覚野（41, 42野）からウェルニッケ野に送られる。その後、語彙の認識回路とされている縁上回（40野）との間で語彙検索が行なわれ、話された内容の意味が理解される。

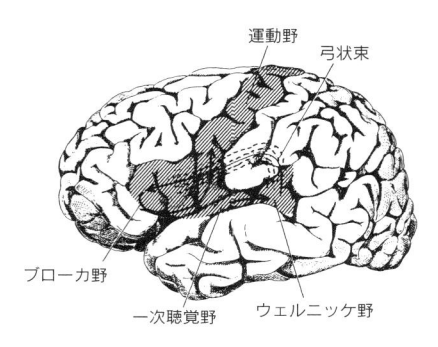

図1-6　聞いたことばを話す場合の脳の働き
（高木, 1985）

　一方、書かれた文字の理解では、目からの情報が一次視覚野（17野）に届き、その後角回（39野）に送られ、視覚情報の文字の読み書きという認識回路を経て、ウェルニッケ野（22野）へ届き、そこで書かれた文字の意味が理解される。ウェルニッケ野で聴覚や視覚を通して得られた言語情報の意味が理解されたのち、弓状束（神経線維の束）によってブローカ野（44, 45野）に送られる。ブローカ野ではウェルニッケ野からの言語情報が運動野（図1-6参照、図1-4の4野）に送られ、口腔の発語器官を通してことばが発声される。

【機能障害】

　失語症には、感覚性失語と運動性失語がある。感覚性失語は言語理解の障害で、話すことばの理解ができなくなる。運動性失語は話しことばの障害で、内容を並べただけの電文体様の表現となるが、言語理解は正常であるとされる。

　角回（39野）は読み書きに関係する部位で、障害されると失読症になる。つまり、文字は見えても、読めなくなり、その内容の理解もできなくなる（高木, 1985）。

第4節　生き方を支える脳

　人の生き方を支える脳としての機能をもつ大脳皮質下に目を向けてみよう。

　前述のように、PFC（前頭前皮質）には2つのネットワークがあり、1つは、

脳幹部の網様体賦活系との接続，もう1つは，大脳辺縁系（海馬，扁桃核，帯状皮質）との接続である。

ここでは，後者のネットワークに関して，アーデンとリンフォード（Arden & Linford, 2009）の文献をまとめながら解説する。

1．"感情脳"の恩恵

"社会脳"とよばれる OFC（眼窩前頭皮質）と"感情脳"とよばれる ACC（前帯状皮質），扁桃核それに海馬とは神経力学の構造をなし，つねに相互作用が営まれている。そして，私たちの生き方もこの両者のバランスの上に存在すると考えられる。"感情脳"の存在は，われわれの心の働きを豊かにするとともに活力を与えてくれる。

【名称，部位】と【機能】

"感情脳"とよばれるものには，ACC と扁桃核，海馬がある。ACC（図 1-3b の帯状回の前半分）は，左右の半球を連結している脳梁のちょうど上にあり，大脳辺縁系の一部である。

帯状皮質が大脳辺縁系の各部位を結びつけ，感情の処理，学習や記憶などの役割をもつのに対して，ACC は誤りの認識，感情の構成と調整などのチェック機能，報酬の期待，意思決定と共感などの機能があるとされる。また，ACC には神経細胞の中でも，とっさの判断を行なう際に必要な紡錘形神経細胞が多く含まれているとされている。また，血圧，心拍の調節のような多くの自律神経系の機能にも関与している。

扁桃核（図 1-3b）は両側に存在し，海馬と隣接する。扁桃核は生後すぐに機能し，表情の認識に不可欠で，意識にのぼらない感情についての記憶を覚えこむ。また，扁桃核は恐怖や怒りなどの情動反応も処理するとともに，視床下部―下垂体―副腎皮質軸（hypothalamic-pituitary-adrenal axis：HPA 軸）を経由した内分泌系や自律神経系の機能と密接に関係し，緊急事態やストレス時には，交感神経系の活性化を行なう。

海馬（図 1-3b）も扁桃核と同様に両側に存在する。海馬は生後の約 18 か月まではあまり機能しないとされ，記憶とその保持の働きがある。海馬は意識にのぼる感情についての記憶を覚え込み，時系列に沿って経験したことの流れをつくる。

ストレス時に海馬が効果的に働けば，HPA軸を抑えて調整し，感情の安定を図る。また，海馬は空間学習能力にもかかわり，近年神経細胞の増殖がみられる部位として注目を集めている。

【ネットワーク】

"社会脳"と"感情脳"とは密接な関係にあるので，私たちが怒りなどの感情の興奮状態におかれたとき，OFCは高等な反応を選択しながら，ACCや扁桃核，海馬などの活動を調整すると考えられている。

4歳児では，ACCと扁桃核との間に緊密な連携が生まれるので，彼らはトイレ恐怖症のような恐怖，悪夢に出てくる怪物，そして保育所での社会不安などをいっそう上手に克服することができるようになり，"感情脳"の機能が向上する。

ACCは扁桃核や海馬からの入力を調整しているが，PFCやOFC，頭頂葉の他，運動系（図1-2の随意運動や運動の統合の部分）などとも接続し，下行性と上行性の刺激を処理し，他の脳領域への適切な制御の割り当ての中心的役割を担うとされている。

"感情脳"では表情認識のネットワークも構成され，1つはOFC，ACC，それに島（とう）皮質のネットワークである。島皮質は外側溝（図1-2参照）という溝の奥に位置する。

島皮質は，からだ，扁桃核，それに他の脳の部位からの情報を，OFC内の感情統制のネットワークに伝達する。島とOFC間の情報処理は，加工されていない感情情報を反射的な解釈を通して変質させる。このネットワークの活性化により，笑顔や恐怖の表情などが生まれる。

もう1つの神経力学のネットワークは，表情による感情的なコミュニケーションを処理する機能をもつもので，紡錘状回（顔認識），上側頭溝（図1-4の22野から44野へ通じる溝。注視により他者の視線や感情などの方向性の情報処理にかかわるとされる），それに扁桃核である（Pelphrey & Carter, 2007；第4章参照）。

【機能障害】

自己の感情への気づきやその表出が困難な状態は失感情症とよばれているが，この状態では上記の感情認知と感情表出の神経力学のネットワークが機能障害を起こしていることが考えられ，ニューロイメージング研究から，OFC，ACCの活性化がみられないことが報告されている。

また，表情認識に不可欠である扁桃核が損傷されると，他者の表情の理解が困難になり，表情による感情的なコミュニケーションができなくなることが報告されている。

　脳の老化の病気として知られる老年期認知症に最も多いものがアルツハイマー型老人性認知症であり，これは新しい記憶の獲得に困難を生じる疾病とされている。脳の神経細胞の壊死により脳の萎縮が進み，特に海馬領域の萎縮が顕著であるといわれている（坂井・久光，2011）。

2．共感の座

　共感と同情は，よく混同される。同情は，たとえば他の人が悲しみのどん底にあるときには，その人のことを可哀そうだと感じることを意味する。これに対して，共感はその人が感じていることを感じる能力のことを指し，他者がどう感じているかを理解しようとすることである。

　他者とうまくつきあうには，他者の気持ちや考えを推察することが大切で，共感力といわれる。現在では，心の理論（他者の心の動きを類推する機能），メタ認知，メンタライゼーションということばが使われている。

【名称，部位】

　ミラーニューロン（mirror neuron）は，人間の脳では話すことを含む言語に欠かせないブローカ野（図1-4の44野）に相当する領域や，運動前野（6野の一部），頭頂葉の後部，上側頭溝，島で見つかっている。

【機能】

　私たちが他の人があくびをするのを見たとき，自分もあくびをしたくなる衝動に襲われる。また，赤ちゃんは母親とコミュニケーションを行ない，母親を模倣し，意図を理解する能力をもつようになる。つまり，他者の活動の背後にある神経力学はわれわれ自身の脳に映し出され，このような働きをするのがミラーニューロンであると考えられている。

　研究チームをミラーニューロンの発見に導いたイタリア人神経科学者リゾラッティ（Rizzolatti, G.）は，「われわれは観念による推理を通してではなく直接的な刺激を通して，つまり考えることではなく感じることによって，他者の心を理解することができる」とミラーニューロンの働きについて述べている（Goleman,

2006)。つまり，他者に共感する能力は，ミラーニューロンシステムの働きだとする考えである。

【ネットワーク】

前項のネットワークで述べたように，皮質のミラーニューロンが他者の意図の解釈を島に伝え，そこからこの情報を体が感じる感情を誘発しながら扁桃核に伝えるものである（Carr et al., 2003）。

このネットワークは，子どもが心の理論の神経基盤として使用する前頭葉，島，扁桃核，それにACCを含むものと一致する（Cozolino, 2006）。

【機能障害】

自閉症やアスペルガー症候群の子どもたちは，通常，心の理論のスキルをもち合わせないとされている。fMRIによる研究から，十代の自閉症の青年は定型発達の青年に比べ，顔の表情を読み取り，模倣する際に，PFCにおけるミラーニューロンの活動に欠陥があることが示されている（詳細は，第4章参照）。

3．モチベーションが高まるしくみ

モチベーションとは動機づけのことで，一般的には"やる気"といわれる。私たちが意欲をもって取り組んでいることがらは，そのことにやりがいを見つけたからである。目標が見いだせない生活では，意欲が乏しくなる。つまり，私たちが行動するには，目標が必要である。目標に向かって進むには，自分の行動や努力に手ごたえを感じる必要がある。行動に結果がともなえば，行動も意欲的になる。ある行動の結果，自分にとっての好ましい結果，つまり望ましい報酬が与えられれば，その行動はくり返され，さらに発展させることができるだろう。望ましい報酬が与えられれば，モチベーションが高まるのは当然のことである。

モチベーションが高まるための神経力学はどのようなものなのか。

【名称，部位】

モチベーションが高まるための神経伝達物質として，ドーパミンがあげられる。神経伝達物質のドーパミンを放出する神経細胞は，ドーパミン作動性ニューロンとよばれている。このドーパミン作動性ニューロンがおもに存在する部位として，中脳の腹側被蓋野（図1-7参照）とそれに隣接する大脳基底核の黒質などがあげられている。腹側被蓋野と黒質からの神経線維が線条体（尾状核と被殻）へ伸び，

線条体の一部である側坐核（線条体と同じく両側性）からドーパミンが放出される。

【機能】

ドーパミンは一般的に人の活動を積極的にする働きがあるとされ，動機づけと報酬システム，快感情，学習，行動や認知，随意運動など多くの機能にかかわることが知られている。

また，ドーパミンはドラッグなどの違法薬物によっても放出されるので，快感情の虜になる恐れもある。

【ネットワーク】

私たちの行動とモチベーションとの関係に，神経伝達物質のドーパミンがどのように関係するかを見てみたい。

坂井と久光（2011）は，快情動による行動強化のしくみを次のように説明する。つまり，行動の結果として報酬が与えられ，腹側被蓋野のドーパミン作動性ニューロンの活性化が起こり，側坐核のドーパミン放出量が増大する。そして，快の情動が生まれ，行動の強化へとつながる。

図1-7にドーパミンの放出メカニズムを示すが，ドーパミン作動性ニューロンは，腹側被蓋野や大脳基底核とそれに指令を与えるPFC，帯状皮質（ACCを含む）などに神経線維を伸ばしている。

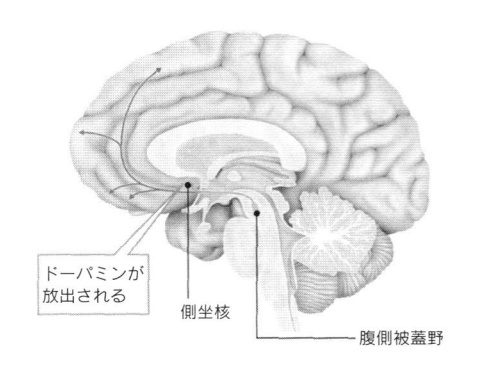

図1-7 ドーパミンの放出メカニズム
(坂井・久光，2011)

ドーパミン作動性ニューロンは中脳の腹側被蓋野から扁桃核，海馬，側坐核，帯状皮質へ投射し，側坐核のニューロンは大脳基底核の腹側部に投射し，行動強化の回路を形成するとされている。

　私たちは，このような神経力学のプロセスをくり返して，さまざまな行動を学習していることが理解できる。そして，成功体験が蓄積されることで，モチベーションの高まりへとつながるのである。行動強化の背後の神経力学のメカニズムには，図から読みとれるように，PFC も深くかかわり，自尊心の高まりへとつながるといえる。

【機能障害】

　パーキンソン病では，黒質緻密部のドーパミン作動性ニューロンが壊死するために，線条体から放出されるドーパミン量が低下し，ふるえ，筋肉のこわばりなどの特有の運動症状が起こるとされている（坂井・久光，2011）。

4．ストレスと HPA 軸

　私たちの日常生活は，ストレスに満ちている。ストレスには，勉強，仕事，家庭・学校・職場などの人間関係，病気，災害などさまざまなものがあり，ストレスと感じるかどうかは，個人差にかかっている。

　私たちにストレスがかかったとき，HPA 軸とよばれる神経ネットワークが働き，ホメオスタシスが保たれている。

【名称，部位】と【機能】

　多くの部位がストレスに関係するが，大脳皮質下ではおおよそ以下のものがある（図 1-3）。

- 大脳辺縁系（帯状皮質，扁桃核，海馬）
- 視床（両側性）：嗅覚以外の視覚，聴覚，体性感覚などの感覚入力を大脳皮質に送る「中継場所」
- 視床下部（両側性）：視床のすぐ下にあり，ホルモンの産出と放出によって，自律神経系を統制する。血圧，心拍，飢え，渇き，性的興奮，睡眠と覚醒の周期などの統制を手助けする。親指の先ほどの大きさ
- 脳下垂体：ホメオスタシスを統制するホルモンを分泌する。小指の先ほどの大きさ

このほかにストレスホルモンを分泌する部位として次のものがある。
- 副腎（両側性）：腎臓の上部に付着するが，腎臓とは機能が別である。5g程度

【ネットワーク】

図1-8をもとに，ストレス時の神経ネットワークについて説明する。

ストレスがかかると，まず大脳皮質や大脳辺縁系がストレスであると認知する。その後のネットワークは，次のようになる。

ストレスと認知された情報は，「中継場所」である視床を経由して視床下部へ送られる。視床下部では，ストレスホルモンの分泌に関する作用と，自律神経系のコントロールに関する作用とがある。

ストレスホルモンの分泌については，ストレスの情報を受け取った視床下部では，副腎皮質刺激ホルモン放出ホルモンが分泌される。そのホルモンが脳下垂体

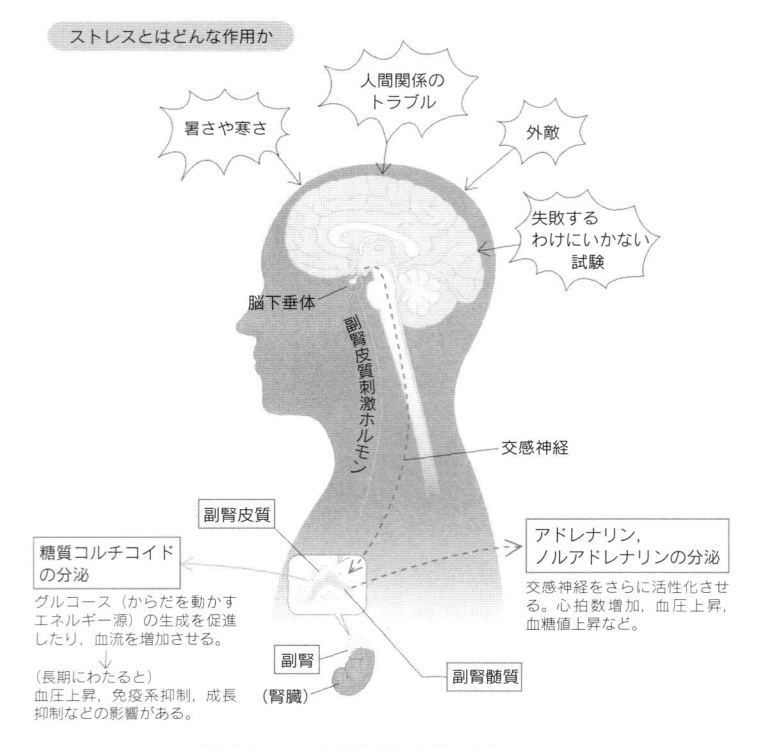

図1-8　ストレスとHPA軸（中村, 2008)

に伝わり，脳下垂体より副腎皮質刺激ホルモンが分泌される。それを受けて，副腎皮質ではストレスホルモン・コルチゾールが分泌されることになる。

ストレス時に必要なホルモンの分泌がなされるプロセスは，視床下部—脳下垂体—副腎皮質軸といわれ，別名 HPA 軸ともよばれる。

副腎皮質から分泌される糖質コルチコイドは，糖質代謝に関係し，グルコース（ブドウ糖）の生成の促進，血流の増加を担い，抗ストレス，抗炎症作用がある。コルチゾールが，糖質コルチコイドの9割以上を占めるとされている（中村，2008）。

コルチゾールの過剰分泌により，神経細胞の周囲に存在する大量のカルシウムが神経細胞内に入りやすくなり，神経細胞は興奮して死滅する。コルチゾールは比較的短時間（15分程度）で作用し，長期にわたるストレスでは海馬の容量や機能にも悪影響を及ぼすとともに，隣接する扁桃核を過熱状態にする。

【機能障害】

ストレスによってHPA軸に機能障害が起こると，ストレスホルモン・コルチゾールの過剰分泌を招くことになる。1980年代の終わりに，ルーマニアの孤児院に預けられていた大勢の子どもたちが発見されたが，彼らの血中コルチゾールのレベルが非常に高い値を示し，その後の発達に悪影響を及ぼした（本章第3節参照）。

また，最近のうつ病研究でも海馬の役割が強調されている。一部の研究によれば，うつ病のクライエントの海馬の容量は，定型発達者と比べると10～20％減少する結果が得られている（Sheline et al., 1999；第4章参照）。

第5節　生き方のチャレンジと脳の働き

私たちはライフサイクルを通して，生き方のさまざまなチャレンジに遭遇する。以下の4つのチャレンジについて，アーデンとリンフォード（Arden & Linford, 2009）の文献を中心に解説する。

1．アタッチメントとマターナル・デプリベイション

(1) アタッチメントとは

　幼児は母親の顔をじっと見ながら（共同注視ともいう），ことばの感情の音色を聞きながら，そしてかすかな嗅覚の手がかりを使いながら，母親との間で共有した感情の調和を図ろうとする。親も，この感情の調和によって安全な基地や包み込む雰囲気を与える能力を育む。このような関係によって，幼児は親との調和関係を維持しながらも，独自の主観的存在としての自分を築き始める。このような親子関係は，アタッチメント（愛着）とよばれる。

(2) 扁桃核の役割

　先に紹介したように（本章第2節），生まれたばかりの幼児には，脳幹の働きによる内生的微笑が備わっていて，特にお腹がいっぱいで夢見心地のときに，親からの働きかけで微笑む。

　その後，人の声や顔に幅広く反応して笑う社会的微笑に変化する。母親と幼児の間では，アタッチメントによるコミュニケーションが増え，社会的微笑も増える。社会的微笑により，子どもの脳は周囲の手がかりへ反応する能力を増し，同時に親の働きかけを強化する機能を発揮する。

　母子間の早期のアタッチメント関係では，扁桃核が主要な役割を演じるといわれる。扁桃核は感情についての情報，特に恐怖，怒りなどの情動反応を処理する。

　また，扁桃核は大脳皮質や自律神経系の反応を統制する他の領域と緊密に結びつき，目や耳から入る外部刺激はもちろん，内臓などから入る内部刺激の処理を行ない，入ってくる刺激を好きか嫌いか，自分にとって善か悪かといった，身勝手なやり方で感情の価値づけを行なうと考えられている。

　扁桃核では右半球の働きのもとに，養育者からの表情や他者からの感情のコミュニケーションの意味を評価することも行なわれる。これらのコミュニケーションは幼児にとって重要な基礎データとなり，アタッチメントスキーマの形成や社会的な出会いでの印象形成などに幅広く活用される。

(3) アタッチメントスキーマとストレスホルモン

エインスワースら（Ainsworth et al., 1978）は「幼児の見知らぬ状況」を設定し，安全，回避，それに抵抗／矛盾のアタッチメントパターンを導き出した。

安全なアタッチメントスタイルの幼児は，感情状態が安定し，自分から親にかかわる。基本的な信頼関係があるので，親を安全の基地として利用できる。

回避のアタッチメントスタイルでは，幼児は親を求めずに避けることで関係を維持し，怒りなどの感情を抑圧して我慢する傾向にあり，親を安全な基地として利用できない。抵抗または矛盾のアタッチメントスタイルでは，幼児は親の一貫性のない態度に振り回されるので，感情や行動が不安定である。そのため，親の動向に注視するがあまりに自発的な行動に欠け，親を安全な基地として利用できない。

安全なアタッチメントスタイルの幼児では，ストレスが生じてもストレスを緩和する関係が成立しているので，ストレスホルモン・コルチゾールの上昇が抑えられる。回避と矛盾のアタッチメントスタイルの幼児では，母親は拒絶や一貫性のないかかわり方をするので，幼児は感情や行動が不安定になり，コルチゾールレベルが上昇する。

(4) マターナル・デプリベイションとストレスホルモン

1989年にルーマニアのチャウセスク独裁政権が転覆した後，150,000人もの子どもたちが孤児院で衰弱しているのが発見された。その当時の孤児院では，1人の大人が約30名の子どもたちの世話をするという，他に例を見ない養育環境であった。赤ちゃんは食事を与えられ清潔にされたが，心理的なニーズは無視されたため，その多くが頭を打ちつけ，たえず体を揺らし，手をばたばたさせるなどの自己刺激の方法に訴えた。マターナル・デプリベイションとは，このように幼児が母親から引き離されて母性を剥奪されることを意味する。

ルーマニアの孤児院に8か月以上入れられていた生後1年に満たない幼児では，生後4か月以内に養子先に引き取られた幼児と比較すると，血中コルチゾールレベルが高かった。しかも，8か月以上施設に放置された子どもたちでは，コルチゾールレベルは上昇し続けた（Gunnar, 2001）。

2．いじめとアタッチメント

(1) いじめの構造

　いじめは，身体的，心理的，性的ないやがらせを含む継続的な攻撃のことである。

　いじめっ子は，やり返すことがなさそうな人に身体的または言語的な攻撃を加え，力と支配を探し求める生徒である。いじめられっ子は，いじめっ子から攻撃をされている生徒である。傍観者は，見守ることや何もしないことで，いじめ行動を強化している生徒である（Heath & Sheen, 2005）。

　いじめの内容では，身体的攻撃には，叩く，押す，つまむなどがあり，関係性の攻撃では，からかい，嘲笑，しめ出し，冷淡などがある。

　安東（1996）は学校コンサルテーションの経験から，いじめっ子の理解と対応について，次のように提言した。つまり，いじめっ子は他者から暖かく理解してもらってきた経験に乏しいために，親，教師，仲間との信頼関係が希薄で，心のよりどころ，または心の基地がない状態に置かれている。そのため，彼らはフラストレーション下では気持ちのはけ口を失い，他者へのいじめという歪んだ表現をしてしまう。そこで，教師は批評や価値判断，詮索などをせずに彼らの話を聞き，心の基地となるように心がける必要がある。そして，教師はあせらない態度を堅持し，その子に他者を信頼する態度を体験させる必要がある。

　米国では，いじめへの対応が積極的に行なわれていて，次のような実践例がある（Heath & Sheen, 2005）。

　学校職員にできる対策としては気づきを多くすることで，以下の9項目があげられている。①生徒の安全を守る，②生徒の行動を観察する，③深刻さを見きわめる，④いじめられっ子といじめっ子を学校のメンタルヘルスの専門家に紹介する，⑤職員，生徒，親が協力して取り組む，⑥生徒を育てる，⑦人には個性があることを教える，⑧職員で情報を共有する，⑨ソーシャルスキルトレーニングを行なう。これらの取り組みは，いじめっ子だけではなく，いじめられっ子，傍観者をも含んだ対応となっている。

(2) アタッチメントスキーマと脳の働き

アタッチメントスタイルは感情統制のパターンと関連するので，人間関係の基本形ともいえる。アタッチメントスキーマは，幼少期につくられる脳の感情統制や人間関係にかかわる神経力学ともいえる。

安全でないアタッチメントを経験した子どもたちは，親をはじめとする周囲の大人に対して，不信感を抱き，回避した態度や矛盾した態度をとり，人間関係のもち方について混乱した方法を用いていると考えられる。このような経験が続けば，子どもの中でネガティブな神経力学が形成されることになり，しかもそれが長く続くことが予想される。

いじめっ子は，安全でないアタッチメントを経験した子どもたちともいえるので，親や教師が子どもたちの安全な基地づくりの作業を助けることで，誤って学習された神経力学が新しい経験によって新たな神経力学へと変化することが期待できる。

いじめられっ子では，いじめられたことにより心に深い傷を受け，自己否定の感情が強くなり，学校，仲間からの撤退にいたることもしばしばみられる。いじめられっ子は外傷後ストレス障害（PTSD）やうつ病（いずれも第4章参照）になりやすく，自殺に追いやられることもある。

本章の第1節で触れたように，児童期以降の青年期になり，撤退，受動性，内向性などの傾向がみられる場合には右半球が優位に機能していることがわかっている。いじめられっ子の支援においても，親や教師には安全な基地づくりの作業を手助けすることが求められる。

3．メンタライゼーションと反抗期

(1) 青年期とメンタライゼーション

青年たちは，変化する社会に適応しながら大人への段階を目指して今を生きている。彼らはまた，生物学的にプログラム化されている体や心の発達の中で生きている。青年たちは自分の感情や考えについて，すじみちを立て深く考える能力を芽ばえさせ，その能力をさかんに行使しようとする。同時に，他者の行動を理解し推測するための認知構造も発展させる。

この能力は，メンタライゼーション（mentalization；Fonagy & Target, 2006）

とよばれ，メタ認知，心の理論などと共通するものとされている。

青年期では，PFC（前頭前皮質）の発達が促進され，認知情報の処理に関する能率化，情報の統合によるワーキングメモリの向上，さまざまな概念を操作して巧みに扱う論理的思考，より高水準の推理力や洞察力，創造力などがみられるようになる。つまり，青年期は実行機能の向上が目覚ましい時期といえる。

また，青年期では，大人からみればそれまでになかった考え方や行動がみられるようになり，それらは"突飛な考えや行ない"と受け取られる場合もある。しかし，青年は大人の考え方や価値観を否定し，時には対決することもある。

青年期では，メンタライゼーションが発達するので，自分の感情や他者の感情を操作する能力をもつ。しかし，自分の感情や気分からは完全に離れることができないので，時には感情や気分の変化の影響を受けることもある。

青年は時間の経過とともに自分を客観視できることが多くなり，感情や気分の変化も少なくなる。つまり，メタ認知の発達がみられるようになる。そして，多くの若者は，自分の感情をうまく扱い，自分の行動を決定し実行に移す力を発揮し始める。

(2) 親の対処法と脳の働き

大人は青年の考えは甘いといったり，いつまでも素直な子どもでいてほしいと願ったりする。これは誤りであり，青年は論理を発展させ，生き方も独自性を強める存在であるとの認識が必要になる。

反抗期は幼児期にもみられるが，子どもの主体性を保障する大人のもとでは，安全なアタッチメントスタイルが形成されているので，子どもの自立性が育まれる。大人の抑圧が強すぎれば，子どもはそれに負けて反抗しなくなり，素直な子を演じ続ける。メンタライゼーションの発達が阻害されれば，家族や仲間からの圧力，学業の困難さなどから，自身の感情や気分，行動などの統制を欠く結果を招くことが予想される

大人が青年の反抗期に理解を示せば，青年の側に他者理解の基礎ともいえる信頼感が育成され，親は子どものことを大切に思う存在であることも伝わる。そして，青年には内面の安全基地や冷静なままでいる能力などが備わる。

このことを，神経力学の観点から見れば，PFCの発達が促進され，左半球のPFCの活動が活性化することにより，社会へのかかわりが積極的になると考え

られる。逆に，反抗期を受け入れない対処法では，右半球の PFC の活性化をうながし，感情や気分の不安定化を招き，撤退や回避などの結果につながる可能性がある。

　青年にとっての新しい考えや行動は，これまでに使われたことのなかった神経ネットワークの活用やネットワーク間の新たな統合の結果と考えられ，新たな自分の創出につながるといえる。

4．脳内活性化の標的・神経幹細胞

(1) 幹細胞

　現在，再生医療の分野が目覚ましい発展を遂げていることは，新聞などでもよく報道されている。そこでのキーワードは，幹細胞である。幹細胞とはどのようなものなのか。

　1つの受精卵は卵割とよばれる体細胞分裂によって胞胚というボール状の塊になる。その後，約2週目より胞胚は外胚葉と内胚葉を形成する。そして，3週目より中胚葉も形成され，これらの3つの胚葉が種々の組織や器官に分化していく。われわれの脳や脊髄は外胚葉の分化を経て，骨や筋肉，造血組織などは中胚葉の分化を経て，呼吸器や消化器，肝臓などは内胚葉の分化を経てつくられる（高木, 1985）。

　このように，受精卵は成体（生殖が可能なほどに成熟したもの）がもつすべての細胞をつくりだすことができる幹細胞で，細胞分裂をくり返し，さまざまな機能をもつ体細胞へと分化するのである。つまり，幹細胞は分裂をくり返しながら，体の組織に新しい細胞を供給する細胞である。

(2) 幹細胞の再生

　脳，筋肉，肝臓など組織や臓器をつくっている体細胞の中にも，多様な細胞に分化する能力を保った成体幹細胞の存在が明らかになっている。つまり，成体幹細胞とは，すでに形作られた組織の中から取り出される分化する前の未分化細胞であり，骨髄，血液，筋肉，肝臓などで見つかっている。そして，これらの部位や臓器で見つかった幹細胞を増殖させて，骨髄移植や白血病の治療が行なわれている。

最近では，脳や心臓など，幹細胞が存在しないと思われていた場所で幹細胞が発見され，心臓の幹細胞は心臓に関係する筋肉や血管などに変化することがわかり，再生医療に応用されている。

　米国のサンディエゴにある Salk 生物学研究所の研究者達（Kemperman et al., 1998）は，成長したネズミをトンネル，車輪，その他の惹きつけるものを装着した刺激が豊富な檻に入れた。この檻に入れたネズミの脳では，標準的な檻に入れたネズミよりも，新しい神経細胞が 15 % 増加することを発見した。この研究では，脳の重量や神経細胞の密度などの増加の他に，樹状突起のいっそうの成長，樹状突起針（神経細胞間の伝達を促進する）の増加とそれに対応するシナプスの増加，さらに海馬の容量の増大などが確認された。グールドら（Gould et al., 1999）も，大人のサルの脳で同じ現象を確認した。

　神経細胞が増殖するには，神経幹細胞から発育する神経芽細胞（神経細胞の前身）が関係すると考えられている。これまで，哺乳類では神経幹細胞と神経芽細胞は成人期の終わりまで発育しても，新しい神経細胞にはならないと考えられ，成体の脳の神経細胞は増えることはないとされていた。

　米国では，ヘッドスタートという教育プログラムが 1960 年代から実施されている。これは環境の力が脳の生物学的変化に影響することを念頭に入れた教育の制度であり，参加した子どもたちでは，知的能力や社会的コンピテンスの向上などが確認されている。

(3) 神経幹細胞を増やすには？

　では，ヒトにおいては神経幹細胞の変化をどう考えればよいか。神経芽細胞は，さまざまな分化の制御を受け，神経細胞やグリア細胞へと分化する。哺乳類の成体の脳では，海馬と側脳室に神経幹細胞が存在し，神経細胞の新生（ニューロジェネシス）を行なうことがわかっている。

　ところで，ヒトの脳は加齢とともにどのように変化するのであろうか。人の知能得点は 20 歳代くらいから下降するといわれ，記憶力などの流動性知能は加齢の影響を受けるが，判断力などの結晶性知能はその影響を受けにくいとされている。

　神経細胞のネットワークについて子どもと成人を比較した研究（中村，2008）によれば，成人では神経細胞内の細胞体が大きく，神経線維（軸索）も太く，ネ

ットワークの密度も高いことがわかっている。また，20歳代から70歳代までについて大脳皮質，白質，脳室などが脳全体に占める割合をMRIにより1,600名について調べたところ，大脳皮質は加齢とともに減少傾向を示し，白質はほぼ横ばいかやや増加傾向にあった。この結果から，大脳皮質の割合が減っても，学習や経験は蓄積され白質内での神経細胞のネットワークの割合は維持されるので，脳機能に問題はないと判断された。

では，皮質下の海馬における神経細胞の増殖が起こるには，どのような方法があるのかについて考えてみたい。

海馬は層構造をなす海馬体の一部で，記憶や空間学習能力に関わる。海馬の神経幹細胞は，刺激が豊富な環境下での学習によってその増殖頻度が増加し，逆にストレスや加齢によって減弱する。また，ストレスを長期間受け続けるとストレスホルモン・コルチゾールの分泌が高まり，結果的に海馬の神経細胞が破壊され，海馬が萎縮する。外傷後ストレス障害（PTSD）やうつ病の患者でその萎縮が確認されている。また，海馬は虚血に対して非常に脆弱であり，アルツハイマー型老人性認知症の最初の病変部位とされている。

科学的に証明されていることとして，ロンドンのタクシードライバーの脳のイメージング研究がある（Maguire et al., 2000）。ロンドンのタクシードライバーの海馬はふつうの被験者と比較すると，右後方の海馬がより大きく，ドライバーの経験が長いほど，よりはっきりした拡大がみられた。ドライバーの海馬では視覚などの感覚入力をもとに道路や建物，方角などのこまかな状況認知の修正がくり返され，ロンドンの視空間マップの開発が進み，認知地図が開発されたと解釈できる。

このような状況認知と自己の位置関係の把握に働く脳内ネットワークには，PFC，後頭葉の視覚連合野（頭頂葉と側頭葉への二方向の投射経路），海馬，小脳（運動調節），線条体などの大脳基底核（大脳皮質からの入力部）などが含まれる。

これらのことを参考にして，日々の生き方の中で取り入れたいこととして，以下の点があげられる。

当然のこととして，まず脳内の神経細胞のためには酸素を十分に供給し，血流をよくすることが基本的に大切なことである。そのためには，有酸素運動が効果的である。

次には，心理的ストレスを過剰に受けない工夫が求められる（ストレス対処法

については，第6章参照）。

　3つ目に，空間認識力と記憶力を高めるためのトレーニングとして，2つのことが考えられる。1つは動的なトレーニングで，三次元空間で対象物を早く正確に認識する力が求められる球技が適していると考える。つまり，狙ったところにボールを打つ，飛んでくるボールをつかむなどの要素を含むもの（卓球，テニス，ソフトボール，ゴルフなど）が勧められる。もう1つは静的なトレーニングで，将棋や囲碁などがあげられる。プロの棋士のイメージング研究から，将棋盤面を見て瞬時に駒組みを認識する頭頂葉の後部内側楔前部（けつぜんぶ）と，最適な次の一手を直観的に導き出す尾状核の2つを結ぶ神経回路の活性化がわかっている（万，2011）。

　以上の4点を念頭に，日々の生き方を再構成してみることをお勧めしたい。

第2章 生き方を支える心の基本機能
——その発達とメカニズム——

　私たちは日々の生活の中で，さまざまな経験を重ねて，知識を蓄え，スキルを獲得し，現実の諸課題や人間関係に対処している。第2章では，そうした「人の生き方」を支える心の機能を解説する。まず，私たちが素朴に「わかった」「理解した」と思い込んでいることが，じつは現実の一断面に過ぎず，個人的な判断や解釈などでも色づけられやすい事実を紹介する。また，言語にはものごとの認識や思考を左右する働きがあることも理解したい。さらに，「身につく」「覚える」というプロセスが，単なる精神力とは異なる学習の原理やメカニズムで成立していることを概説する。加えて，人生を彩る「喜び」や「悲しみ」などの諸感情がどのように形成されるのか，その意外な知見は，とらえ難い感情の客観的理解に役立つであろう。

第1節　感覚・知覚——人は外界をどのように受け止めているのか

1. 外界の刺激情報をキャッチする感覚

　人間の心の働きには，認知，思考，感情といったさまざまな精神活動があるが，これらの諸活動を最初に支えるのが「心の窓」とよばれる感覚の働きである。私たちが本を読んだり絵を鑑賞したりするときは，目から情報を得る。同じように，音楽は耳で，香りは鼻で，味は舌で，素材は手触りで確認する。感覚とは，身体に備わった感覚器官を使って，外界の刺激情報をキャッチすることである。
　感覚のうち視覚，聴覚，嗅覚，味覚，皮膚感覚の5つが五感とよばれ，他には，運動感覚，平衡感覚などがある。こうした感覚の種類を，モダリティ（様相）とよび，表2-1のように分類される。

表 2-1 感覚の種類 (河内ら, 1996)

感覚の種別		適刺激	受容器	感覚体験
視覚		光 (約 400～700 nm の波長範囲の電磁波)	網膜内の桿体と錐体	明るさ,色
聴覚		音 (約 15～20,000 Hz の周波数の音波)	内耳蝸牛の基底膜	音
嗅覚		揮発性物質 (刺激源から発する気体または微粒子)	鼻腔内の嗅上皮にある嗅細胞	臭い (腐敗性,花香性,果実性,無臭性,薬味性,樹脂性など)
味覚		水溶性物質 (唾液に溶ける物質)	舌の味蕾の中にある味細胞	味 (たとえば,甘,酸,苦,塩など)
皮膚感覚	触(圧)覚	皮膚に加えられる機械圧	皮膚下の各種細胞の小体 ・毛根終末 (ルフィニ終末) ・パチニ小体 ・マイスナー小体 ・メルケル触覚盤など	触感,圧感
	温覚	温度刺激あるいは電磁波の熱線部	皮膚下のルフィニ小体	暖かさ,熱さ (ものの温度)
	冷覚		皮膚下のクルーズ小体	冷たさ
	痛覚	強い機械圧,化学薬品,電流など	皮膚下の自由神経終末など	痛み
運動感覚 (自己受容感覚)		筋,腱,関節部の緊張の変化	筋,腱内の受容器	身体の運動状態や手足の位置 (緊張感,弛緩感),身体全体もしくは部分の緊張ないし運動
平衡感覚		身体の傾き,全身の加速度運動	内耳前庭器官の受容器	重力に対する身体の位置あるいは全身の運動の感じ
内臓感覚		内臓諸器官の内部の生理的バランスの変化	(不明)	身体内部の痛みや諸器官の状態

　感覚の中で最も優位に働くのが視覚で,次いで聴覚,そして嗅覚,味覚,皮膚感覚,運動感覚,平衡感覚,内臓感覚が続く。もっとも,生活や職業の特殊性により,調理師は味覚,調香師は嗅覚,視覚障害者は聴覚や触覚が優位になるなど,感覚のモダリティには個人差が生じることが知られている。

2. 感覚の諸性質

(1) 刺激閾

　人の感覚体験には一定の限界がある。たとえば,紫外線や赤外線は見えないし,低周波や高周波は聞こえない。人が光として知覚できる電磁波は 380～780 nm

と決まっており，人が音として知覚できる範囲も 20〜25 Hz と決まっている。精神物理学では，刺激を感じる最低レベルを刺激閾とよび，感覚不可能なレベルを閾下（サブリミナル）とよぶ。私たちは，感覚器官の能力と限界に応じて，環境の中のある一部分の刺激情報だけをキャッチしている。そして，その限られた環境情報に基づいて思考・判断・行動している。ただし，経験や訓練，生活環境などの違いにより感覚の閾値（感受性）はある程度変動する。

(2) 弁別閾

感覚刺激が「変化した」と感じるときの刺激の変化量のことを弁別閾とよぶ。この弁別閾の性質として「ウェーバーとフェヒナーの法則」がある。たとえば，重さの変化を何 g で弁別できるか調べると，仮に 100 g の物をもったときの重さの変化が 10 g で弁別できたとする。ならば，重さの弁別閾は 10 g とつねに一定かというと，そうではなく，1000 g の物をもったときの重さの変化の弁別閾は 100 g となる。つまり，感覚の弁別閾（感度）は，機械的につねに一定なのではなく，基準となる刺激の大小に応じて比例して変動する性質がある。

(3) 感覚の順応

同一刺激の刺激を継続的に受けていると感覚の感度が変化することを「順応」とよぶ。たとえば，プールで最初は凍えるほど冷たいと感じた水がしだいにそれほど冷たいと感じなくなる。これは感覚が鈍くなる「負の順応」という。反対に，暗闇で最初は真っ暗で何も見えなかったのが，徐々に暗さに慣れてまわりのようすが見えてくるという，感覚が鋭敏化するのを「正の順応」という。嗅覚や皮膚感覚は比較的順応が起こりやすいが，痛みは順応が起こりにくいなど，感覚の種類や強度による違いがある。

3．心理的環境を形づくる感覚・知覚

上述のように，人の感覚機能は，外界の刺激を機械的に処理するのではなく，各器官の感度の範囲内で，刺激受容の在り方を状況に応じて自動的に調整している。これは，多様な刺激を安定的にキャッチする生体の適応機能といえる。さらに，感覚器官がキャッチした刺激に対して，人は単純に反応しているわけではな

い。断片的な感覚素材はまとまりを形成しながら経験や知識と照合され，有意味な対象または事象として把握される。たとえば，音とメロディの関係のように，メロディの要素である個々の音に意味はないが，それが音階の連続的な変化としてまとまりを形成することによって，あるメロディが経験される。同様にして，私たちは，目に映る形象を「海」や「山」，耳に聞こえる音を「汽笛」や「雨音」などと把握する。このように，体験された感覚素材から意味ある対象や事象を把握する心の働きを「知覚」という。

知覚のプロセスでは，個人の興味・関心や過去の経験など主体的要因が作用するため，同じ環境刺激の中に在っても知覚体験の在り方には個人差が生まれる。たとえば，同じ光景を前にしながらも，ある人は緑豊かな山々に見とれ，ある人は空を飛ぶ鳥の群れに目を奪われ，またある人は，他の人と同じ光景を目にしながらもイヤホンから流れる音楽に聞き入る，ということが起こる。このように，人が知覚するのは現存する物理的環境の全体そのものではなく，部分的に切り取られた一断面であり，その切り取り方には個人差がある。すなわち，知覚体験の世界とは，物理的環境とは異なる心理的環境を形づくっていて，その心理的環境こそが，人それぞれの思考や感情や行動を生み出す大きな要因となっている。

4．知覚の基本特性

知覚には，個人的要因が作用する一方で，誰にでも共通する規則性や法則性に支えられた性質・機能がある。次に，知覚の一般的な基本特性を概観してみよう。

(1) 群化の法則

私たちの視野の中には，いろいろな形や色の刺激が多量に飛び込んでくるが，それらが特有なまとまりをもった対象として知覚されるためには，いくつかの条件が必要となる。ウェルトハイマー（Wertheimer, M）は，バラバラな刺激要素が秩序あるまとまりを形成するための諸要因（群化の法則）を図2-1の通り明らかにしている。

　①近接の要因：空間的，時間的に近接しているものは，お互いに関連してまとまりを形成しやすい。

　②類同の要因：他の条件が一定であれば，形や色などの性質の類似しているも

のどうしがまとまりを形成しやすい。
③閉鎖の要因：お互いに閉じ合う形を
つくるものは，お互いに1つの領域
としてまとまりを形成しやすい。
④よい形の要因：形の連続性は，お互
いになめらかに連続して無理のない
方向へまとまりを形成しやすい。

①近接の要因

●●　●●　●●

②類同の要因

●●○○●●○○

③閉鎖の要因

}{　}{　}{

④よい形の要因

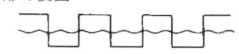

図 2-1　群化の法則（Wertheimer, 1923）

(2) 錯視

　視覚的な対象の見え方に関して，客観的事実と知覚体験とに差異が生じることがある。これに関連して，幾何学的図形の錯視に関する研究が数多く行なわれている（図 2-2）。

　これらの錯視現象は，対比される図形の大きさ，線分の角度，その他の刺激間の相対関係などの影響によって生じる。たとえば，ミューラー・リアーの図形は，物理的には等しい長さの直線が，両端の付属部分の線分の角度が違うために，異なる長さに見える錯視である。錯視とは，知覚が刺激の物理的特性をそのまま反映したものではないことを示す1つの現象である。

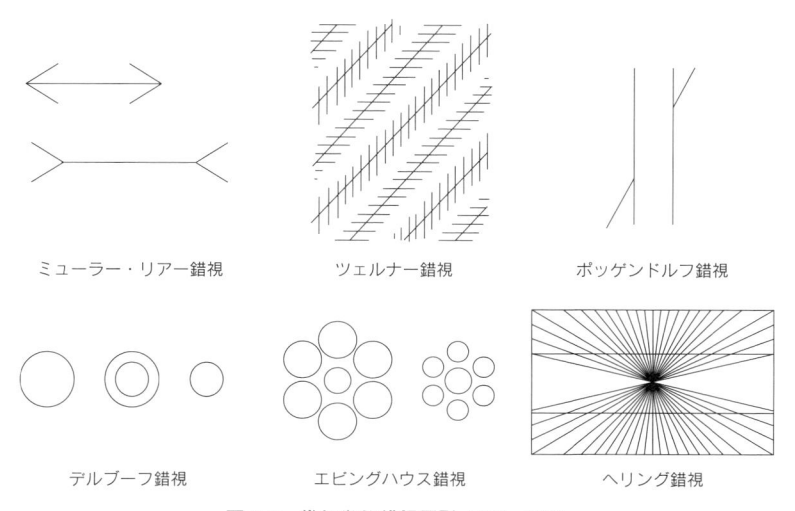

ミューラー・リアー錯視　　ツェルナー錯視　　ポッゲンドルフ錯視

デルブーフ錯視　　エビングハウス錯視　　ヘリング錯視

図 2-2　幾何学的錯視図形（真覚, 2002）

(3) 恒常現象

　私たちの知覚の世界では，実際には受け取る刺激量がたえず変化しているにもかかわらず，対象を安定的に不変のものと知覚する恒常現象が働くことがある。たとえば，形の知覚に関して，一般に「丸い」と認識されているコップは，上から見た場合，斜め上から見た場合，横から見た場合など，じつは網膜像はそれぞれ変化しているものの，「四角い」と知覚されることはない。この形の恒常性は奥行きの手がかりとの密接な関係がある。

　色の知覚に関しても，たとえば，薄明かりの下で見る「白い紙」は，じつは光の反射量が少なくて灰色に近いにもかかわらず，「白い紙」と知覚される。これが色の恒常現象である。ただし，紙だとわかる手がかりを排除して，ごく一部を観察させると「灰色の物」と知覚される。

(4) 図と地

　図2-3，図2-4の図形を見てみよう。何が見えるだろうか。何か見えた人は，さらに別に見えるものはないか再度しばらく眺めてみよう。すると，視点を変えると別の対象が浮かび上がることに気づくであろう。このような図形を反転図形という。

　ゲシュタルト心理学者のルビン（Rubin, E. J.）は，環境刺激の中で中心的に知覚される部分を「図」とよび，意識から外れた背景的な環境刺激を「地」とよんだ。「図」は背景となる「地」によって明確な輪郭を与えられている。たとえば，

図2-3　ルビンの反転図形
（Rubin, 1921）

図2-4　ボーリングの図形
（Boring, 1930）

日の丸の赤は，白い背景（地）があってこそ鮮やかな赤に知覚されるが，背景色が他の色であったら同様な赤の鮮やかさは知覚できない。つまり，知覚された「図」は背景の「地」の要素によって支えられている。

(5) 選択的知覚

上述の反転図形では，観察者が注意の向け方を変えると「図」と「地」が容易に入れ替わる。すなわち，私たちは刺激の物理的条件に規定されることなく，何を知覚するかを主体的に選択することができるのである。

シェイファー（Schafer, R.）らは，子どもたちに，まず図2-5のaとbを見せて，どちらか一方の提示の際につねに報酬4セントを与え，他方のときには4セントを取りあげることをくり返した。その後に，図2-5のcの図形を見せたところ，多くの子どもたちは報酬を与えられた図形を選択的に知覚した。個人の経験の違いが知覚内容を左右するという例である。

このように，何が「図」として知覚されるかは，環境条件によって受動的に規定されるのではなく，個人の主体的要因によって能動的に選び取られている。つまり，多くの刺激要素の中から，特定の部分が「図」として選択的に知覚されるのである。ただし，この場合の「選択」とは，人ごみの中で知り合いを探すときのように意識的努力（注意）が働く場合もあるが，家事に忙しい母親が傍らの子どもの変化に敏感であったりするように，ほとんど無意識的に選択的反応がなされる場合も多い。

(6) あいまいさへの耐性と知覚防衛

刺激対象の中からある部分を「図」として選択することは，一方で，「図」として選択されなかった部分があるということである。ある刺激が意味あるものとして知覚されない理由として，曖昧な刺激を適切に知覚できない感受性の問題と，刺激のある部分を選択的

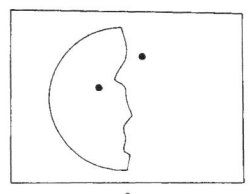

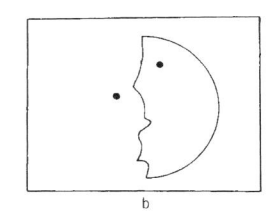

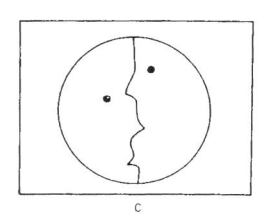

図2-5 シェイファーとマーフィーの刺激図形
（早坂，1994）

図 2-6　フィッシャーの男と女（Fisher, 1968）

に無視するという知覚の防衛機制の問題がある。

　知覚の感受性に関して，図 2-6 のように左から右方向へ「男の顔」が徐々に「女性の姿」に変わっていく図形を用いた研究では，心理的に硬い（rigid）人，ものごとの白黒をつけたがるステレオタイプな人の場合，なかなか図形の変化を認めずに，あきらかに「女性の姿」が見えるようになっても「男性の顔」が見えると言い続けた。このように，心理的に硬いパーソナリティの人は，不明瞭なものに対する知覚耐性（ambiguity tolerance）が低いことが指摘されている。

　また，瞬間露出器を使って，さまざまなことばを提示して弁別できる時間（弁別閾）を調べた際に，その中に性的なことばなどのタブー語をまぜておくと，タブー語の弁別閾（ことばの意味を認識できる最短時間）が長くなることがわかった。ところが，同時に測定した皮膚電気反応を調べると，タブー語の場合には弁別（知覚）される前に大きな生理反応が生じていることが判明した。こうした都合の悪い刺激に対して知覚の閾値（反応時間）が大きくなる現象は「知覚防衛」とよばれる。

(7) 閾下知覚

　上述の実験の場合に，タブー語に対する反応時間が遅れるなど，知覚反応が抑制される現象は，じつは，刺激の性質が反応以前にすでに感受されていることを推察させる。このとき，刺激の意味が自覚（知覚）されるに直前に心理的動揺を

示す生理反応が観察されたことからも，そこに「無意識的な知覚」の働きが仮定される。こうした無意識的な知覚は，一般に「閾下知覚」とよばれている。

閾下知覚が感情や行動に影響を及ぼすというのが「サブリミナル効果」である。たとえば，映画の中に目に見えないぐらいに瞬間的にポップコーンやコーラの広告を挿入すると，休息時間にそれらの売り上げが伸びたという有名な実験がある。こうした行動面への効果に関しては議論も多く，多数の研究報告があるが，いまだに明確な知見は得られていない。

ただし，閾下知覚の存在に関しては，上述の選択的知覚や知覚防衛に関する知見も含めて，少なくとも日常的な知覚のプロセスの大きな部分が，意識化できない前意識的・無意識的なプロセスによって支えられていることは疑いない。認知科学の領域では，外的情報の意識下における自動的な前処理過程を「前注意過程」とよび，自覚的に外的情報を処理する「注意過程」と区別して研究が進められている。

第2節　認知・思考——人の知的活動を支える心の働きとは

1．情報処理過程としての心の働き

人間の心理過程を情報処理モデルでみるとさまざまな段階があるが，おおまかには，感覚，知覚，認知，思考といった段階がある。これらは厳密に区別できないが，初期の情報処理を担うのが感覚・知覚のレベルであり，高次の情報処理を担うのが認知・思考のレベルである。

これまでみてきたように，感覚や知覚の働きとは，感覚器官がキャッチしている雑多な刺激情報を取捨選択・構成して，有意味な情報として体制化するプロセスである。たとえば，バッグの中に手を入れて今触れている指先の感覚情報を構成・体制化して，見えずともそれが「腕時計である」という対象知覚が可能となる。

次に，認知や思考の働きとは，先の感覚情報から得られた対象知覚に関して，当人の経験や記憶などと照合され，さらに判断や評価なども加えられた複雑な情報処理のプロセスである。たとえば，上述のバッグの中の「時計」について「こ

れは3年前に使っていた腕時計だ」と過去の記憶と照合されたり，さらに「当時は受験勉強で大変だったなあ」と思い出のシンボルとして，その対象物が意味づけられたりもする。

このように，感覚・知覚に始まり，認知・思考と続く一連のプロセスは，外界から受け取った情報を処理して，判断・解釈を行ない，意味づけ，さらに推理，記憶するといった，人間ならではの高度な知的活動といえる。

2．認知・思考の発達

スイスの心理学者ピアジェ（Piaget, J.）は，乳児から大人にいたるまでの認知・思考の発達を組織的に研究し，その発達過程として次の4つの段階を提唱している。

(1) 感覚運動期（0〜2歳）

感覚運動期では，対象の認知を感覚と身体運動を通して行なう時期である。乳幼児は，運動機能の発達につれ，外界に対する感覚運動的な働きかけを行なうようになる。ガラガラを振って音が出れば，また振って音を出すことをくり返す。2歳ごろまでに，こうした働きかけを通じて，外界についての知識を獲得し，簡単な予測的行動を行なえるようになる。この時期の終わりごろには，目の前にないものを思い浮かべることも可能となり，「対象物の永続性」も理解できるようになる。

(2) 前操作期（2〜7歳）

前半は「前概念的思考段階」（2〜4歳）とよばれていて，ことば，遊び，模倣の発達が著しい。積み木を自動車に見立てるなど「象徴的遊び」を行なう。後半は「直感的思考段階」（4〜7歳）とよばれ，思考が知覚に支配される。たとえば「コップ1杯の水は大きなお皿に移しても量は同じ」という保存の概念が理解できず，見せかけの知覚的な変化に影響を受ける。自己中心性が強く，視点を変えると見え方が変わることが理解できない。

(3) 具体的操作期（7〜12歳）

　自己中心的な思考から「脱中心化」(decentration) へと進み，これまでよりはものごとを多面的・総合的にとらえられるようになる。第三者の視点から客観的な認知が可能になる。数や量の保存に関する処理もできるようになる。しかし，初めのうちは，そうした論理的な思考は具体的な事物や状況に限られる（具体的操作による思考）。論理的・抽象的な思考は十分発達しておらず，抽象的な概念の操作はむずかしい。

(4) 形式的操作期（12歳以降）

　概念や記憶を自由に操作することが可能となる発達段階で，抽象的，形式的に考えることができる（形式的操作による思考）。たとえば，「AはBである」「BはCである」なので「AはCである」と，論理的思考ができる。また「もし，〜ならば，〜である」という具合に，演繹的に仮説を立てて推論し，その結果を事実と照らし合わせて検証する科学的思考も可能となる。

3．認知・思考における言語の働き

(1) 認知を規定する言語

　認知と言語は深い関係がある。アメリカの文化人類学者サピア（Sapir, E.）とウォーフ（Whorf, B. L.）は，「言語相対性仮説」を唱えて，人の認知構造が母国語の言語体系によって規定されていて，その社会の言語習慣によって物の見方・考え方が形成されていると考えた。つまり，仮に同じものを見たり聞いたりしても，使用する言語体系が異なると，それに対する認知や思考が大きく異なるというのである。

　たとえば，英語では「飛行機」と「鳥」は区別されるのに，ホピ・インディアンでは「空を飛ぶもの」と1語で表現される。一方，日本語では「兄」「弟」と分けて表現されるのが，英語で「brother」の1語で表現される。また，虹色は，日本では赤，橙，黄，緑，青，藍，紫の7色と思われているが，アメリカでは6色と考えている。英語には藍色を指す単語がないのがその理由という。

　こうしたことは，民族性や文化の違いが生んだ言語体系の違いであるが，それは環境をとらえる認知的な枠組み（認知構造）の違いを生み，ひいては国民性と

よばれるようなものごとの認識や思考の様式にも影響を及ぼすものと考えられる。

(2) 思考の道具としての言語

　言語は一般にコミュニケーションのための道具と考えられているが，一方で，思考の道具としての働きも無視することができない。

　ロシアのヴィゴツキー（Vygotsky, L. S.）は，他人とのコミュニケーションに使われる言語を外言とよび，頭の中で思ったり考えたりするときに使う言語を内言とよんで区別した。ヴィゴツキーによれば，幼児を対象に問題解決を行なわせる実験を行なったところ，簡単な問題に比べてむずかしい問題に取り組んでいる場合には，幼児のつぶやきが多かったという。幼児は問題解決のために自分自身に語りかけていたのである。

　言語はまた，思考の結果としての行動を調整・コントロールする働きをしている。ルリア（Luria, A. R.）は，幼児に赤いランプでボタンを押し，青いランプでボタンを押さないという課題を与えた。当初，幼児はこの課題に上手に反応できなかったが，赤いランプが点灯した際に「押す」と発言させたところ，正しく反応できるようになった。発話することが，行動のコントロールに役立ったのである。

(3) 概念形成とイメージの働き

　言語はもっとも発達した思考の道具である。言語の獲得にともなう抽象的な概念の形成は，人間の高度な思考活動の基盤となるものである。一方，言語が内言として機能する以前の幼児の場合は，概念的な事物理解ができず，具体的な対象イメージに基づく直感的思考を行なっている。ただし，ピアジェが指摘するように，この時期の幼児のイメージは，現実の場面・状況との結びつきが強いため，対象理解のシンボルとして操作的に活用されることはない。一般に，思考の発達とは，幼児期のイメージ的思考から言語の獲得にともなった概念的思考に移行することと考えられている。

　しかしながら，発達にともなう言語の獲得は，対象に関する概念形成を助けるばかりではなく，同時に対象イメージを象徴的にシンボル化する働きがあることを見逃せない。たとえば，「貯金箱」ということばの獲得とは，その一般的な意味（概念）の学習に併せて，貯金箱の具体的イメージがシンボル化されることと，

不可分な関係にある。一般的には，言語の獲得にともなう概念思考の発達のみが強調されがちであるが，言語の獲得以降も思考活動におけるシンボル化されたイメージの役割は無視できない。

また，言語の概念的側面として，対象の名前や機能に関する記号的な働きを果たすとき，そのような意味は「外在的意味」とよばれる。一方で，言語のイメージ的側面として，個人的な経験や思い出，感情などが想起される場合，そうした個人的な意味は「内在的意味」とよばれる。個人が経験的に学習した言語の多くには，外在的意味と内在的意味の両面が含まれていて，場面・状況に応じて使い分けられている。ことばを通して対人理解を深める際に，十分に留意すべき点の1つと考えられる。

4．認知・思考の歪み

認知療法の領域では，種々の行動異常や心身不調の背景には認知や思考の習慣的な歪曲があると仮定して，治療においては認知・思考の歪みの修正が必要であると考えられている。バーンズ（Burns, D. V.）は，理論的研究と臨床実践を通じて，認知の歪み（推論の誤謬）として，以下のようなものを指摘している。こうした認知の歪みは，悲観的で否定的な予期や判断をする「自動思考」の背景にあって，うつ病の症状や耐え難い不快感情を生み出す原因となっている。

【認知の歪み】
①全か無か思考：少しの失敗や例外を認めることなく，二分法的に結論づけること。
②過度の一般化：ささいな出来事を過度に一般化して考え，すべてを単眼的にとらえること。
③心のフィルター：よいことを遮断してしまい，悪いことばかりに焦点をあてること。
④マイナス化思考（プラスの否定）：よいことを受け入れられず，よいことを悪いことに置き換えること。
⑤結論への飛躍：妥当な根拠もなく否定的な結論に飛躍して考えること。
⑥拡大解釈（破滅化）と過小評価：悪いことを過大に解釈し，よいことを過小に評価すること。

⑦感情的決めつけ：感情状態だけに基づいて結論ないし推論してしまうこと。
⑧すべき思考：自分や他者に対して，つねに高い水準の成果を要求すること。
⑨レッテル貼り：自分や他者に固定的で否定的なラベリングをすること。
⑩個人化の推論：出来事の成り行きや結果を自分のせいだと思い込むこと。

第3節　学習・記憶——行動や知識を獲得する原理とは

1．学習とは何か

　私たちは成長にともなって，環境に適応するための新たな行動を形成していく。その行動には成熟（maturation）のプロセスとして説明できるもの，いわば外界からの刺激や影響とは無関係に，一定の年齢になれば出現してくる遺伝的性質の自然的な展開による行動もある。しかし，私たちが獲得する行動の大部分は，周囲に積極的に働きかけたり，あるいは周囲から働きかけられたりなど，環境との密接な相互作用を通じて形成されるものが多い。それは，学校の勉強だけでなく，日常のさまざまな経験を通じて，生活に必要なスキルや種々の能力，多様な行動様式を身につけるなど，後天的に獲得されるもので，こうしたプロセスを学習（learning）という。

　心理学でいう「学習」とは，反復的な練習または経験を積むことにより行動に比較的永続的な変容が起こることをいう。つまり，練習や経験の繰返しを通じて後天的に獲得される行動であって，成熟の過程で先天的な能力として発現する生得的行動とは異なっている。また，学習による行動変容は比較的永続的な変容であるので，一過性の環境変化や疲労等にともなった一時的な行動変化とは区別される。一般的に，私たちが習慣的に身につけている動作や行為は，生得的，遺伝的な能力を土台としながらも，育ってきた環境の影響を強く受けているので，練習や経験に基づいて形成された学習による行動とみられている。

　では，行動に永続的な変化をもたらす学習の原理を以下にみていこう。

2．条件づけによる学習

　行動主義心理学では，特定の刺激（stimulus）に対して特定の反応（response）が結びつく条件づけの現象によって学習行動を理解する。ここでは，条件づけによる学習として，古典的条件づけとオペラント条件づけの2つのタイプについて，その基本的原理を概説する。

(1) 古典的条件づけ

　ロシアの生理学者パブロフ（Pavlov, I. P.）は，イヌに餌を与える際に，その直前にブザー音を聴かせるという条件づけの実験を行なった（図2-7）。

　イヌは餌を与えられると自然と唾液を分泌する。唾液の分泌は生得的な無条件反射とよばれ，その刺激となる餌は無条件刺激とよばれる。イヌは，この実験をくり返した結果，餌がなくてもブザー音を聞いただけで唾液を出すようになった。このときのブザー音を条件刺激とよび，条件刺激によって引き起こされた唾液の分泌を条件反射とよぶ。このように，無条件刺激（餌）と条件刺激（ブザー音）

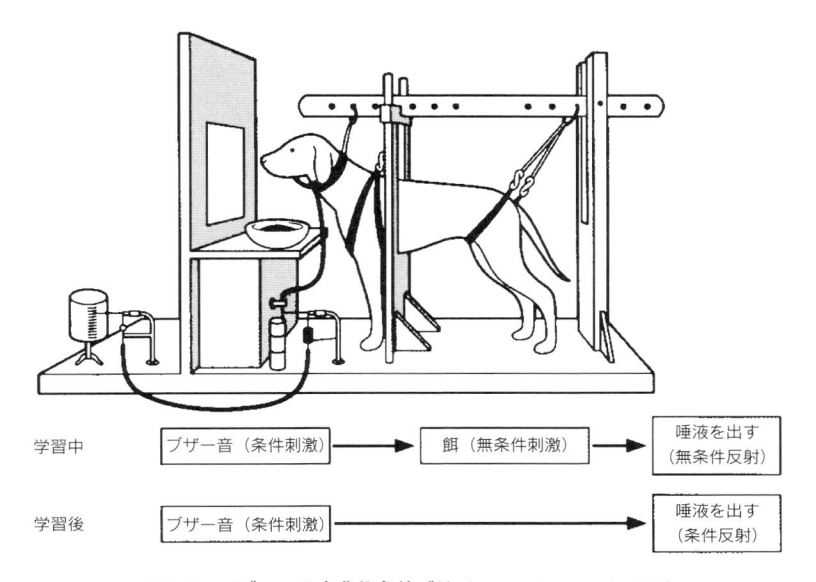

図2-7　パブロフの古典的条件づけ（Yerkes & Morgulis, 1909）

をいっしょに提示することをくり返すと，条件刺激が新しい反応（条件反射）を引き起こすようになる現象のことを古典的条件づけという。また，この条件づけは，反射（response）を基本として成り立っているので，レスポンデント条件づけともよばれている。

なお，条件刺激といっしょに無条件刺激を提示することを強化という。強化には，餌のような快適な報酬（正の強化子）と，騒音や痛みなどの不快な刺激（負の強化子）がある。強化となる無条件刺激の性質の違いによって，条件づけられる反応は大きく左右されることになる。

たとえば，恐怖のような情動反応も条件づけのメカニズムで成立することが知られている。ワトソン（Watson, J. B.）らによる恐怖条件づけの実験では，当初はネズミを怖がらなかった幼児に対して，ネズミに接近したときに大きな音を出して驚かせることをくり返した。その結果，幼児はウサギや白いひげを見ただけで泣き出すようになったという（図2-8）。

嫌悪刺激によって恐怖や不安などの情動反応が条件づけられたと考えられる事例は，日常的な「苦手経験」の中にも数多くみられる。

(2) オペラント条件づけ

アメリカの心理学者スキナー（Skinner, B. F.）は，ネズミをスキナー箱とよば

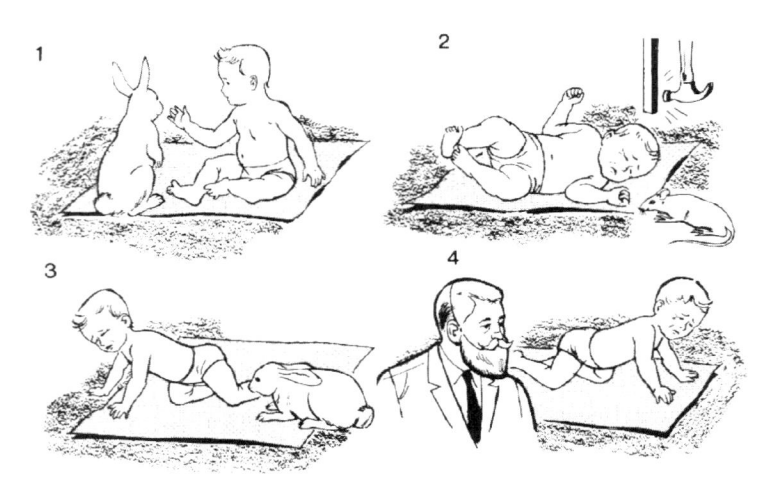

図2-8 恐怖条件づけの実験（Watson, 1928）

れる独自の実験箱の中に入れて条件づけの体系的な実験を行なった（図2-9）。

箱の中にはレバーがついていて，空腹にされたネズミがレバーを押すと餌がでてくる仕掛けになっている。当初は，ランダムな行動の中で偶然にレバーを押して餌を獲得していたのが，その経験を何度もくり返すとネズミはレバーを押す頻度が増えてくる。こうして，ネズミのランダムな行動の中からレバー押しという特定の行動が，餌という報酬（正の強化子）によって強められる。一方，ネズミの跳ぶ，ひっかくなど他の行動は，餌の報酬がともなわないのでしだいに減少していく。

このように，試行錯誤を繰り返すうちに，ある特定の行動が望ましい結果をともなうことによって強められたり（正の強化），あるいは逆に，望ましくない結果をともなわないことによって強められたりする（負の強化）。この場合，条件づけられる特定行動（レバー押し等）は，報酬（餌）を得るための手段であり，道具的に操作されるものなので，スキナーの条件づけは，道具的条件づけ，あるいはオペラント（自発的）条件づけと名づけられている。日常生活を例にとれば，仕事の結果が評価されれば努力をするようになる場合が正の強化で，遅刻をすると叱られるので早めに家を出る場合が負の強化である。

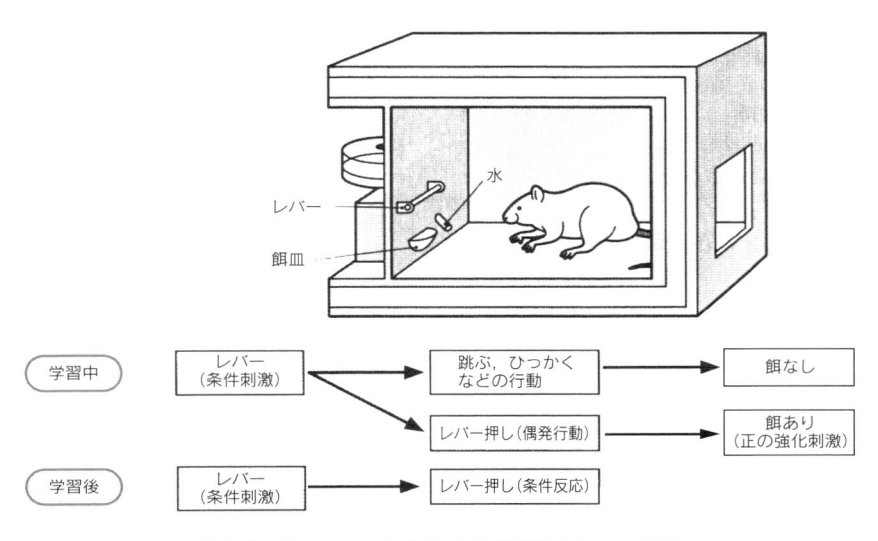

図2-9　スキナーのオペラント条件づけ（Skinner, 1938）

3．社会的学習

　条件づけによる学習では，何らかの刺激を直接経験することによって学習が成立する。しかし，私たちには直接経験できなくても新たな行動を学ぶ能力がある。たとえば，技能の習得で「見て学べ」と指導されることは多い。また，学校教育の大部分は文字や写真を使った間接学習である。儀礼的な作法の習得でも，まずはモデルの行動の観察や模倣から始めるように，間接経験による学習は大きな役割を果たしている。こうした学習は社会的学習とよばれている。

(1) 模倣による学習

　しばしば子どもは，家族のしぐさやテレビのアイドルの振りつけなどを好んで真似る。1歳未満の乳児ですら，親の表情に反応して顔の動きを真似ようとする。発語の時期になると，大人が発する単語をくり返したりする。模倣は発達の初期段階から観察される行動である。そのため，模倣を本能的欲求に基づいた生得的行動とみなす視点がある一方で，子どもは模倣することを学習するという視点もある。ピアジェは幼児における模倣行動の段階的な発達プロセスを詳しく報告している。

　また，生得的能力だとされる新生児の原初模倣の存在についても議論があり，模倣は生まれたときからあるのではなく「模倣される経験によって模倣するようになる」という主張もある。実際，育児の中の母親は乳児の行動を頻繁に模倣することが知られていて，これに対して，乳児も自分の動作を真似ている大人を区別して，好んでよく見ることがわかっている。つまり，模倣されることによって他者への注意が高まり，それが自分の模倣にもつながると考えられる。

　こうした視点は，他者の行動を模倣することが困難な自閉症児に対して，大人がまず自閉症児の行動を真似して，大人への注意を高めたうえで，次にモデル行動を提示して模倣行動の形成をうながすという，「相互模倣トレーニング」の実践に応用されている。子どもの無意味と思われる行動を大人が真似することで，模倣行動の発達がうながされ，そのことが新たな行動様式の学習基盤にもなるとみられる。

(2) 観察による学習

社会的学習理論を最初に提唱したドラード（Dollard, J.）とミラー（Miller, N. E.）は，模倣という社会的行動は，実際の模倣行動が直接強化を受けることで学習が成立する，と条件づけの原理により説明した。これに対して，バンデューラは，直接的な強化がなくても，観察するだけで学習が成立するという観察学習の概念を提唱している（Bandura, 1971）。

バンデューラは，模倣や同一視など類似の現象を包括する概念としてモデリングという用語を用いている。モデリングとは，モデルの行動や特性を観察することにより観察者の行動に変化が生じることで，観察学習と同じ意味で用いられる。この場合のモデルは，実際の人間に限らず，アニメやテレビの登場人物であっても学習が成立する。

バンデューラは，幼児の攻撃行動がモデリングで形成される過程を実験的に明らかにしている。幼稚園の幼児たちは，人形が殴られたり悪態をつかれたりする攻撃的場面を観察するグループと，反対に人形と仲よく遊んでいるようすを観察するグループとに分けられた。その後，幼児たちに人形で自由に遊んでもらうと，攻撃的場面を観察していたグループでは同様の攻撃行動が増えることがわかった。

また，別の実験では，暴力を行使した場合に罰せられるという場面を観察させると，その後の攻撃行動が減少していた。このように，観察学習では，モデルとなる他者が報酬や罰を与えられるのを間接的に見ることによって，その行動が促進または抑制されることを代理強化とよんでいる。

4．記憶

心理学では経験を通じて永続的な行動変容が起こることを「学習」とよんでいるが，そうした行動変容という学習成果を支える内面的プロセスが「記憶」である。すなわち，行動の変化という顕在的側面に注目して学習とよび，一方，その変化の保持という潜在的側面に注目して記憶とよぶ。

(1) 記憶のプロセス

記憶には，次のように，記銘，保持，想起の3つのプロセスがある（図2-10）。

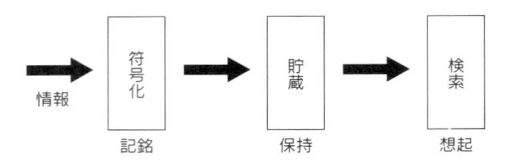

図 2-10　記憶のプロセス（井上, 1997を一部改変）

①記銘（覚えること）

　経験したことが記憶として取り込まれることが記銘である。外部刺激の情報を、記憶として取り込める「意味」に変換する作業で、符号化（encoding）ともよばれる。

②保持（覚えたことを維持すること）

　記銘されたことが保たれることが保持である。取り込まれた情報は内部に貯蔵されていて、外には現われない。記憶が保持されているかどうかは、次の想起によって確認される。

③想起（覚えたことを思い出すこと）

　保持されていた記憶が、思い出されることが想起である。保持されていた記憶の中から特定の情報が抽出されるので、検索（retrieval）ともよばれる。

(2) 記憶の貯蔵システム

　記憶の貯蔵システムは、感覚記憶、短期記憶、長期記憶の3つのメモリボックス（記憶庫）から成っているといわれる（図2-11）。

①感覚記憶

　まず、外界からの情報は、すべての感覚器官を通して入ってくる。このとき、その情報は、意味に符号化されず、感覚されたままの形で感覚記憶庫にごく短時間保持される。しかし、この感覚記憶庫では、目からの視覚情報の場合で1秒以

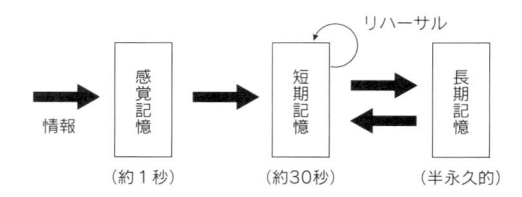

図 2-11　記憶の貯蔵モデル（Atkinson & Shiffrin, 1968）

内，耳からの聴覚情報でも数秒という短時間で減退し，刺激がなくなれば急速に消滅してしまう。そのごく短い瞬間に，パターン認識など必要な処理が自動的に行なわれて，注意が向けられた一部の情報だけが，次の短期記憶庫へと送られる。

②短期記憶

注意が向けられ，意味に符号化された情報は短期記憶庫に入れられて，約15秒〜30秒程度の短い時間だけ保持される。短期記憶とは，見たり聞いたりしたことを，メモとして書き残すまで一時的に覚えているような記憶で，そのままでは急速に記憶が減退し，忘れられてしまう。

いったん短期記憶庫に入った情報は，その時の思考や判断の素材として利用されたり，行動の一時的な手がかりとなったり，あるいは長期記憶のために処理・加工されることになる。ただし，短期記憶はそのまま放って置くと30秒程度で失われてしまうので，これを保持するためにはリハーサル（rehearsal）が必要とされる。リハーサルとは，頭の中で保持する情報を単純にくり返すことをいう。これは，一時的な情報の保持に過ぎないので，他のことに気が紛れるとすぐ忘れられてしまう。

③長期記憶

長期記憶とは，短期記憶に一時保持された情報の中で，特に強く意味づけられた情報を保存する領域である。長期記憶庫に転送された情報は，ほぼ半永久的に保持される。長期記憶の中の情報は，個々に独立して保存されるのではなく，類似性や意味的な関連性などに基づいたネットワーク的な結合（チャンク）の形で保存される。長期記憶庫に格納された諸情報は知識とよばれ，ふだんはごく一部しか意識されないが，必要に応じて検索されて，短期記憶に転送・想起されて活用される。

第4節　感情・欲求——人の感情の成り立ちと欲求の働きとは

1．感情とは

広義の感情（affection）には，その現われ方にさまざまな様相があるが，基本的に以下のように区別できる。

(1) 情動（emotion）

　情動は怒り，悲しみ，喜び，恐れなどの急性の強い感情である。怒りで手が震えたり，悲しみで涙が出たり，喜びで顔が紅潮したり，恐れで全身が緊張したりなど，身体的，生理的な興奮をともなっている。

(2) 気分（mood）

　気分は情動のような激しさや高ぶりはなく，すがすがしい，心地よい，うら淋しい，物悲しいなど，比較的穏やかに長い時間にわたって持続する感情である。気分は，その発端や原因が不明瞭な感情であり，体調等の身体状態とも結びついて精神状態を明るくも暗くも彩ることになりやすい。英語のフィーリング（feeling）も気分に似ている。

２．感情の発達

　感情は未分化な状態から，発達過程の中で分化していく。
　古典的なブリッジス（Bridges, K. M. B.）の分化図式によると，出生時は興奮だけであるが，乳児期にはそれから快と不快が分化し，2歳ぐらいになると，快からは快のほかに愛情や喜びが分化し，不快からは不快のほかに怒りや恐れが分化してくるという。5歳の幼児期になると，怒りから羨望，嫉妬，失望などが生まれ，恐れからは恐れのほかに心配や羞恥（しゅうち）が現われてくるという（図2-12）。
　これに対して，スルーフ（Sroufe, L. A.）は，怒りは乳児期の初期にはすでに不快から分化していると説明する。最近の研究でも，新生児の段階ですでに嫌悪・興味・満足が表出され，3か月ごろまでに喜びや悲しみ，驚きが表われ，6か月ごろまでに怒り，恐れの表情が出現するとされる。そうした表情は，先天性視覚障害の乳児でも出現するため，生得的な反応と考えられている。

３．感情の生理学的基礎

　怒りや恐怖など，激しい感情体験には心臓がドキドキしたり，手が震えたりなど，生理的な緊張・興奮がともなうことを日常的に経験する。こうした感情にと

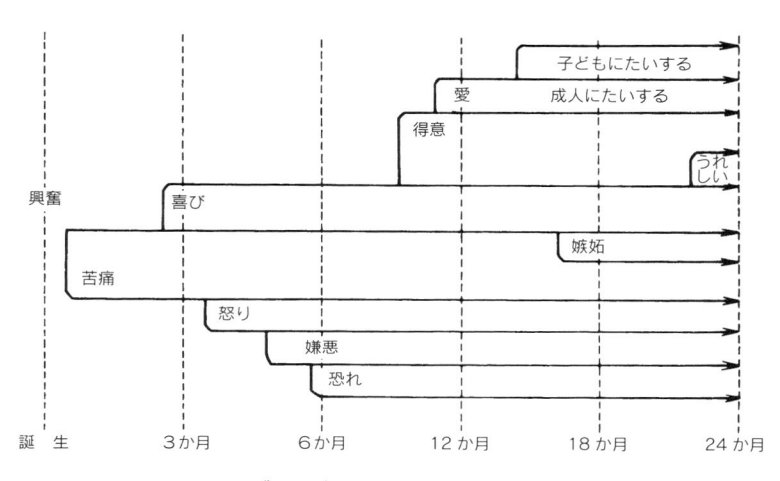

図2-12 ブリッジスの感情分化図式 (Bridges, 1932)

もなう生理的な変化の発生には、おもに脳の視床下部・大脳辺縁系と自律神経系の働きが関係している。

(1) 自律神経系の働き

間脳の視床下部の支配下にある自律神経系とは、血流や体温および内臓諸器官の働きを調整して生命維持を担う末梢神経で、植物神経系ともよばれる。自律神経系は交感神経系と副交感神経系の2つの神経系で構成され、一方が生体活動を亢進させれば、他方はそれを抑制するというように、反対の働きを担っている。

たとえば、怒りや恐怖などの強い感情状態では、交感神経系が興奮して、瞳孔は開き、心拍は早くなり、赤血球は増加し、骨格筋、心臓、脳に十分な血液が送られる。同時に、副腎から大量のアドレナリンが血液中に分泌されて、上記の反応はいっそう強化される。他方、副交感神経のおもな役割は、交感神経の興奮によって亢進された諸器官の働きを元にもどし、消耗されたエネルギーを補充する方向に働くことにある。すなわち、血圧を下げて脈拍数を減らし緊張状態を緩和する一方で、胃腸の働きを高めて消化吸収を促進し、生体内の代謝機能を高めるなどの働きが顕著になる。

このように、自律神経系とは、外部環境の変化に対して生体内に混乱が生じないように、ホメオスタシス（平静な恒常性）を保とうと働く適応のための自動制

御システムである。

(2) 大脳辺縁系・扁桃核の働き

　大脳新皮質の内側で，間脳や脳幹の周囲にある大脳辺縁系は，知性を生み出す大脳新皮質と対比して，さまざまな感情を生み出す感情中枢の中心とみられている。大脳の古い皮質といわれて，動物として生きていくために必要な機能を司る部位でもある。

　扁桃核は，大脳辺縁系に属する器官で，記憶を司る海馬の先端部分に位置している。扁桃核では，感覚器官から外界の情報刺激が集められ，刺激に対する「快―不快」や「好き―嫌い」という感情判断が行なわれる。その判断は，視床下部や他の脳部位に伝えられて，自律神経系や内分泌系の活動を誘発して，すばやい身体反応や感情的行動を引き起こす。

　扁桃核の働きを調べたサルの実験がある。サルにはヘビを恐がる習性があるが，実験的にサルの扁桃核を破壊したところ，ヘビに平気で触れたり口に入れようとするなど，本来あった危険回避の行動がとれなくなった。

　最近の研究では，扁桃核は，感情を自覚的に意識せずとも感情刺激を自動的に検出して，警戒的な反応を引き起こすことがわかっている。たとえば，実験的に，人の怒りの表情写真を瞬間的に提示すると，提示内容を認識していないにもかかわらず，扁桃核の活動が高まることがわかった。このような現象は閾下（サブリミナル）知覚とよばれるが，扁桃核による感情判断が無意識的に働いて，警報を発することを示している。

　なお，うつ病などの感情障害の患者では，扁桃核の活動レベルが高いだけでなく，前頭前皮質（PFC）の働きも低下していて適切な感情制御ができていないことがニューロイメージング研究でも明らかになっている。

4．感情体験の形成過程

　感情体験がどのように形成されるかについては，そのメカニズムも含めてさまざまな理論が提唱されている。その主要な理論をいくつか紹介する。

(1) ジェームズ＝ランゲ説

　一般的に，人は「怒り」などの感情を体験したときの結果として動悸や震えなどの身体反応が生じた，と理解するのが常識的である。ところが，ジェームズ＝ランゲ説では，感情を認識する以前に，涙が流れたり，心臓の鼓動が早くなるといった生理学的反応が起こり，それを脳（大脳皮質）が知覚して「悲しい」とか「恐い」といった感情を自覚すると主張される。すなわち「悲しいから泣くのではなく，泣くから悲しいのだ」という考え方である。これは，危機的場面がわかりやすい。たとえば，車にひかれそうになったとき，とっさに身構えたり緊張するなど，まず身体的反応が先立って起こり，その後に恐怖感や怒りなどの感情が湧いてくる。このように，感情が体験されるには，先行する身体的興奮などの末梢器官の変化を知覚することが不可欠と考えられるため，ジェームズ＝ランゲ説は「情動の末梢起源説」ともよばれている。

(2) キャノン＝バード説

　アメリカの生理学者キャノン（Cannon, W. B）は，ジェームズ＝ランゲ説に対して，イヌの内臓や筋を脳から切断しても情動行動が生起することや，多様な感情の起源を同一の交感神経系の興奮に帰着させることなど，いくつかの矛盾点を指摘して反論した。そして，共同研究者のバード（Bard, P.）と提唱されたキャノン＝バード説では，外からの刺激情報が必ず大脳皮質下の視床を経由することが重視された（図2-13）。視床の働きは二方向あり，外的刺激の情動的性質が視床で判別されて，一方向は，その情報が大脳の感覚皮質に伝えられて感情が体験される，もう一方向は，同じ情報が視床から視床下部に伝えられて末梢系の骨格筋や内臓の変化なども引き起こす。この場合，末梢器官の変化のほうが遅いので，通常は

ジェームズ＝ランゲ説
①対象を知覚すると，②まず身体的な反応が生じ，③その身体反応を知覚することで，自分の感情状態が初めて感じとられる。

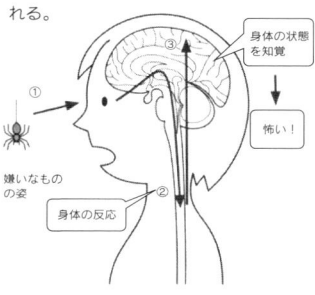

キャノン＝バード説
①対象を知覚すると，②視床を経て③大脳皮質に情報が伝わり（対象が嫌なクモだと気づく），④一方では視床下部を経て，⑤身体の反応が起こる。

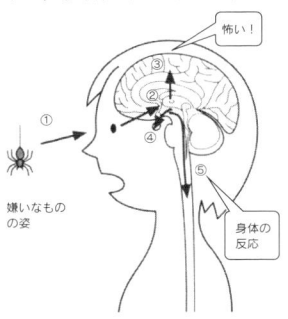

図 2-13　感情の形成メカニズム
（神宮，2011を改変）

大脳皮質での感情体験のほうが早く自覚されるという。こうした視点は,「悲しいので泣いた」という一般な実感と一致するものである。

ジェームズ＝ランゲ説と対比して,キャノン＝バード説は,脳が感情の起源であると考えることから「情動の中枢起源説」ともよばれる。

(3) シャクターの情動2要因説

上述のジェームズ＝ランゲ説とキャノン＝バード説では,感情の発生に関わる生理学的過程に焦点が当てられていた。これに対して,感情体験には,生理的要因に加えて認知的要因の働きが不可欠であるとするのが,シャクター(Schachter, S.)が提唱した情動2要因説である。

この説によれば,外的刺激によって引き起こされた生理学的な覚醒状態について,その原因や理由をどう判断・解釈してラベリング（認知的評価）するかによって,感情体験の内容が左右されるとされる。

シャクターが行なった実験がある。被験者たちはアドレナリン（興奮剤）を注射されて2つの条件に分けられた。一方の条件では,怒りっぽい人といっしょにされた被験者たちは怒りを感じたことを報告し,別の条件では陽気にふるまう人といっしょにされた被験者は楽しかったと報告した。すなわち,条件の異なる被験者たちは同一の生理的興奮状態について,身近にいた他者の感情状態に原因を求めて異なるラベリング（評価）をして,まったく異なる感情を体験したといえる。

このように,生理的要因そのものが感情を決定するのではなく,生理的状態の原因を推測するという「原因帰属」の認知が働いて,はじめて感情内容が決定されることになる。

5．欲求とは

生体に備わった人を行動に駆りたてる衝動のことを「欲求」とよぶ。欲求とは,生体内で行動の原動力（動因）として働くものであり,ある程度一貫した内的状態でもある。欲求は,その発生的観点から,一次的欲求と二次的欲求に分けて考えることができる。

(1) 一次的欲求（生理的欲求）

　生まれながらに生体に備わっている基本的欲求のことを一次的欲求という。具体的には，飢えや渇き，呼吸，排泄，睡眠，性，休息，体温維持など生命維持に関わる欲求であり，生理的欲求ともよばれる。自己保存の本能や種族保存の本能とも関係している。これらの欲求や衝動は大脳辺縁系の働きと関係して，生体内部を一定の状態に保つホメオスタシス（恒常性）のメカニズムによって規定されているとみられる。

　なお，一次的欲求を生理的欲求に限定することには議論があり，動物の行動にみられる「抱かれる」「触れる」といった愛情欲求を，生得的な一次的欲求として指摘する見解もある。

(2) 二次的欲求（社会的欲求）

　一次的欲求の充足を土台にして，後天的な学習によって形成された欲求を二次的欲求という。具体的には，所有，金銭，所属，承認，愛情，独立，達成，支配，探求，等々さまざまなものに関わる欲求である。こうした欲求は人の社会的行動の原動力として働くので，社会的欲求ともよばれる。また，経験的に学習される欲求なので，生育環境が違えば形成される欲求も異なって，個性や価値観の違いを生む基盤にもなる。たとえば，常にきょうだいで比較されて育てば競争心が強くなるであろうし，逆にきょうだいどうし仲よく育てられた環境では協調性が強くなるであろう。

　なお，この一次，二次の区別は実際には必ずしも明確ではない。食欲や性欲などは心理的・社会的な影響を複雑に受けており，また，所属欲求や愛情欲求などの根底にも生得的基礎が推察されるなど，単純に区分できないのが実情である。

(3) マズローの欲求階層説

　アメリカの心理学者マズロー（Maslow, A. H.）は，人の欲求を階層的にとらえ，発達にともなって低次の欲求から高次の欲求へと積み上がってくると考えた（図2-14）。

　まず，発達の初期は，飢えや渇き，睡眠や排泄などの「生理的欲求」に占められているが，その充足にともない危険や驚異を避けて安全・安心を求める「安全の欲求」が高まってくる。次に，こうした基本的欲求が満たされると，自分の心

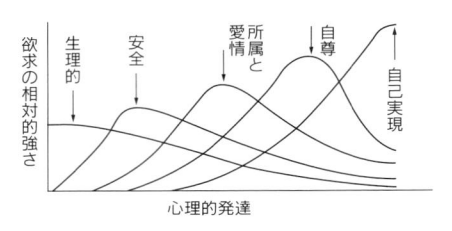

図 2-14 マズローによる欲求の発達的変化
(Maslow, 1943)

理的な居場所と愛情を求める「所属と愛情の欲求」が現われてくる。さらに，自分が価値ある存在と認められ尊重されることを願う「自尊の欲求」が出現する。この欲求が満たされないと，劣等感や無力感が生じやすい。そして，以上の4つの欲求が充足してくると，最終的に，人は自分の可能性を十分に発揮して意義ある人生を創造したいという「自己実現の欲求」が現われるという。

6．欲求と動機づけ

　欲求とは人を行動へと駆りたてる原動力（エネルギー）である。行動の内的原因となるので「動因（drive）」という。ただし，この動因だけでは，適切な行動は起こらない。意味ある行動が起こるには，その欲求を充足させる対象もしくは目標が必要である。たとえば，空腹状態で「食欲」が高まったとしても，その充足対象となる「食物」がなければ，行動を起こせない。空腹に耐えられず動いても，目標物が定まらない迷走行動となる。適切な行動が生じるためには，行動を誘発する外的な対象や目標の存在が不可欠となる。こうした外的要因を「誘因（incentive）」とよぶ。以上のように動因（内的条件）と誘因（外的条件）によって，行動が持続的に方向づけられることを「動機づけ（motivation）」という。
　動機づけ理論には，以下のものがある。

(1) 動因低減説
　私たちは，空腹になれば食事をし，眠くなれば睡眠をとる。つまり，生理的均衡状態（ホメオスタシス）が不均衡になると，その結果生じた生体内の緊張を低減しようとする均衡回復の働きが発現し，必要な行動に駆り立てられるという説

を，動因低減説という。これは，生理的安定を求める欠乏欲求に支配された欲求充足の過程でもある。欲求が順調に充足されれば快感や満足が得られるが，それに失敗すると欲求不満（frustration）状態になる。動因は生命維持に不可欠な生得的・本能的な動機でもあり，常に行動選択に影響を与え続けている。

(2) 期待価値説

動機づけの強さは，行動によって一定の結果が得られるという期待（達成可能率）の強さと，得られる結果がその個人に対してもつ価値の大きさによって決定されるという説を，期待価値説という。式で表わすと「動機づけ＝期待×価値」となる。たとえば，資格Ａと資格Ｂを受験するとき，その動機づけの強さは，単純に資格間の社会的価値の優劣だけではなく，受験してどちらの合格可能性が高いか，またはどちらの資格が自分の適性に合うのかなどの期待レベルの違いも影響することになる。

(3) 内発的動機づけ説

上記の説はいずれも欲求満足の対象（誘因）が外側に用意されていることから「外発的動機づけ」とよばれる。これに対して，「内発的動機づけ」とは，外側に行動目標があるのではなく，活動それ自体が快感や満足をもたらし，好奇心や向上心により行為そのものが目的化している状態をいう。したがって，結果的な勝敗や周囲の評判など外的要因に左右されないで，一貫した行動が持続されやすい。こうした内発的動機づけの源泉には，知的好奇心や自分の有能さ（コンピテンス）を確認したいという生得的な欲求があるといわれる。

第3章 ライフサイクルと生き方

人の人生はさまざまであり，他の誰でもない自分が自分の個性をもちつつ，同じように個性をもった他者といっしょにそれぞれの人生を生きている。人は唯一無二の存在として尊重されるべきである。一方では，心理学の研究において，人には心身の成長の仕方や行動パターンなどに共通点があることがわかっている。また，時代によっての共通点もみられ，それを追うと時代による変化としてとらえることができる。臨床心理学では，人の豊かな生き方を支援するために，この両方の視点を重視しなければならない。そのために，本章では，まず，人として共通している成長の仕方を追い，それから最近のデータにより現代の特徴をあげることとする。

第1節 各発達段階の特徴と課題

人の発達についてはさまざまな研究者が持論を展開している。ここでは，それぞれの時期において達成すべき課題，いわゆる発達課題を提示したハヴィガースト（Havighurst, R. J.）の理論と，自我と社会との関係を重視した発達理論を展開したエリクソン（Erikson, E. H.）の理論から各発達段階の特徴と課題をみる。

1．乳幼児期

乳幼児期は，生まれてからおおよそ5歳ごろまでである。すなわち未就学児の期間にあてはまる。この時期には人がこれから生きていくのに必要である基本を身につける時期である。

ハヴィガーストは，発達課題として，食事や排泄，歩行や会話などの年齢に合わせた生活に欠かせない基本的な学習，両親などとの情緒的な結びつきなどをあげた。また，性別意識と良心を発達させ始めるとした。一方，エリクソンは乳幼児期を3段階に分けた。そして，外界や自分自身が信頼できるのかということを第1段階（0～1歳ごろ）の課題とした。乳児は自分の欲求に適切に応じてくれる環境を通して，外界や自己に信頼をおくようになる。逆に，適切に応じてくれない環境では，外界や自己へ不信感を抱くとしたのである。このように母親またはその代わりとなる養育者の日常の育児はこれ以降の個人の人生に大きな影響を及ぼすこととなる。また，第2段階（1～3歳ごろ）の課題は自律性である。この時期にはトイレット・トレーニングを中心とした両親またはその代わりとなる養育者によるしつけが始まる。それを通して，親の命令や禁止を自分のものとし，自律できることを課題としたのである。そして，しつけが厳しすぎるような場合には恥ずかしい思いを強くし，自分の価値に対して疑惑を強めるとした。第3段階（3～6歳ごろ）の課題は積極性（自主性）である。この時期は「これは何？」「なぜ？」と関心が外界に広がり，自分から積極的に動き回る時期である。しかし，この積極性はやりすぎると他者との衝突を生み，場合によっては罪悪感につながるとした。このように乳幼児期は，人間の発達の基本を学ぶ大切な時期である。

2．児童期

　児童期とは，おおよそ6～12歳ごろ，すなわち小学生の時期にあてはまる。これまでとは違って，学業が始まり，横の人間関係が広がる時期である。
　ハヴィガーストは，発達課題として，健康的な生活習慣を身につけることや友人関係や性役割などの学習，読み，書き，計算などの基本的な技能を身につけることなどをあげた。一方，エリクソンも学校の人間関係を重視し，知的，社会的，身体的な技能の有能さが求められるとした。そして，勤勉性を身につけていくが，それに失敗すると自己不全感や劣等感が生まれるとした。
　このように児童期は，熱心に学業に励み，積極的に課題に取り組み，さらに社会的技能を身につけて人間関係を広げる時期である。そうして，新たな環境に適応するよう知的にも発達していく。

3．青年期

　青年期とは，おおよそ12〜25歳ごろの時期をいう。特にその前半，すなわち中学生・高校生に当たる時期を思春期という。青年期は，急激な身体的変化，性の成熟，それらに並行した心理的変化のいちじるしい時期である。そのため，「疾風怒濤の時代」や「第2の誕生」ともいわれる。また，現代は身体的に成熟しても，より高度な学習が求められ，心理的，経済的な自立がむずかしくなっており，次の成人期との境界が曖昧になっている状況がある。そのため，青年期をさらに延ばして考える研究者もいる。

　ハヴィガーストは，青年期の発達課題として，同世代と成熟した人間関係をもち，自分の身体を受け入れ，社会的な性役割を学ぶこと，親からの情緒的独立，職業の選択，結婚と家庭生活の準備などをあげた。一方，エリクソンは幼児期から形成されてきた自分というものを再検討し，それまでのさまざまな経験を通して気づいた自分を統合する時期だとした。つまり，アイデンティティ（identity）を確立することを課題としたのである。アイデンティティの特徴は次のようである（川瀬ら，2006）。①過去，現在そして将来にわたり自己は一貫し，不変であるという確信がもてること，②自分の理解する自分の姿は他者からも同じように認められ，「自分は他の何ものでもないこの自分である」と思えること，③こういったことが頭による理解ではなく感覚としてわかること（自分がどこへ行こうとしているのか，わかっているという感覚）。アイデンティティの確立は青年にとって大きな課題である。そのため，エリクソンは社会的責任や役割，義務などの免除が社会から認められている期間があるとし，心理・社会的モラトリアム（psycho-social moratorium）とよんだ。そして，「やりたいことやらなければならないことが自分の中でまとまらない」といったアイデンティティの確立ができない状況をアイデンティティ拡散（identity diffusion）とよんだ。

　このように青年期は，自分が何者であるかを知り，親から「心理的離乳」を行ない，社会の一員として自立した生活をするための準備を行なう時期である。そうして，人として自分らしい人生を送っていく。

4．成人期

　成人期について，ハヴィガーストは成人前期（18〜30歳ごろ）と中年期（31〜55歳ごろ）に分けた。一方，エリクソンは成人期初期（20〜30歳ごろ）と壮年期（30〜65歳ごろ）とした。

　成人期にハヴィガーストがあげた発達課題は，成人前期には配偶者や子どもと家庭を築くこと，市民的な責任を負うことなどであった。中年期には経済的な安定，余暇活動の充実，自分の生理的変化の適応などをあげた。一方，エリクソンは，成人期初期には青年期に確立した自分のアイデンティティと他者のアイデンティティをそれぞれ尊重しつつ親密な深い関係を築くことを課題とした。そして，こうした親密性が得られないときには孤立してしまうとした。さらに，壮年期の課題を，家族として，社会の一員として，次の世代へと受け継ぐものに責任をもち，育むこととし，生殖性をあげた。

　このように成人期は，自分の家族や社会の一員としての役割を果たしていく時期となる。

5．老年期

　老年期について，ハヴィガーストはおおよそ60歳以降とし，エリクソンは65歳以降とした。いずれにしても多くの人が仕事から離れる時期にあたる。

　ハヴィガーストは，老年期の発達課題として，自分の身体の変化や家族の変化，退職による収入の減少に適応することなどをあげた。一方，エリクソンは次世代を信頼し，加えてこれまでの自分の人生を統合することが求められるとした。そして，それに失敗すると人生に絶望するとした。

　このように老年期は，これまでの人生を振り返り，また，心身のこれ以降の変化に対応していく時期である。こうして，人は人としての変化に適応しながら人生を送るのである。

第2節　身体発達の傾向

　子どもたちの体格が以前に比べてよくなっているにもかかわらず，体力は低下しているといわれている。文部科学省では，現状把握や体力向上などを目的にさまざまな年代に身長や体重，体力や運動能力などの調査を行ない，その結果を発表している。そこから，身体発達の傾向をみてみよう。

1．体格

(1) 身長

　「平成23年度学校保健統計調査結果」（文部科学省，2012b）によると，小学校6年生では女子のほうが身長が高いが，中学校3年生では男子が女子を上まわり，そして，男女ともに高校生で身長の伸びが終了しつつある（図3-1）。もちろんこれには個人差が大きいことは言うまでもない。女子の身長の伸びが早いのは第2次性徴が男子よりも早いことが影響していると考えられる。また，年間発育量をみると，男女ともに身長・体重のいずれも以前よりも早期に増加しており，女子の初潮を迎える時期も早まっている。このように，発達が早期になっていることを発達加速現象という。

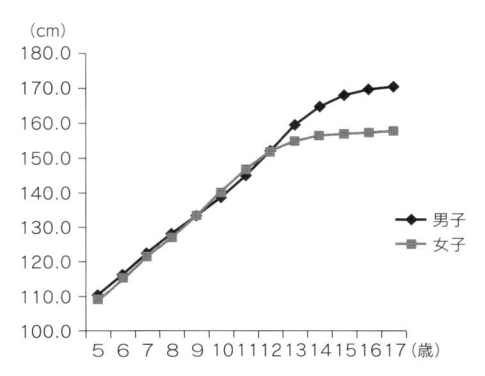

図 3-1　身長の平均値（文部科学省，2012b「平成23年度学校保健統計調査結果」を改変）

(2) 体重

「平成23年度学校保健統計調査結果」によると、体重は、男女ともに年齢が高くなるほど重くなり、ほとんどの年代でおおよそ男子のほうが重い（図3-2）。もちろんこれも個人差が大きい。体重で特徴的なのは、その平均値の年次の推移である。男女ともに、1998〜2003（平成10〜15）年度あたりをピークにその後、減少している。その一方で、肥満傾向児の出現率が男女ともに約1割となっている（「平成22年度全国体力・運動能力、運動習慣等調査」、文部科学省、2011）。この肥満傾向児の出現率は、男女ともに人口規模が小さい地域ほど高くなっており、痩身傾向児の出現率は低くなっている。現代の生活習慣の問題が子どもたちにも影響していると考えられよう。

(3) 青年期の身体発達

第1節で述べたように、青年期、特にその前半である思春期には体重や身長のほかにも急激な身体の変化が現われる。これを第2次性徴という。

身体の変化の要因の1つは、性ホルモンの活発化である。男子では、男性ホルモンにより、骨格や筋肉が発達し、声変わりをし、精通が生じる。女子では、卵胞ホルモンにより、皮下脂肪が増加して身体が丸みを帯び、乳房や骨盤が発達し、初潮を迎える。2008年に行なわれた「第12回全国初潮調査」によれば、12歳2.3か月で50％が来潮しているとみられている（日野林、2009）。また、児童期にはなかった身体のだるさを感じたり、動悸や立ちくらみが起こったりする。これは、身長や体重の増加と心臓などの発育のズレが生じ、調整機能などが乱れるからだと考えられる。これらの身体の発達や不調は個人差が大きい。

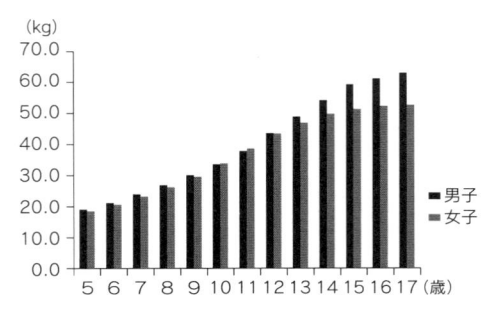

図3-2　体重の平均値（文部科学省、2012b「平成23年度学校保健統計調査結果」を改変）

このような身体の変化は，自分も他人も視覚的にとらえたり，意識したりできる変化である。そのため，自己イメージにも親子関係や友人関係にも大きな影響を及ぼすこととなる。自己イメージには歴史的・文化的要因も関係し，自分の身体や心のありようをどう受け止めるか，他人にどう受け止められるのかは青年期の大きな問題となる。

また，青年期の身体の変化は性的な成熟につながるものである。そのため，この時期には異性への興味や関心も強くなり，自分の性に関する悩みや不安も大きくなる。この不安定さによって，性行動を活発化させ，恋愛の対象を頻繁に変えたり，妊娠中絶や流産などをくり返したりする青年も少なくはない。また，自分の心も身体も自分で傷つける自傷行為をくり返してしまうこともある。

2．体力

文部科学省は 1964（昭和 39）年以降「体力・運動能力調査」を行なっており，1999（平成 11）年度からは「新体力テスト」を導入し，6 歳から 79 歳までを対象として実施している。これにはさまざまな体力テストの結果が報告されている。

(1) 年代別の特徴

2010（平成 22）年度の総合評価である新体力テストの合計点を各年代別にみてみよう（図 3-3）。このテストでは得点基準が年代（6～11 歳，12～19 歳，20～64 歳，65～79 歳）によって異なるが，ここではおおまかにその特徴をあげるこ

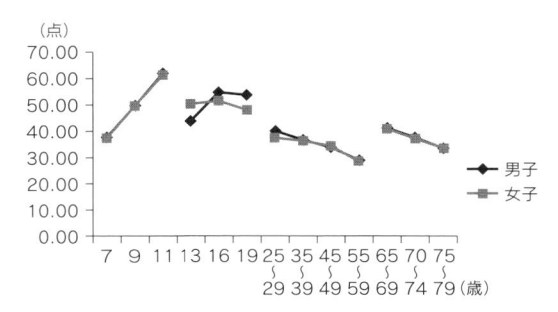

図 3-3　新体力テストの合計点の推移（文部科学省，2011b
「平成 22 年度体力・運動能力調査結果の概要及び報告書」
を改変）

ととする。6〜11歳では，男女ともに年齢が高くなるほど急激に体力水準が高くなる。そして，12歳からは男子では16歳までいちじるしく高くなり，その後緩やかな低下傾向となる。女子は15歳まで緩やかに高くなり，19歳までその水準が保たれ，その後は男子よりも比較的緩やかな低下傾向となる。そして，40歳後半から男女ともにいちじるしく体力水準が低下し，65歳以降も男女ともに加齢にともないほぼ直線的に低下する傾向がある。全体的な傾向としては，男子では17歳ごろ，女子では14歳ごろがピークである。ただし，握力は男女ともに40代前半がピークとなっている。

(2) 運動能力の年次推移の特徴

青少年（6〜19歳）では，走能力として50m走と持久走，跳能力として立ち幅とび，投能力としてソフトボール投げ（11歳以下）とハンドボール投げ（13歳以上）で，1983（昭和58）年度からの推移をみることができる。

体力水準が高かったといわれるのは1985（昭和60）年度ごろである。そのころをピークに2010（平成22）年度にかけて，中学生男子の50m走，ハンドボール投げを除き，比較的低い水準で推移している。たとえば，19歳男子の持久走（1500m）では，1985（昭和60）年度ころは6分代前半であったが，2010（平成22）年度には7分を超えた。また，新体力テスト施行後の13年間の推移では，小学生の立ち幅とびは緩やかに低下しているが，中学生・高校生の立ち幅とびとその他の走能力・跳能力では，横ばいまたは緩やかな向上傾向がみられる。最近，就学前の子どもたちの習い事の上位に水泳などのスポーツ関係があがるようになったが，その影響があるのかもしれない。

成年（20〜64歳）では，反復横とびと急歩で，1976（昭和51）年度からの推移をみることができる。

急歩には一定の傾向がみられないが，反復横とびは向上している。たとえば55〜59歳男子は，1976（昭和51）年度には35.50点（左右・中央の各ラインを越えるごとに1点とする）だったが，2010（平成22）年度には42.41点となった。同じく女子は29.50点だったが，37.15点となった。しかし，新体力テストから新たに加わった立ち幅とびでは，20〜30歳代で低下傾向を示している。また，新体力テストの合計点では，30歳代の女子が低下の傾向にあるが，50歳以降では男女とも緩やかな伸びがみられる。

高齢者（65～79歳）においては，新体力テストから測定が始まった。その項目には開眼片足立ちや 10 m 障害物歩行など独自のものが含まれており，そのほとんどの項目および合計点で伸びがみられている。また，高齢者には「立ったままでズボンやスカートがはける」「布団の上げ下ろしができる」などの ADL（日常生活活動テスト）も行なわれた。その結果，男女とも加齢によりできることが減少するが，その減少幅は女子のほうが大きかった。

(3) 体力と運動習慣，健康・体力に関する意識の関係

新体力テストの合計点と日常の 1 日の運動時間・スポーツ実施時間，健康状態に関する意識，体力に関する意識は関係があるのだろうか。

「平成 22 年度体力・運動能力調査結果の概要及び報告書」によると，8 歳ごろから 1 日の運動・スポーツの実施時間が長いほど体力水準が高いという関係が明確であった。また，運動部やスポーツクラブへ所属している群のほうが，また，成年と高齢者の群では，中学校，高等学校，大学のいずれかで運動部（クラブ）活動の経験のある群のほうが体力水準が高かった。そして，成年と高齢者の群では，男女とも「大いに健康」「体力に自信がある」という意識をもっているほうが，「ほとんど毎日」あるいは「時々」運動している者の割合が高かった。

これらの結果から，加齢により体力は低下していくにもかかわらず，学生時代の運動部（クラブ）での経験は，その後の運動・スポーツ習慣につながり，生涯にわたる体力水準の高さや健康・体力の自信の高さを保つ重要な要因の 1 つとなるといえよう。そのため，幼児期より望ましい生活習慣や運動習慣を身につけ，体力を培うために，幼児期に身体を動かす機会や環境を充実させるよう実践活動の研究も始まっている。

第 3 節　親子関係の変化

1．乳幼児期

乳児期の親子関係については，ウィニコット（Winnicott, D. W.）が依存を基本とした母子関係の発達理論を展開している。第 1 期は，生後 6 か月ごろまでの母

子の未分化なほどの依存の状態である。出生前後数週間のあいだ，母親は自分の一部であるかのように子どもに対して強い感受性をもつ。そのために乳児の欲求に適切に対応できるとした。そして，乳児の保護のために行なわれる日常生活のすべての育児に関すること，つまりホールディング（holding）によって，母子関係を強くし，それが乳児の自己を体験することのできる基盤になるとした。次に，移行期を迎える。母子の未分化なまでの関係から自立への一歩を踏み出すのであるが，それには分離不安をともなう。そのため，肌身離さずにぬいぐるみやハンカチ，毛布などを持ち歩くのである。これらの物を移行対象という。有名なのは，スヌーピーの話に出てくるライナスの毛布である。つまり，この時期の母親の代わりである。そうして，1歳くらいから母子はそれぞれの存在となる。しかし，この時期の子どもは依存と独立の葛藤状態にあるとされる。さらに，3歳くらいから社会性や自立性が芽ばえる次の段階を迎える。母子だけの2者関係ではなく，3者関係も築くことができるようになるのである。そうして，母親も子どもに没頭するほどのかかわりでない，ほどよいかかわりに移行していく。

　生後2，3か月の子どもでも他者の表情を識別でき，相手の表情を見ながら自分の行動を形成するという。最も身近にいるのは親であるため，その影響は大きい。宮城（1960）は，幼児期の親の養育態度と子どものパーソナリティ特性を図に示した（図3-4）。まず，親の養育態度をサイモンズ（Symonds, P. M.）の研究をもとに，拒否―受容，支配―服従の2軸で表わし，それによって構いすぎ型，甘やかし型，残忍型，無視型の4分類とした。そして，それぞれの親の養育態度によって表われる子どものパーソナリティ特性をまとめた。このように子どものパーソナリティ特性には親の養育態度が影響すると考えられる。

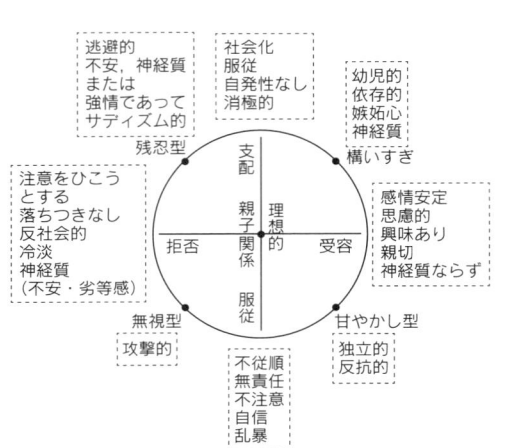

図 3-4　親の養育態度と子どものパーソナリティ特性
　　（宮城，1960）

2．児童期・青年期

　青年期は前述のように親と心理的に分離するのが課題であるため，親への依存と自立の葛藤を抱えることになる。親が同じ配慮を続けたとしても，子どもは日によって，場合によって異なる受け止め方をすることがある。親はむずかしい対応を求められる。

【現代の小・中学生の心理的特徴】

　内閣府の「低年齢少年の生活と意識に関する調査報告書」(2007) を中心に，現代の小・中学生の心理的特徴をみてみよう。

　まず，父親と母親に対する意識である。両親に反発を感じるのは，小学生では男女差はないが，中学生では男子よりも女子のほうである。詳しくみてみよう。父親に反発を感じるのは小学生よりも中学生であるが，特に女子中学生で「あてはまる」「まああてはまる」とした者は45.6％となっている。その一方で，父親を頼りにしている女子中学生は8割を超える。母親に反発を感じるのも小学生よりも中学生であり，特に女子中学生で「あてはまる」「まああてはまる」とした者が約4割で最も多い。その一方で，母親を頼りにしているのは9割近くにのぼる。このように，相反すると思われる意識をもつのが青年期の大きな特徴である。そして，両親のどちらかといえば，小・中学生ともに父親よりも母親を頼りにする傾向がある。

　しかし，両親に対して感じるのは，これまで指摘されてきた反発と依存だけではない。親に心配や迷惑をかけたくないという子どもたちは多い。これまではその思いは自立につながっていたが，最近は今の親子関係を象徴する傾向にある。そのことは，少年漫画に描かれる主人公と両親の関係にもみられる（朴，2011；田中，2012）。20年前の少年漫画に登場する親は，主人公にとって「立ちはだかる壁」だったという。10年前の親は「傍観者」となり，主人公を理解できずに不安がり，話が進んだ後に追認する存在となった。そして最近の親は主人公が病身の母親をがんばって励まそうとするような「守られるもの」という存在だという。子どもが子どもの役割を十分にとれなくなっているとも考えられよう。

　次に，子どもたちのもつ心配や悩みごとをみてみよう。小学生では「悩みや心配はない」とした者が半数を超えたが，中学生では3割にとどまった。悩みや心

配の内容の上位5つをあげると，中学生では，①勉強や進学のこと，②友達や仲間のこと，③性格のこと，④お金のこと，⑤健康のことであった。小学生では①勉強や進学のこと，②友達や仲間のこと，③健康のこと，④性格のこと，⑤お金のことであった。中学生の6割超が勉強や進学のことをあげるなど，小学生の2倍になっており，中学生には切実な課題である。「お金のこと」は子どもたちが親の話をよく聞いているからだと思われるが，子どもたちのまわりに携帯電話やゲームなど高額な商品が多い現代を反映しているともいえるだろう。

　そのような何か困ったことや悩みがあったとき，子どもたちは誰に相談しているのであろうか（図3-5）。相談相手の上位5つをあげると，中学生では，①同性の友達，②母親，③父親，④学校の先生，同率で④きょうだいであった。小学生では①母親，②同性の友達，③父親，④学校の先生，⑤きょうだいであった。中学生では，両親よりも友達を選ぶという心理的な発達のみられる結果である。また，1997年の同様の調査と比べると，全体で，「学校の先生」が15.9％から18.7％，「きょうだい」が13.0％から17.1％に増加している。

　では，親は子どもにどう対応しようとしているのだろうか。「低年齢少年の生活と意識に関する調査」では，子どもたちの保護者も対象としている。

　まずは，子どもに希望する進路である。1999年の調査と比較してみると，「高校まで」が19.4％から11.3％，「専門学校・各種学校まで」が14.3％から

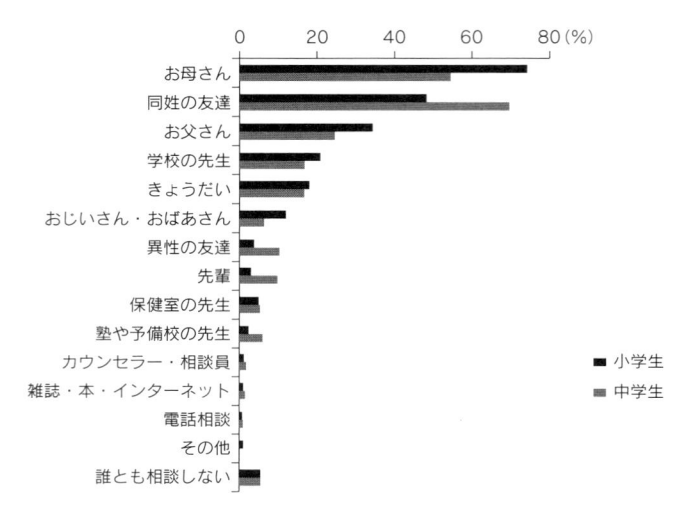

図3-5　子どもが困ったときや悩んだときに相談する相手（内閣府，2007を改変）

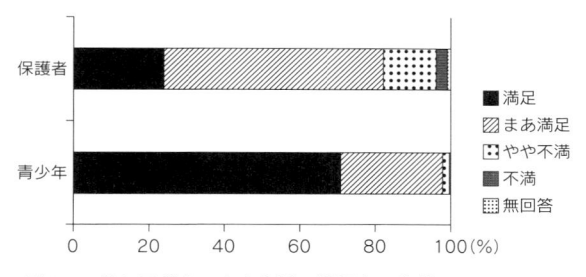

図 3-6　親と子どもの家庭生活の満足度の比較 (内閣府, 2007)

12.3 ％に減少し,「大学まで」が 49.6 ％から 58.9 ％に増加している。大学は少子化によって全入時代といわれているが, 親の学歴社会への志向, 子どもに対する期待も大きいことがわかる。

　家庭生活の満足度はどうだろうか (図 3-6)。保護者と子どもたちで調査の質問文や選択肢が異なるため単純には比較できないが, おおまかな傾向をつかむことにする。親は年代によっても異なる結果ではあるが, 全体で「満足」が 23.8 ％,「まあ満足」が 58.3 ％である。子どもたちは「満足」だけで 7 割である。児童虐待など家庭内での問題が起きていることを考えると, 親子とも満足しているのは好ましい結果といえる。しかし, 虐待を受けた子どもが親をかばったり, 友達の家に遊びに行くことが減るなど, 他の家庭の状況を知らなかったりする現状を考慮する必要もあるだろう。

　子どもの育て方についてはさまざまな考え方がある。児童虐待では, 親がしつけのつもりだったとよく言う。ちなみに 2010 年度に児童相談所が対応した虐待件数は 55,154 件 (東日本大震災のため福島・宮城県を除く) であり, 年々増加の一途をたどっている。その中で最も多いのが「身体的虐待」(21,133 件, 全体の約 4 割) であった。そこで,「子どもをよくするには厳しい訓練やしつけが必要である」という意識についてみてみよう。2000 年の調査と比較すると,「どちらかといえばそう思う」は変わらないが,「そう思う」とする者が 3 分の 1 に減少している。その代わりに「どちらかといえばそう思わない」が増加している。このように厳しすぎる訓練やしつけに対する意識は変化しているといえるだろう。その一方で, 児童虐待が減らない現状がある。これには親が親になりきれないなどの, 今までとは異なる背景を探る必要があるだろう。

　現代の親には子どもについての不安として何があるのだろう (図 3-7)。7 項目

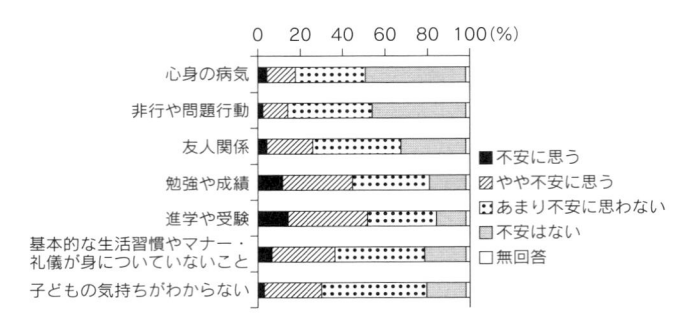

図 3-7 親の子どもについての不安（内閣府，2007）

についてそれぞれ評価させているが，「不安に思う」「やや不安に思う」を合わせると「進学や受験」で 52.1 %，「勉強や成績」で 45.0 %であった．父親，母親で大きな違いはなかった．親の希望は大学進学であったことを考慮すると，その裏返しとして受験や成績は親の心配ごとになるのだろう．

　親の興味は進学だとしても子どもの世界は成績だけではない．親は子どもにかかわることをどのくらい知っているのだろうか．学校の担任や友達などの認知度は高いが，学校で学んでいる内容や子どもの悩みの内容までは把握がむずかしいようである．どの項目も子どもが小学生よりも中学生であるほうが，また母親よりも父親のほうが，「あまり知らない」「知らない」とする割合が高かった．子どもが成長すると親の知らないことが増えるのは通常のことであるから，すべてを把握する必要はない．しかし，「つき合っている友達の名前」や「よく遊びに行く場所」くらいは成績同様の関心をもってもよいのではないだろうか．

　このような，親の世代は，どのような子ども時代を過ごしてきたのであろうか．成長の過程での経験は，その後の生き方にも影響する．

　現在 50 歳代の親が小学生だったころ，民放がカラー映像を流し始め，大阪万博が開かれ，ハンバーガーショップやカップ麺が登場した．そして巷では「核家族」や「教育ママ」ということばが聞かれるようになった．中学生のころには遊び型非行の増加が心配され，登校拒否が 1 万人を超え，高校進学率が約 9 割であった．

　現在 40 歳代の親が小学生だったころには，学習指導要領に「ゆとり」が取り入れられ，一方で塾に通う子どもが増加した．中学生のころには，少年非行第 3 のピークを迎え，登校拒否が 3 万人超となり，いじめによる自殺が増加した．ま

た，ファミコンや音楽CDが発売されたのもこのころである。そして就職するころには「新人類」とよばれ，男女雇用機会均等法が施行された。

現在30歳代の親が小学生のころには，バブルが崩壊し，登校拒否が7万人を超えた。また，巷ではダイヤルQ2や残虐ビデオが問題となった。中学生のころには学校週5日制が導入され，スクールカウンセラーの配置が始まった。不登校は10万人を超え，学級崩壊が論議された。また，阪神大震災，地下鉄サリン事件，中学生が起こした事件などが次々と話題に上った。

このように，ここ30～40年で社会にも大きな変化があったが，子どもたちの過ごす学校社会でも不登校が10倍以上に増えるなどの大きな変化が次々とあった。そのため，年代によって子ども時代の体験は大きく異なってしまっている。これは，親としての価値観に大きな影響を与え，子どもや学校への多様な要求にもつながっているのではないだろうか。

「第8回世界青年意識調査報告書」（内閣府，2009a）では18歳から24歳までの青年に休日の過ごし方を聞いている（図3-8）。それによると，「友人とともに過ごす」が64.1％で最も高く，「テレビ，雑誌などを見て，のんびり過ごす」が52.4％，「商店街をぶらついたり，ショッピングを楽しむ」が37.1％であった。男女で差がみられる項目もあり，「商店街をぶらついたり，ショッピングを楽しむ」は男性25.8％，女性48.0％，「家族とともに過ごす」が男性20.6％，女性

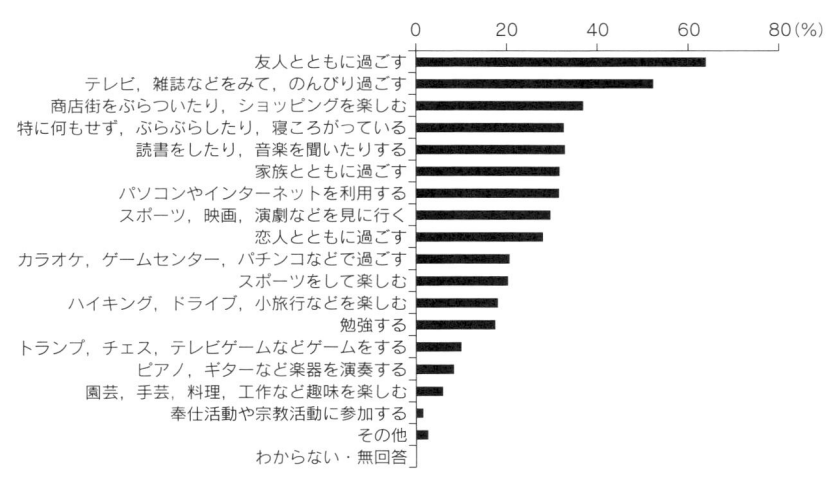

図3-8　休日の過ごし方（内閣府，2009a）

42.9％と女性のほうが高かった。一方,「スポーツをして楽しむ」は男性29.9％,女性11.4％,「トランプ,チェス,テレビゲームなどゲームをする」は男性が14.7％,女性5.6％で男性のほうが高かった。

第4節　仲間関係の発達

　乳幼児期の人間関係は親子関係を中心としているが,児童期に入ると,学校生活を中心に徐々に同年代を中心とした友人関係が増えてくる。一般に,友人を選ぶ要因として,まずクラスの席が近い,家が近いなどの物理的な近さがあげられる。そして,「なんとなく好き」という段階を経て,尊敬の念をもったり,考え方が似ていたりすることで友人を選ぶようになる。そうして,児童期の終わりごろから互いに助け合う姿がみられるという。また,たくさんの友人との幅広いつき合いから,少数の友人との深い友情をよりどころとするつき合いに変化していく。
　友人関係は,その後の自立のための第一歩である。親から独立し,まずは集団として歩き始めるのである。そのため,子どもの心身の変化とともに仲間関係そのものも変遷をみせる。

1．ギャング・グループ

　小学校の中学年くらいから,親からの自立が進む一方で仲間関係を重視し始める。そうして現われてくる徒党集団のことをギャング・グループとよぶ。近年では同年代の子どもたちがいっしょに遊ぶことが少なくなっているため,この時期は見当たらないとする考えもある。しかし,子どもたちは大人の目に触れない形でやはりこの時期を過ごしていると思われる。ギャング・グループは同じ行動をとることによって一体感が重視される遊び仲間で,逆に遊びを共有できないと仲間から外されてしまう。そして,仲間の承認が親の承認よりも重要となってくる。これは,同性の仲間集団で,特に男子に特徴的にみられ,大人が禁止していることを仲間といっしょにしてしまうことがある（黒沢,2002）。

2．チャム・グループ

　思春期前半の中学生からみられる，同じ興味・関心で結ばれるいわゆる仲良し集団をチャム・グループという。長電話や交換日記などで互いの内面的な類似性をことばで確かめ合い，一体感を得るのである。また，仲間の間でことばをつくり，通じないものを疎外する。親からは長電話を注意されることがあるが，境遇や生活感情の「私たちは同じね」の確認に意味があるのである。基本的に同性の仲間集団で，特に女子に特徴的にみられる（黒沢，2002）。

　「低年齢少年の生活と意識に関する調査報告書」（内閣府，2007）では，ふだん仲よくしている友達グループの人数を聞いている。男子は，小学生で10人以上が多いが，中学生になるとやや人数が減少し，3～5人が多くなる。女子は小・中学生とも3～5人が多い。友達づきあいについては小・中学生にあまり差はみられず，ほとんどの子どもたちが「楽しい」としている。「友達から人気のある子になりたい」は，「そう思う」の割合が，小学生よりも中学生のほうが少ない。「人といると疲れる」は「そう思う」「どちらかというとそう思う」を合わせると中学生は小学生の倍である。これらから，中学生の友人関係の複雑さがみえる。

3．ピア・グループ

　思春期後半の高校生からみられる，内・外面ともに異質性を認めた自立した個人として互いを尊重しあう集団をピア・グループという。相違を明白にし，違いを乗り越え，自立した個人として共存するため，集団への出入りは，各個人の目的と意志にゆだねられている。また，互いの価値観や理想・将来の生き方などを語り合う対等な関係であって，異質を前提とした男女混合で年齢幅もある集団である（黒沢，2002）。

　このような集団の発達も身体の発達と同様に個人差があり，みなが同時に移行するということはない。そのため，同世代集団のグループと趣味や話が合わなくなったり，話に入れなくなったり，無理にあわせて疲れてしまい，かえって不自然になったりすることがある。この仲間関係の発達のズレがいじめや不登校の要因になることも多い。じつはこれらはチャム・グループからピア・グループへの

移行のサインなのであるが，子ども自身ではグループに入れない自分に非があると思ったり，新たな友人を探す間の孤独感に耐えられなかったりして問題行動に走ることがあるのである。

　特に青年期には，子どもはこれまでとは違う新しい価値観をつくり上げようとしている。それは同時に子どもに自己責任の増大を求めることとなる。そのため，友人の存在は，1つには自分を支えてくれ，自尊心を高揚させたり，孤独感を癒してくれたりするものである。そうして親と話すよりも友人と話す時間や内容が増えてくる。2つ目には，友人を通して自己理解を深めたり，行動の適切さなどの社会的スキルを学んだりするものである。友人は自分のことを評価する存在でもあり，その評価は友人グループの中の自分の地位や位置を決定づける。そして，グループから排除されず，信頼関係を崩さないようにするために，その中でできるだけ適切な行動を学習し，時に自己主張して自分を守るような一種の緊張関係をもつのである。

　青年期では，友人に対して期待や欲求も強くなる分，失望も強まり，孤独がより深くなることもある。一方で，友人を強く求めるために，裏切られることへの恐怖から自分から孤独を求め，傷つきやすい自我を防衛しようとすることもある。最近では携帯電話の友達の登録数にみられるように，たくさんの友人がいないといけないと考える青年が多い。しかし，その友人とは自分のプライドやプライバシーを守り，同様に相手に対して対立や干渉を避け，できるだけ表面的に協調していくような希薄な人間関係であるため，信頼関係を築くのはむずかしい。しかし，人格的成長をうながすには多くの失敗や苦い経験が必要なのである。よい解決法を得て乗り越えることもあろうが，解決するべく努力することで成長がうながされるのである。

　土井（2008）は，ある中学生の「グループが異なれば，県が異なるみたいだし，クラスが異なれば，国が異なるみたい」という話をあげている。最近の高校生の他人に対する緊張感の高さと信頼感のなさ，と同時に自分への信頼感のなさがうかがえる。そうして，自己受容できず，自尊感情を失い，否定的な情動が継続して抑うつ的になることもある。さらに，うつや神経症になったり，自傷行為をしたりすることが多いのも青年期の特徴である。

　次に，小・中学生は，コミュニケーションツールをどのように利用しているのだろう（図3-9）。

第 4 節　仲間関係の発達　｜　85

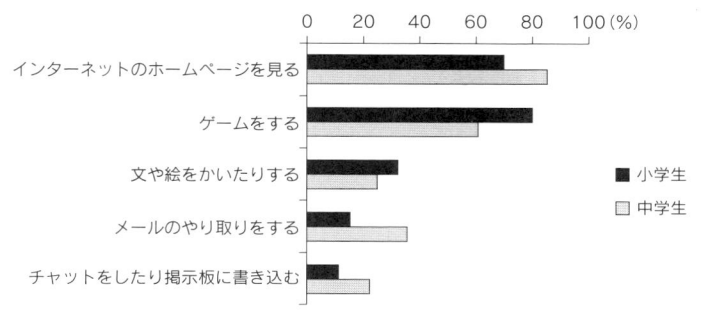

図 3-9　パソコンの利用（内閣府，2007 を改変）

　「低年齢少年の生活と意識に関する調査報告書」では小・中学生を合わせて「インターネットのホームページを見る」が 77.8 %，「ゲームをする」が 69.9 % と特に多く，以下「文や絵をかいたりする」が 28.1 %，「メールのやり取りをする」が 25.6 %，「チャットをしたり，掲示板に書き込む」が 16.7 % であった。また，小学生では「ゲームをする」が男女ともに最も高くなっていた。中学生では「インターネットのホームページを見る」が男女とも高くなっていた。

　では，小・中学生の携帯電話の使用状況はどうだろう。「低年齢少年の生活と意識に関する調査報告書」では，2,143 人中 1,438 人（67.1 %）が携帯電話を持っていないと回答した。それ以外の 705 人では，携帯電話の利用料金について小学生の過半数は 5,000 円以下だが，中学生になるとその過半数が 5,000 円以上であった。メールの頻度も中学生の約 5 割が「日に 10 回以上」であり，小学生の 2 倍になっている（図 3-10）。また，携帯電話のメモリ登録数も中学生の 4 割が「21〜50 人くらい」であり，小学生の 2 倍になっている（図 3-11）。「50 人ぐらい以

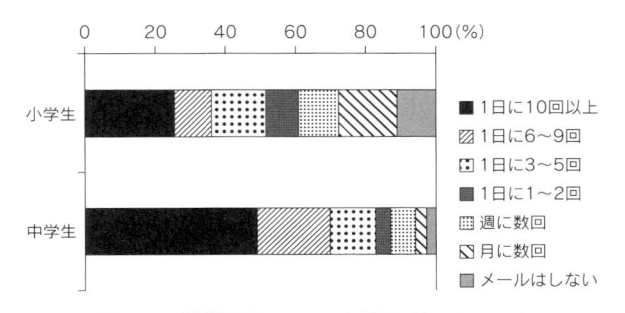

図 3-10　携帯電話のメールの頻度（内閣府，2007）

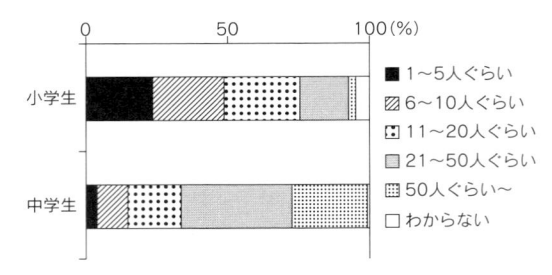

図 3-11　携帯電話のメモリの登録数（内閣府，2007）

上」は小学生では 2.4 %だが，中学生では 26.5 %でいちじるしく増加している。

友達は孤独から救ってくれるが，トラブルのもとにもなる。内閣府の「高校生活及び中学校生活に関するアンケート調査」（2009b）では，5年前（2004年度）に高等学校を中退した者と中学校3年生で不登校だった者に調査をしている。ちなみに，2010年度の高校生の中退者数は 55,415 人（約 60 人に 1 人）であり，そのうち 1 年生が約半数の 26,323 人である。また，不登校児童生徒数は，小学生が 22,463 人（約 311 人に 1 人），中学生が 97,428 人（37 人に 1 人）である。

アンケート調査によると，高校をやめた理由は，①高校の生活が合わなかったから（49.4 %），②人間関係がうまく保てなかったから（23.2 %），③高校の勉強が嫌いだったから（20.8 %），④授業についていけなかったから（18.5 %），⑤進

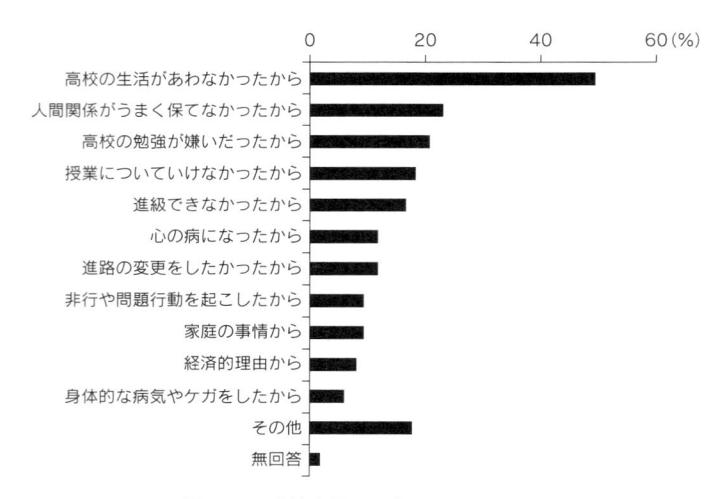

図 3-12　高校中退の理由（内閣府，2009b）

級できなかったから（16.7％）であった（図3-12）。

　高校では，小・中学校の校区の結びつきがなくなり，さまざまな中学校から集まった生徒の集団となる。そのため，人間関係が築けないままに高校を中退する生徒が増加しているといわれるが，それを裏づける結果となっている。高校をやめようと思ったときの相談相手は，複数回答であるが，「両親など家族の人」が74.4％であるのに対し，「友人・先輩」は33.9％である。前述（図3-7）の相談相手の状況と異なる結果である。

　また，中学校時代に学校を休み始めた直接のきっかけ（複数回答）は，①友人関係（いじめ，けんかなど）（45.9％），②勉強の問題（授業がよくわからない，成績がよくない，試験が嫌いなど）（34.9％），③学校の先生との関係（怒る，注意がうるさい，体罰を受けたなど）（24.8％），④入学や進級，転校をしたときに，まわりになじめなかった（21.1％），⑤クラブ・部活動（いじめられた，他の部員と仲が悪くなったなど）（17.4％）であった。同年代の関係のむずかしさとなじめないなどの曖昧な表現による関係性が，現代の問題の特徴であろう。文部科学省に報告された2010年度のいじめの件数は，小学校で36,909件，中学校で33,323件であった（文部科学省，2011a）。

第5節　家族関係の発達

1．日本人のライフサイクル

　平成23年度厚生労働白書（厚生労働省，2011b）によると，日本人の平均的なライフサイクルは図3-13のようである。特徴として，平均初婚年齢の上昇と出生数の減少，平均寿命の延長と夫引退からの老後の延長がみられる。

　平均初婚年齢は，男性は，1920年には25.0歳，1961年には27.3歳，1980年には28.0歳，2009年には30.4歳になった。女性は，同様に21.2歳，24.5歳，25.0歳，28.6歳となった。このように男性は約5歳，女性は約7歳の晩婚化が進んでいる。これにともない，出生数は1920年に5人だったのが，1961年に3人，1980年以降は2人に減少している。また，結婚から長子誕生までの期間が短くなっているが，これは最近増加している婚前妊娠の影響であろう。さらに末子誕生

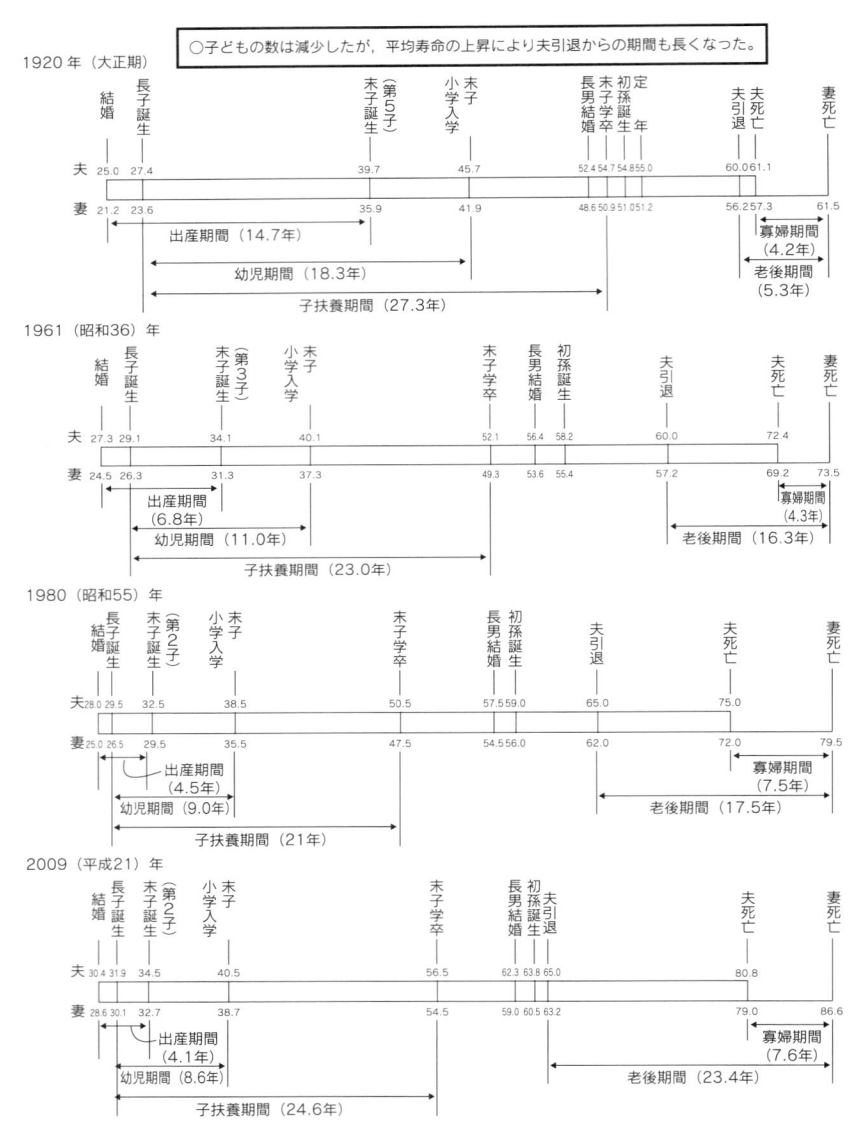

88 | 第3章 ライフサイクルと生き方

○子どもの数は減少したが，平均寿命の上昇により夫引退からの期間も長くなった。

1920年（大正期）

夫: 結婚 25.0 / 長子誕生 27.4 / 末子（第5子）誕生 39.7 / 小学入学 45.7 / 末子結婚 52.4 / 長男結婚 54.7 / 初孫誕生 54.8 / 末子学卒 55.0 / 夫引退 60.0 / 夫死亡 61.1

妻: 21.2 / 23.6 / 35.9 / 41.9 / 48.6 / 50.9 / 51.0 / 51.2 / 56.2 / 57.3 / 妻死亡 61.5

出産期間（14.7年）／幼児期間（18.3年）／子扶養期間（27.3年）／寡婦期間（4.2年）／老後期間（5.3年）

1961（昭和36）年

夫: 結婚 27.3 / 長子誕生 29.1 / 末子（第3子）誕生 34.1 / 小学入学 40.1 / 末子学卒 52.1 / 長男結婚 56.4 / 初孫誕生 58.2 / 夫引退 60.0 / 夫死亡 72.4

妻: 24.5 / 26.3 / 31.3 / 37.3 / 49.3 / 53.6 / 55.4 / 57.2 / 69.2 / 妻死亡 73.5

出産期間（6.8年）／幼児期間（11.0年）／子扶養期間（23.0年）／寡婦期間（4.3年）／老後期間（16.3年）

1980（昭和55）年

夫: 結婚 28.0 / 長子誕生 29.5 / 末子（第2子）誕生 32.5 / 小学入学 38.5 / 末子学卒 50.5 / 長男結婚 57.5 / 初孫誕生 59.0 / 夫引退 65.0 / 夫死亡 75.0

妻: 25.0 / 26.5 / 29.5 / 35.5 / 47.5 / 54.5 / 56.0 / 62.0 / 72.0 / 妻死亡 79.5

出産期間（4.5年）／幼児期間（9.0年）／子扶養期間（21年）／寡婦期間（7.5年）／老後期間（17.5年）

2009（平成21）年

夫: 結婚 30.4 / 長子誕生 31.9 / 末子（第2子）誕生 34.5 / 小学入学 40.1 / 末子学卒 56.5 / 長男結婚 62.3 / 初孫誕生 63.8 / 夫引退 65.0 / 夫死亡 80.8

妻: 28.6 / 30.1 / 32.7 / 38.7 / 54.5 / 59.0 / 60.5 / 63.2 / 79.0 / 妻死亡 86.6

出産期間（4.1年）／幼児期間（8.6年）／子扶養期間（24.6年）／寡婦期間（7.6年）／老後期間（23.4年）

1920年，1980年は厚生省「昭和59年厚生白書」，1961年，2009年は厚生労働省大臣官房統計情報部「人口動態統計」等より厚生労働省政策統括官付政策評価官室において作成。

（注）1．夫婦の死亡年齢は，各々の平均初婚年齢に結婚時の平均余命を加えて算出している。そのため，本モデルの寡婦期間は，実際に夫と死別した妻のそれとは異なることに注意する必要がある。
2．価値観の多様化により，人生の選択肢も多くなってきており，統計でみた平均的なライフスタイルに合致しない場合が多くなっていることに留意する必要がある。

図3-13 日本人の平均的なライフサイクル（厚生労働省，2011b）

までの期間も短くなっており，1961年以降は晩婚化が進んでいるにもかかわらず，出生数の減少のため，女性は30代前半で出産期間を終えている。複雑な変化があるのが子扶養期間である。大正期では出生数が多いため27.3年と長いが，1961年に23年，1980年に21年と徐々に短くなった後，2009年には24.6年と長期化している。これは，前述したように子どもに求める学歴が高くなったため，子どもが学校に通う期間が長期化しているからではないだろうか。

　老後に目を転じよう。1920年には，夫は仕事を60歳で引退し，その後1年ほどして亡くなっており，妻は寡婦期間が4.2年あるものの平均寿命は61.5歳で夫とそう変わらない。それが，1961年には夫の引退は同じ60歳だが，その後夫婦で約12年の老後生活があり，夫婦の寿命は73.5歳に延びている。1980年には夫の引退年齢が65歳に延び，その後に夫婦で10年ほどの老後生活を過ごすが，妻の寿命が約80歳に延びたため寡婦期間が7.5年ある。2009年には，夫の寿命も80歳を超え，妻にいたっては20年を超える老後生活がある。

　おおまかに言うと，1920年は，20代前半で結婚し，子育てに30年，仕事の熟練者として5年，老後が数年という人生であった。しかし，2009年には20代後半に結婚して，子育てに25年，自分の人生としての仕事に10年，老後に20年をかけられるようになった。このように，私たちは以前には考えられなかった，第2の人生ともよべる後半生，特に長期の老後生活をどう過ごすかという新たな問題に取り組まなければならなくなったのである。日本は超少子高齢化の時代，家族関係の多様化の時代を迎えているといえよう。

2．家族関係の発達

　家族関係もその家族成員の年齢の変化とともに発達する。その発達段階については，カーターとマクゴルドリックによる家族発達6段階説（柏木ら，2009）が有名である（表3-1）。

　第1段階は親元を離れて独立して生活しているが，まだ結婚していない若い成人の時期である。ここでは，親からの心理的な分離と仲間関係の成立や職業面での自己の確立が求められる。「第8回世界青年意識調査報告書」（内閣府，2009a）では，「子どもは親から経済的に早く独立すべきだ」としたのは，調査の行なわれた5か国中（日本，韓国，アメリカ，イギリス，フランス）で日本が「そう思

表 3-1　カーターとマクゴルドリックによる家族発達 6 段階説 (柏木ら, 1996)

第 1 段階　親元を離れて独立して生活しているが,まだ結婚していない若い成人の時期
　①心理的な移行過程　親子の分離を受容すること
　②発達に必須の家族システムの第二次変化
　　・自己を出生家族から分化させること
　　・親密な仲間関係の発達／・職業面での自己の確立
第 2 段階　結婚による両家族のジョイニング,新婚の夫婦の時期
　①心理的な移行過程　新しいシステムへのコミットメント
　②発達に必須の家族システムの第二次変化
　　・夫婦システムの形成
　　・親の家族と友人との関係を再構成すること
第 3 段階　幼児を育てる時期
　①心理的な移行過程　家族システムへの新しいメンバーの受容
　②発達に必須の家族システムの第二次変化
　　・子どもを含めるように,夫婦システムを調整すること／・親役割の取得
　　・父母の役割,祖父母の役割を含めて,親の家族との関係を再構成
第 4 段階　青年期の子どもをもつ家族の時期
　①心理的な移行過程　子どもの独立をすすめ,家族の境界を柔軟にすること
　②発達に必須の家族システムの第二次変化
　　・青年が家族システムを出入りできるように,親子関係を変えること
　　・中年の夫婦関係,職業上の達成に再び焦点を合わせること
　　・老後への関心をもち始めること
第 5 段階　子どもの出立ちと移行が起こる時期
　①心理的な移行過程　家族システムからの出入りが増大するのを受容すること
　②発達に必須の家族システムの第二次変化
　　・2 者関係としての夫婦関係の再調整
　　・親子関係を成人同士の関係に発達させること
　　・配偶者の親・兄弟や孫を含めての関係の再構成
　　・父母（祖父母）の老化や死に対応すること
第 6 段階　老年期の家族
　①心理的な移行過程　世代的な役割の変化を受容すること
　②発達に必須の家族システムの第二次変化
　　・自分および夫婦の機能を維持し,生理的な老化に直面し,新しい家族的社会的な役割を選択すること
　　・中年世代がいっそう中心的な役割を取り入れるように支援すること
　　・経験者としての知恵で若い世代を支援するが,過剰介入はしないこと
　　・配偶者や兄弟,友人の死に直面し,自分の死の準備をはじめること
　　・ライフ・レビュー（life review）による人生の統合

う」が最も多かった。

　第 2 段階は結婚による両家族のジョイニングと新婚夫婦の時期である。ここでは,新しい夫婦のシステムと親との関係を築かなければならない。夫婦はそれぞれの家族文化をもち寄ることになるが,これは実際にはずいぶん異なるものである。それでけんかをしたりもしながら,新たな家族のルールをつくらなくてはならないこととなる。

　第 3 段階は乳幼児・児童を育てる時期である。ここでは家族に新しい成員が増

えるのであるから，夫婦の2者関係から3者関係に変わる。そのため，子どもを含めた夫婦システムの調整をしなければならない。そして，新たに親の役割を築き，そして，親の家族との関係を再構成しなくてはならない。また，第2子の誕生となると夫婦関係と親子関係だけでなく，きょうだい関係が加わり，さらに複雑な関係となる。

　第4段階は青年期の子どもをもつ家族の時期である。ここでは，子どもが自立していけるよう親子関係を変えなくてはならない。しかし，青年期の子どもの親は，会社で管理職につくなど社会的な役割が変わったり，母親は閉経を迎えるなど生理的な変化のある世代となる。そして，人生の道半ばとなり，後半生のことを考える時期でもある。また，夫婦の親の介護問題が生じる時期でもある。

　「低年齢少年の生活と意識に関する調査」では，「家族といっしょに夕食をとっている頻度」を聞いている。小学生はほとんど毎日家族の誰かといっしょに食べているのに対し，中学生になると孤食が増える。部活動や塾・習い事などの家族とは別の活動が増えるからかもしれない。現代ではコンビニやスーパーの惣菜類やカップ麺など便利なものが多い。一方で，毎日の食事は子どもたちの心と身体に与える影響が大きいのも事実だろう。食事以外に家族でするものについては，「家族でおしゃべりをする」「家族で買い物や食事に出かける」が多い。いずれも中学生では小学生に比べて，「時々ある」「あまりない」が高い。子どもたちは自立に向かうのである。

　第5段階は子どもの出立ちと移行が起こる時期である。子どもが前述の第1段階に進めるようにしなくてはならないのである。そうして，家族はまた夫婦の2者関係に戻る。その一方で，夫婦の親の介護や死にも対応しなくてはならない時期になる。

　第6段階は老年期となった夫婦が過ごす時期である。生理的な老化を受け入れながら，次世代の支援をするという新たな役割を得ていく。そうして，配偶者やきょうだい，友人の死に直面し，自分の死の準備をする時期となる。健康面，経済面，社会面などにおいてさまざまな喪失感を抱える時期でもある。また，最近では寿命の延びとともに老々介護の問題も出てきている。その一方で，この時期を元気に過ごす高齢者も増えている。エリクソンの言うように，老年期は人生の統合の時期にあたるのである。

第4章　生き方の危機

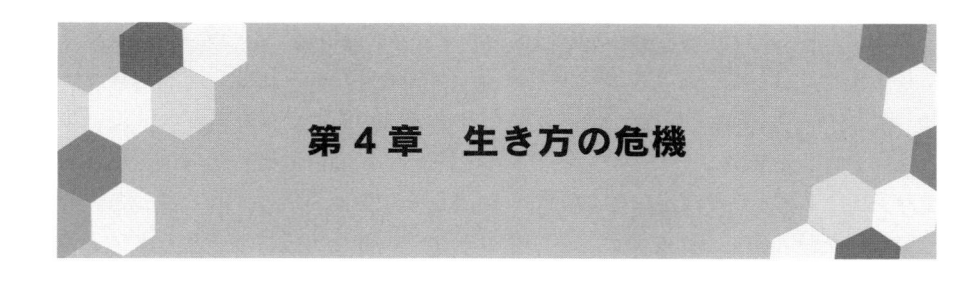

　私たちの個性には，誕生前の胎児の段階から両親の遺伝子情報が組み込まれて伝達されることがわかっている。それぞれの個性は遺伝子により決定づけられた素因と，誕生後の環境からの影響とを受けて形成されると考えられている。

　私たちは，誕生して数年後から社会生活を営むことになるが，円滑な社会生活を営むには，その時どきにおかれた環境への適応と，周囲との人間関係の構築が必要になる。しかし，現代社会にはストレス因子が多く存在し，私たちの社会生活は危機的状況に追い込まれる可能性に満ちている。

　この章では，私たち個人が生まれつきの素因によって社会生活を営む上でどのような影響を受けるのかについて，また私たちが環境への適応に失敗したり対人関係に問題を抱えたりしたときに，心理的にどのような状態が表われるかについて，発達過程での危機，日常生活の中の心の問題，心の危機などを概観する。また，精神力学の視点から，自閉症スペクトラム，不安，うつなどのニューロイメージング研究の概観も行なう。

第1節　発達の過程での危機

1．自閉症スペクトラム障害

　昨今，"発達障害"ということばが保育・教育現場や，社会全体で関心をもたれている。しかし，それが具体的にどのような特徴をもち，周囲はどう対応すればよいのかということは，あまり理解が深まってはいない。たとえば，自閉症ス

ペクトラム障害（autism spectrum disorder：ASD）は自閉症をベースとした連続体であり，人によりさまざまな表われ方をしているため，明確な状態像がとらえにくいという問題がある。ASDということばは，私たちももち合わせている自閉的な部分が拡大された概念であり，私たちの中にその特徴や傾向は少なからず存在する。私たちの能力の発達は均一ではなく，発達が促進された部分と，そうでない部分とがあり，それがパーソナリティや個性を形成しているともいえる。発達障害とはこのように，特徴が表面化する程度により発達障害であるかそうでないかという状態像での判断しかできないために，発達障害の理解をよりむずかしくしている。

バロン・コーエン（Baron-Cohen, S., 2008）は，最初に自閉症の遺伝的要因の

表 4-1 自閉症の特異的行動の分類（Baron-Cohen, 2008）

①社会性の障害
・他者への極端な無関心
・アイコンタクトの異常（眼を合わせるのが困難，長く見つめすぎる，他者のパーソナルスペースに侵入してきたりすることがある）
・相互関係の欠如（役割交代の不在，対話の不在，独り言）
・1人でいることを好む
・人が何を感じ何を考えているのか予測することの困難
・他者の行動にどのように反応したらよいのかわからない
・表情や声や態度から他者の感情表現を読み取ることの困難
・1つだけの正確な見え方ではなく，他の見え方があることを受け入れることの困難
②コミュニケーションの異常
・エコラリア（オウム返し）※
・新造語（ものにふつうについている名前の代わりに風変わりなことばを使うこと）※
・ことばの字義通りの理解
・さまざまな程度のことばの遅れ※
・社会的文脈にそぐわないことばの使用（語用の異常）
③反復行動と狭い興味
・手をひらひらさせること※
・からだをぐるぐる回すこと※
・興味あるものへのこだわり（何でも触れること，石の収集，テントウムシの収集，狭いトピックの情報の収集，など）
・ものを並べること
・おもちゃの自転車のタイヤを回転させること，そして回転するものにひきつけられるようになること（たとえば，洗濯機，扇風機の羽根，風車）
・高頻度の反復行動
・変化に対するひどいかんしゃく
・断片的な高い技能や知的能力
・特異な記憶
・同一性への希求

※は古典的自閉症に特有である症状

証拠を見つけたラター（Rutter, M.）と，古典的な自閉症について最初に記述したカナー（Kanner, L.）の記述から，自閉症にみられる特異的行動を表 4-1 のように分類した。この分類は自閉症を社会性の障害，コミュニケーションの異常，反復行動と狭い興味という 3 つの側面からとらえているが，各側面で幅広く自閉症の特徴を把握しようとしている点が興味深く，スペクトラムの概念の出現へとつながったことがうかがえる。

自閉症はスペクトラム（連続体）であるという概念は，ウィング（Wing, L.）が初めて提唱したものである。ウィングの「三つ組」とよばれる ASD の基本的な 3 つの特徴があり，それは社会性，コミュニケーション，イマジネーションという 3 領域にわたる障害である。知的障害をともなわない群を高機能自閉症，IQ は平均以上で 3 つの特徴のうち言語発達に遅れのないものをアスペルガー症候群（Asperger syndrome：AS）という。非定型自閉症とは自閉症の特徴の一部だけがみられるもの，PDD-NOS とは特定不能の広汎性発達障害のことで，社会性の領域に発達の遅れがみられるものをさしている。ASD は，図 4-1 ように自閉症の特徴を基本とし，その表われ方でさまざまなタイプの ASD の症状を示していることがわかる。古典的な自閉症は 3 歳までに診断されることが多い。また，診断基準には含まれないが，ASD の特徴として感覚過敏が指摘されて，音，手触り，味，におい，温度への過敏性などが多くみられる。

アスペルガー症候群は，知能の遅れはなく言語発達にも遅れがないため，診断が遅れることや，診断されないまま成人になることも多い。しかし社会性の障害があるために，社会に出て周囲の人々との円滑なコミュニケーションを構築することに困難が生じていることが見受けられる。そのため，転職をくり返すケースも多く，度重なる対人関係のトラブルから自己評価が低下し，うつ病を併発することが多いことも指摘されている。このため，学校や職場で彼らへの特別な配慮を必要としている。

ASD は子どものころに診断を受けることで，その後の学習面や生活面において特別な支援サービスが受けられる。また，特別支援教育は，その子どものもつ才能を十分に伸ばすことも包括している。

「定型発達」な集団　PDD-NOS　非定型　AS　自閉症

図 4-1　ASD のとらえ方（Baron-Cohen, 2008 を一部改変）

2. 知的障害

知的障害（intellectual disability）とは，全般的な知的機能が同じ年齢の子どもに比較して明らかに低く，同時に適応行動における障害をともなう状態で，それがおもに発達期に現われるものである。知的障害の原因としては，遺伝的な要因や染色体異常，胎生期の異常などの出生前の要因，出生時の仮死などの周産期の要因，脳炎や髄膜炎などウィルス感染による出生後の要因があるが，過半数は出生前の原因によるとされている。

知的障害は，表 4-2 に示すように軽度から最重度に分類される。近年日本では早期発見と療育が進み，全体として軽度化しているといわれている。軽度は知的障害の約 85 ％を占め，学齢期以前に社会的行動や意思伝達の技能発達がみられ，年長になるまで定型発達児との区別がつかないことがある。成人期までに小学校 6 年生くらいの学業レベルに達し，最小限の自立に必要な社会的言語的技能を獲得できる（品川，2007）。

早期に把握された知的障害児は地域の療育センターによる支援や療育グループへの参加と並行し，保育園や幼稚園への通園が一般的である。幼児期の療育を終えると，就学について地域の教育センター等での就学相談を経て，最終的には両親が就学先を決定するのが原則である。特別支援教育では，個々の障害を有する子どもに合った適切な教育を柔軟に提供できる体制がつくられつつある。

表 4-2　IQ レベルによる知的障害の分類（清水，2010）

重症度	IQ	知的障害での割合
軽度	50～69	約 85 ％
中度	35～49	約 10 ％
重度	20～34	3～4 ％
最重度	19 以下	1～2 ％

3. 注意欠陥／多動性障害

注意欠陥／多動性障害（attention deficit and hyperactivity disorders：ADHD）は行動上の問題として園や学校で指摘されることが多い障害で，落ち着きがない，集中力がない，他児にちょっかいを出す，指導が入らないなど，集団場面での適応に問題を抱えている。

表 4-3　ADHD の 3 つの特徴

症状	行動例
多動性	・じっと席に座っていることができず立ち歩く ・手足や体の一部を絶えず動かす ・絶えずおしゃべりをする ・他の子どもにちょっかいを出す
衝動性	・思いついたことを何でもすぐ口にする ・質問が終わる前に出し抜けに答える ・興味を引くものにすぐ飛びつく ・遊具の使用や順番が待てない ・人の会話や遊びに割り込む ・他人の注意を引くため，突拍子もないことをする
不注意	・すぐ他の事に目がいってしまい，注意が持続できない ・忘れ物をよくする ・指示を聞いていない ・順序立てて行動ができない

　ADHD には，多動性・衝動性・不注意という 3 つの特徴があり，まとめると表 4-3 のようになる。

　この障害にはおもに 2 つの種類があり，衝動的なタイプと注意散漫タイプがあり，多くの子どもはこの衝動性と注意散漫の両方の特性を共有している。

　ADHD の子どもは園や学校などの集団場面では，外的刺激が多いために注意散漫になりやすい。本人は一生懸命にやっているにもかかわらず，教師や大人から叱責を受けることが多い。彼らの行動はいつも失敗に終わることが多く，自己評価や自尊心の低下につながる。このため，周囲には ADHD の 2 次的な障害が起こらないような理解と対応が求められる。

　ADHD の子どもは，人なつっこく，他者の承認を求める気持ちが強いが，思春期に入り仲間を必要とする時期に，衝動性や軽率さから仲間に避けられ孤立することも多い。齊藤（2009）は，学校の仲間集団や大人に受け入れられなかった ADHD の子どもは，非行集団に誘われると容易に接近するなど，図 4-3 に示すように，反抗挑戦性障害から行為障害に展開するケースが多くみられると指摘している。

　ADHD の外在化障害の例として，よく引き合いに出されるのが戦国武将の織田信長である。興味のある方は，彼の伝記を読んでみることをお勧めする。

　また，ADHD の 2 次障害は外在化が強調される傾向にあるが，図 4-3 に示す

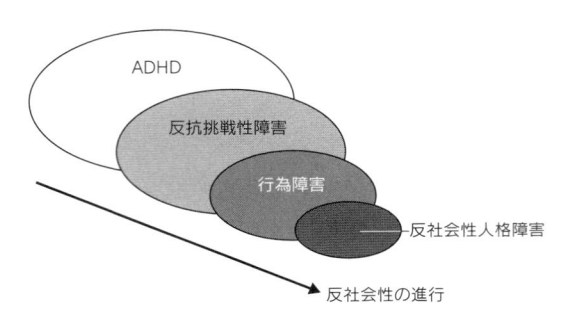

図 4-2 ADHD における外在化障害の展開（齊藤，2009）

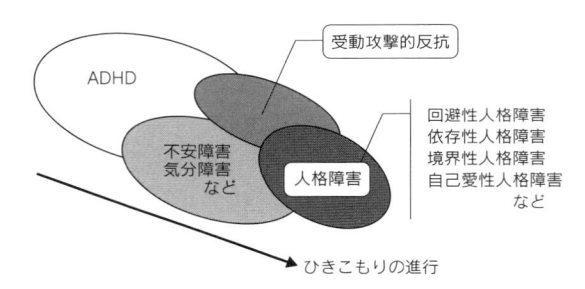

図 4-3 ADHD における内在化障害の展開（齊藤，2009）

ように，不安や抑うつなどの内在化障害に展開することも一般的にみられる。社会問題化している"ひきこもり"も，内在化障害と考えられている。

4．学習障害

　学習障害（learning disabilities：LD）とは，一定部分の知的機能に限り大きく落ち込みを示す発達の障害である。文部科学省の定義によると，「学習障害とは，基本的には全般的な知的発達に遅れはないが，聞く，話す，読む，書く，計算する又は推論する能力のうち特定のものの習得と使用に著しい困難を示す様々な状態を指すものである。学習障害は，その原因として，中枢神経系に何らかの機能障害があると推定されるが，視覚障害，聴覚障害，知的障害，情緒障害などの障害や，環境的な要因が直接の原因となるものではない」とされている（文部科学省，1999）。

　アメリカ精神医学会の診断基準である DSM-Ⅳ-TR（2005）では，LD は読字

障害（読み方の障害），算数障害，書字表出障害（書き方の障害），運動能力障害に分類されている。

図4-4に示すように，LDはADHDやアスペルガー症候群との重複がみられる。たとえば，LDとADHDが併存していれば，小学校高学年から中学校では学習についていけずに非行化する場合も多い。

読字障害（ディスレクシア）は，子どもの年齢相応の教育の程度に応じて期待される読みの正確さや理解力が明らかに低く，日常生活や学業に著しい困難が生じているものである。よく似た文字の区別ができない（"あ"と"お"，"ぬ"と"め"，"の"と"め"，"q"と"d"，"b"と"p"，"w"と"m"など），どこを読んでいるのかわからなくなり，行や字を飛ばして読むことが多い。また，単語の中の文字を取り違える，反対から読む，短い単語が読めない，ロゴ読みで読む（図として認識するため），読むのが遅い，読むと頭痛がする，内容が理解できない，などの特徴がみられる。読み書きの発達順序を考えると，読めるようになった後に書けるようになるため，読字障害には書字障害が重複しやすい（太田, 2008）。

算数障害（ディスカリキュリア）は，算数の能力に限り著しく困難をきたしているものをいう。数の大小がわからない，「＋，－，×，÷」などの記号の認知ができない，簡単な計算でも指を使う，ケアレスミスが多い，また，繰り上がり，繰り下がりがわからない，計算問題はできるが文章題になると苦手であるなどの

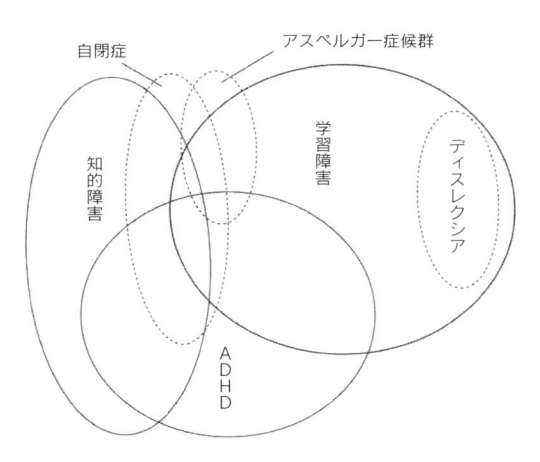

図4-4　学習障害と近接概念の関連図（太田, 2008を一部改変）

特徴がみられる。多くの処理過程において，読字，書字能力との関係も深く，単純に算数の技能だけを問題にすることができない。

書字表出障害（ディスグラフィア）は字を書くことや，文法的に正しい文章を書くことに限り著しい困難を示すものである。太田（2008）は書字の困難さでは，ひらがなが最も障害されにくく，カタカナ，漢字，英語の順にむずかしくなるという。これは，ひらがなやカタカナは文字と音が一対として対応しているが，漢字や英語は複数の音との対応と形の複雑さが影響していると考えられている。文字を書くときに鏡文字になってしまう，書字や視写ができない（読字障害との関係もある），聞き写しができない，読点が使えない，作文が書けないなどの特徴がみられる。

運動能力障害は，走る，靴ひもを結ぶ，手と足を連動させる動きなど協調運動の発達につまずきを示すもので，発達性協調運動障害とよばれている。一連の発達障害に併存することが多いことも指摘されている。

第2節　日常生活の中の心の問題

1．不安障害

私たちは誰でも，不安という恐れやおののきの感情を日常的にもちあわせており，不安障害との明確な区別はできないが，日常の社会生活において明らかに不適応を示しているものが不安障害に含まれるであろう。つまり，不安障害とは，社会生活上の不適応をきたし，さまざまな心身症的症状があらわれる状態の総称である。また不安障害は，子どもの不登校や青年・成人の引きこもりなどの社会的不適応の要因となっている。

不安障害には，パニック障害や社会不安障害，強迫性障害，外傷後ストレス障害（PTSD）などが含まれる。

(1) パニック障害

パニック障害（panic disorder：PD）は，突然，何の前触れもなく動悸や息切れ・息苦しさ・窒息感，胸の痛みや吐き気やめまい・発汗などをともなう発作

（パニック発作）が起きる。はじめは心臓や呼吸器などの身体疾患を疑い，専門医を受診するが器質的な疾患は見つからないことが多い。そのうち，また発作が起こったらどうしよう，人前で倒れたら恥ずかしい，頭がおかしくなってしまうのではないか，死んでしまうのではないかといった強い恐怖感が高まる。これを予期不安という。しだいに人が多く集まる場所やすぐに逃げ出せないような状況や場所に行くことが怖くなり，単独での交通機関の利用や車の運転，公共の場所への立ち入りなどができなくなる。このような状態を広場恐怖といい，以前発作が起きた場所なども避けるようになる。PDには広場恐怖をともなうものと，そうでないものがある。

　PDは子どもから高齢者まで幅広い年齢層にみられるが，特に女性に多くみられる。また，うつ病を併発することが多い。

　PDの治療は，不安や諸症状の低減をはかる薬物療法と，認知や行動の変容をはかる認知行動療法の併用が効果的だと考えられている。

(2) 社会不安障害

　社会不安障害（social anxiety disorder：SAD）は学校や会社，ショッピングセンターなど，集団の場で恥をかくのではないか，みんなが自分を見ているのではないかと強い不安を感じ，実際にそのような社会的状況にさらされると恐怖が高まる。パニック発作のような反応が表われることもある。

　また恐怖を感じている社会的状況を避けるために，学校や職場へ行けなくなったり，毎日の生活習慣を遂行できなくなったりと，日常生活に支障をきたすようになる。

　SADの子どもや青年は，しばしば孤独で，いら立ちやすく，ソーシャルスキルの欠損，否定的な自己評価，生理的に高い興奮状態を示すことにより，社会的状況に反応する傾向がある。また，内気で抑制的，従順でほかの子どもたちや若者たちから否定的にみられる場合に，仲間から排除される危険性が非常に高い（Arden & Linford, 2007）。

　併存する障害としては他の不安障害やうつ病，薬物乱用が指摘されている。SADの治療は，薬物療法とあわせ，漸進的弛緩法や系統的脱感作法（第6章参照），自律訓練法などのリラクセーションを体得することや，モデリング，自己教示などによる行動療法が有効である。

(3) 強迫性障害

　強迫性障害（obsessive-compulsive disorder：OCD）は，一定のテーマの考えやイメージ，衝動が一定のパターンでくり返し起こるという強迫観念をもち，手洗いや確認などの儀式的な行為である強迫行為をくり返すことが特徴である。強迫行為は強迫観念を和らげたり打ち消したりするために行なわれる。

　OCDには，電車のつり革や手すり，公衆トイレの便座や水道の蛇口など不特定多数の人が使用するものに対して，ばい菌の恐怖を強くもち，それに触れたのちに手を洗い続けるという，汚染についての洗浄強迫や，家を出るときにガス栓を閉めたか，カギをしたかなどの不完全さについての確認強迫，特にきっかけや対象がなくても縁起を担いでいないと気がすまない強迫観念，正確さや左右の対称性，ものの配列や順序へのこだわりや儀式行為などがある。心の中で行なう行為として数を数えたり，声を出さずにことばをくり返し続けたりという強迫行為もある。

　このような強迫観念に対して，本人は強い不安と苦痛を感じており，強迫的な思考や衝動は現実的なものではないことも自覚しているが，気持ちをそらそうと試みても，強い衝動により，その行為を止めることはできない。強迫行為に1日の多くの時間を費やすことになり，症状が起こる状況を回避するため家に閉じこもったり物に触れられなくなるため，日常の生活習慣や学校・職場への適応に困難が生じる。強迫行為という紋切り型の衝動的な儀式を行ない，終了すると非常な安堵感や，「きちんとした」感覚を経験する。

　OCDは児童期の中期から青年期早期の発症が多く，チックやトゥレット障害，またはADHDなどの併存が多いことも指摘されている。

　OCDの治療も，薬物療法と認知行動療法の併用が中心である。

(4) 外傷後ストレス障害

　外傷後ストレス障害（posttraumatic Stress Disorder：PTSD）とは私たち人間にとって，極度のショックを与えられる出来事の後に生じる精神症状である。

　地震や火事などの災害，交通事故，戦場での惨劇体験，性被害や暴力・虐待などの犯罪被害など，さまざまな外傷の例があげられる。

　PTSDの症状は，外傷となった出来事が今現実に起きているかのような生々しいシーンが，たびたびフラッシュバック（再体験）を起こす。このためクライエ

ントは，その出来事に関連する思考や感情，会話を避け，またトラウマ体験を想起させるような活動や場所も避けようとする（回避）。また，眠れない，眠れたとしてもすぐに目が覚めてしまうなど睡眠障害が起こるので，少しの刺激にも過剰に反応してしまう（覚醒亢進）。悪夢を見る，イライラし怒りっぽくなる，いろいろな活動に対する意欲が減退する，集中できないなどの症状も示す。

症状が1か月以上持続した状態をPTSD，1か月未満の状態を急性ストレス障害という。

特に児童虐待は加害者が養育者であるため，持続的・反復的にトラウマとなる出来事がくり返されることになり，一般的なPTSDと区別され，複雑性PTSDとよばれる。

2．児童虐待

昨今，新聞やテレビで児童虐待のニュースが頻繁に報道されており，私たちの認識としても児童虐待は年々増加している印象を受ける。児童相談所における児童虐待の相談件数も年々増加しており，年間で5万件をこえるケースが報告されている。しかし，人目につかず発見されていない児童虐待例はその数倍あるといわれている。

日本では，2000年11月に「児童虐待の防止等に関する法律」が施行され，その後2回の改正が行なわれた。児童虐待には，身体的虐待，性的虐待，ネグレクト，心理的虐待があり，表4-4の定義を参照されたい。

児童虐待が起こる背景としていくつかの要因が考えられる。

まず養育者側の要因として性格傾向があり，自己中心的で他罰的，非社会的など未熟で幼児的な傾向にあること，特に若年での望まない妊娠・出産との関連も

表4-4 児童虐待の定義（児童虐待防止法第2条をもとに作成）

「児童虐待」とは，保護者（親権を行う者，未成年後見人その他の者で，児童を現に監護するものをいう）がその監護する児童（18歳に満たない者をいう）について行う次に掲げる行為をいう。
　①身体的虐待：児童の身体に外傷が生じ，又は生じるおそれのある暴行を加えること。
　②性的虐待：児童にわいせつな行為をすること又は児童をしてわいせつな行為をさせること。
　③ネグレクト（養育者の拒否や放置）：児童の心身の正常な発達を妨げるような著しい減食又は長時間の放置，その他の保護者としての監護を著しく怠ること。
　④心理的虐待：児童に著しい心理的外傷を与える言動を行うこと。

指摘されている。また，養育者自身が子どものころに虐待を受けて育った被虐待児であることが，虐待の発生と深く関連している。これは虐待の世代間連鎖とよばれており，子どもの育て方を折檻によるものしか知らないという点や，自身が受けた虐待の記憶が子育てで再現されるものである。世代間連鎖が起きる背景として，ミラーニューロンによる記憶が考えられている。ただし，被虐待児であった養育者がみな虐待をくり返しているわけではないが，虐待の起こる割合が高いということが指摘されている。また，養育者が精神疾患を抱えており，育児に困難をきたすケースも多い。

一般に子育ては養育者側のエネルギーを要するものであり，特に子どもに何らかの障害がある場合は養育者の負担は増し，育児の困難さから虐待が発生するケースも多い。

また家族的・社会的要因としては，核家族化で子育て上の悩みを相談する話し相手がいないなどの近隣・友人・家族・地域からの孤立や，仕事上のストレス，失業や経済的問題，夫婦不和や別居・離婚・再婚などが考えられる。

児童虐待は子どもの発達にさまざまなダメージを与えてしまう。幼児期に養育者とのアタッチメントを通し基本的信頼関係を築くことができなかった被虐待児は，反応性愛着障害といわれる状態になり，人に対して過度に警戒する，または反対に誰にでも愛着を示すなどの行動がみられる。杉山（2007）は近年，臨床上指摘されるようになった現象として反応性愛着障害をあげ，虐待を受けた子どもは発達障害と同じ状態像を示すことを明らかにした。本来安心感を与えてくれるはずの養育者からくり返し被害を受けることは，子どもに重篤な情緒の混乱を招き，感情や衝動のコントロールが困難となる。被虐待児が発達障害やADHDのような状態像を表わし，もともとの発達障害群との判別がむずかしい状態になるといわれている。また，児童虐待は，事故や災害など単発のストレスによるPTSDと異なり，養育者からの長期間にわたりくり返されるストレスにさらされ，介入が遅れると複雑性PTSDを負うことになり，その後の子どもの心に与える影響は多大である。

被虐待児の支援では，第一に安全な生活環境の確保が求められる。それと併行して，カウンセリングやプレイセラピーなどによる心のケアが行なわれる必要がある。

3. 子どもの習癖

　子どもは自身の感情をうまく言語表現することができないため，心理的な欲求不満やストレスがさまざまな身体表現として表出される。そのことが日常的に習慣化した行動を習癖とよぶ。
　清水（2010）は，乳幼児期にみられる習癖を表4-5のように示した。
　習癖にはさまざまな種類のものがあるが，代表的なものについてその要因や対処をみていく。
①指しゃぶり
　手指，特に親指をしゃぶる癖をいい，実際にはしゃぶるよりも吸うことが多い。生後1～3か月ごろから始まり，1歳半～2歳の間に最も激しくなり，2歳をすぎると徐々に減少し，5歳ではほとんど消失する。幼児期初期までは生理的現象ととらえることが可能で，多くは自然にみられなくなるが，幼児期後期になって

表 4-5　乳幼児期にみられる癖（習癖）（清水，2010）

1．身体をいじる癖（身体玩弄癖） 　　指しゃぶり，爪かみ，舌なめずり，鼻・耳ほじり，目こすり，抜毛，咬む，引っ掻く，引っぱる，擦る，性器いじり，自慰
2．身体の動きを伴う癖（運動性習癖） 　　律動性習癖（リズム運動）：頭打ち，首振り，身体揺すり 　　常同的な自傷行為 　　チック 　　多動 　　歯ぎしり，指ならし，身体ねじり
3．日常生活習慣に関する癖 　　食事：異食，偏食，拒食，過食，少食 　　睡眠：夜泣き，夜驚，悪夢，夢中遊行，就寝拒否，過剰睡眠 　　排泄：遺尿，夜尿，遺糞，頻尿 　　言辞：吃音，早口，幼児語，緘黙 　　その他：左利き，両手利き
4．体質的要素の強い癖 　　反復性の腹痛，便秘，下痢，嘔吐，乗り物酔い，頭痛，立ちくらみ，咳嗽，憤怒痙攣（泣きいりひきつけ）
5．性格，行動に関する癖 　　抱き癖，人見知り，内弁慶
6．その他の習癖（非社会的など） 　　虚言，盗み，金銭持ち出し，徘徊，嗜癖

も残る場合に問題となる。一般的に，心理的な欲求不満の結果，自己愛的な満足に退行していると考えられている。欲求不満の原因としては，授乳方法や厳格な規則授乳，早すぎる離乳などによる乳児の吸啜（きゅうてつ）欲求が満たされないことや，きょうだいの出生などにより，親子関係の不安定さがもたらされることによる。直接的な禁止は控え，子どもの興味を引く遊びや野外での活発な遊びをうながし，欲求不満を解消させることにより，結果的に指しゃぶりを止めさせるという間接的な方法が望ましい（青山，1992）。

②爪かみ

約半数の子どもが爪をかむといわれ，10歳ごろまでがピークでしだいに減少していくが，中には青年期，成人になってもみられることがある（清水，2010）。一般的に落ち着きがなく活発な子どもにみられ，不安定な眠りや歯ぎしり，寝言，チックなどをともなうことが多い。原因は明らかではないが，悲しいときや恐怖感を紛らわせるとき，緊張したときなどによくみられる。多くの研究者によると，爪かみは心理的緊張の運動による解放の1つと考えられている。家庭や学校などで，子どもの緊張や不満の原因を十分検討し取り除くことが求められる。また，子どもの興味を引くような対象を与え注意を転換させ，ほかの子どもとの交流を勧めることが大切であり，爪をかむ行動を直接的に禁止するのは効果的ではなく，症状の固定化につながる（青山，1992）。

③チック

特定の筋群が，一見無目的で，突発的で急速かつ不随意にくり返される運動で，運動チックと音声チックがある。運動チックには，まばたき，顔しかめ，首振り，肩すくめなどがあり，目のチックが一般的である。目のチックでは，まばたき，横目や白目をむく，目をクルッと回すなどがある。音声チックには，咳払いや鼻ならし，動物の鳴き声のような奇声を出すもの，状況に合わない単語や句のくり返しを行なうものなどがある。杉山（2007）は，チックはドーパミン系の神経経路の過剰反応を原因とする明らかな生物学的な素因があり，それなくしては生じないが，臨床における経過は，ストレスや緊張などの情緒的な問題が要因となり，よくなったり悪くなったりをくり返すものであると指摘している。また，一過性で自然軽快をするものが大半を占めるが，叫びの反復など周囲に迷惑を生じる重度の不適応や，そこから発展して強迫性障害などはっきりした精神科疾患にいたるものもあり，重症度については，素因もあれば環境因も関与している。

環境や心理的誘因が複雑に絡み合い症状が変動することは明らかであり，不安や緊張が増大しているとき，強い緊張から解放されるとき，楽しくて興奮したときに，症状が強まる傾向にある。どのような状況で症状が強まったり軽減したりするのかを観察し，子どもの置かれている環境や親子間の緊張・葛藤を十分に検討し，環境調整をすることが求められる。

④遺尿

5歳以上の子どもが1週間に数回以上，不随意に排尿してしまうときに遺尿と診断される。夜しばしば失敗するのを夜間遺尿（夜尿），昼間の失敗を昼間遺尿という。青山（1992）によると，生後の発達過程において一度も排尿コントロールが確立されたことがないものを一次性遺尿といい，中枢神経系の成熟度，膀胱の過敏性・容量など体質的要因が考えられる。排尿コントロールが一定期間，確立されたにもかかわらず，心理的不満や葛藤によりコントロールができなくなるものを二次性遺尿という。親に対する欲求不満や，きょうだいの出生による退行などの心理的欲求不満や葛藤がその要因となることが多い。5歳をすぎると子ども自身が失敗を気にしたり恥じたりすることが多くなるので，子どもの不安や恐怖を軽減し，罪悪感を軽減することが求められる。保育所や幼稚園では，失敗しないような時間をみはからってトイレへ連れていくなどの指導が必要で，失敗したら他児にわからないようにかたづけるなどの配慮が求められる。

⑤遺糞

一般に10歳以下の子どもで，トイレット・トレーニングが終わった後の年齢で，適切でない場所で排便することをいう。入園などの環境変化や親からの分離，きょうだい間の葛藤など心理的要因が多い。養育者がトイレット・トレーニングに過敏になり，叱責することが多くなると，子どもが怯え，トイレを怖がるなどの場合もある。家庭環境の調整や，幼児期からの育児のあり方やトイレット・トレーニングの進め方を養育者から聞き取ることが必要である。子どもにはプレイセラピーなどの心理療法を行ない，心理的安定をはかり自立心を高めることが大切である。

4．心身症

人間の心と身体は相互作用を営み，密接な関係にある。学校や職場などの社会

的場面や，対人関係，親子関係などで，理想の自分と現実の自分との能力の開きから生じる個体内の葛藤により心理的ストレスや持続する心理的緊張から身体に何らかの異常を生じるものが心身症である。心身症は，医学的検査で異常がみられ，その症状の発生や増悪には心理的要因が影響している疾患である。

(1) 心因性嘔吐

吐き気が主体で嘔吐をほとんど伴わないものや，激しい嘔吐が頻繁にくり返されるなど重症なものまである。症状は日によって大きく変動し，職場や学校へ行けないくらい症状が重い日と，ほとんど症状のない日とが不規則にくり返されやすい。発生要因として，職場，学校，家庭などで本人にとって嫌悪的な現実が生じ，それを契機に吐き気や嘔吐が生じてくる場合が多い。現実を「吐き出す」という身体言語としての表象というとらえ方や，また症状を出すことにより周囲の人の注目やケアが得られ，状況を自分に有利に変えることができるという疾病利得というとらえ方もある。

(2) 過敏性腸症候群

社会生活の中で強いストレスを受けた場合，腸管の動きが活発になり，排便や放屁をしやすくなるものである。社会背景とリンクした文明病と考えられており，腸の被刺激性や自律神経の不安定性という体質的要素も密接に関与している。

過敏性腸症候群には3つのタイプがあり，その要因や症状をまとめると表4-6のようになる。

表 4-6 過敏性腸症候群の分類

タイプ	要因	症状
神経症タイプ	心理的要因＞身体的要因	実際に便通異常がそれほど客観的に認められないのに，便秘や下痢に強くこだわる
心身症タイプ	心理的・身体的要因ともに強い	・本来の過敏性腸症候群 ・便通異常をきたしやすい体質的要因に心理的な刺激が加味されることにより病態が悪化する ・心理・身体の2要因が複雑に絡み合い，心身の交互作用により悪循環的に症状が持続する
身体因タイプ	心理的要因＜身体的要因	・もともと腸管が刺激されやすく，冷たい飲料や身体的疲労により，容易に便通異常が起きる ・心理的な関与もある程度認められるが，それ以外のさまざまな身体的，物理的要因により症状が変動する

(3) 呑気（どんき）症（空気嚥下症）

多量の空気を無意識に飲み込んでしまうことにより，胃に溜まる空気の量が通常の三倍くらいになり，胃の不快感や痛み，お腹が張る（上腹部膨満感），ゲップやおならが出る，空気が移動するときにお腹から音が出るなどの症状がみられる。

(4) 身体表現性うつ病（仮面うつ病）

身体症状という仮面をかぶったかのようなうつ病の総称である。頭重感，胃部不快感，頻尿，便通異常，肩こり，めまい，身体のだるさ，性欲や食欲の減退など，身体的に多彩な症状が併存する。意欲低下，悲哀感，自責感，抑うつ気分などの精神症状が前景に出ているうつ病は判定が比較的容易であるが，仮面うつ病は身体症状が前景に出るために，身体疾患を疑って受診するケースが多い。

(5) 不眠症

不眠症とは，騒音や温度などの環境要因，悩みなどの一過性の精神的ストレス，うつ病や神経症などの精神疾患，加齢による生理的変化など，さまざまな原因によって慢性的に眠れなくなり困ることである。表4-7は不眠症の5つのタイプと症状を分類したものである。

表4-7　不眠症の分類

種類	症状
入眠障害（原発性入眠症）	寝つけないタイプの不眠 床についてから入眠するまでに1時間以上を要する
中途覚醒	夜中に何度も目が覚める 途中覚醒後，比較的早く睡眠に戻れる場合と，朝方まで眠れない場合がある
熟眠障害（原発性過眠症）	睡眠時間は比較的長くとれているが，熟眠した気がせず，朝方も睡眠不足であるような心身の疲労感，眠気などを感じる
早朝覚醒	早朝に目が覚めてしまう状態 高齢者の加齢に伴う生理的変化によるものと，うつ病にみられやすいパターンである
ナルコレプシー	日中において場所や状況を選ばず起こる強い眠気の発作を主な症状とする神経疾患（睡眠障害）である

(6) 過換気症候群（過呼吸症候群）

突然あるいは徐々に呼吸が苦しくなり，しだいに不安がつのり，胸苦しさや死

の恐怖などをともなうもので，ひどい場合は，指が痙攣したようになり，まれに意識がもうろうとなる場合もある。

激しい過呼吸の相と無呼吸の相が交互にくり返される状態で，発作は数10分程度続くが，死にいたることや後遺症を残すことはなく，強い発作でも時間とともに必ず軽快する。持続的な不安・不満や心理的緊張，怒りなど，気分を興奮させる状況で生じやすい。

過呼吸症候群への対応は，紙袋を口にあて，吐いた空気を再度吸い込むことをくり返し，血中の二酸化炭素濃度をあげるペーパーバッグ法やうつ伏せで寝させることなどが有効である。時間の経過とともにおさまることを体験することが大切である。

5．摂食障害

摂食障害（eating disorders）は一般的に拒食症や過食症とよばれ，圧倒的に女性に多くみられる食行動における障害である。昔は思春期の女子に多くみられる障害としてとらえられていたが，近年は思春期に限らず，あらゆる世代の女性に発症することや若い男性にも発症するようになった。

テレビや雑誌などメディアからの影響で，痩せていることが美しいというボディイメージにあこがれ，軽い気持ちでダイエットをしたことをきっかけに摂食障害に陥ることも多く見受けられる。

(1) 神経性無食欲症

拒食症とよばれている神経性無食欲症は，食事を制限し極端に痩せていく病気である。年齢や身長から割り出される標準体重より15％以上の体重減少がみられ，太ることに対する強い恐怖がある。自分の自己評価はほぼ体型や体重に影響され，ボディイメージのゆがみが生じ，他者から見ると極度に痩せているにもかかわらず，本人はまだ太っていると自覚している。また無月経が3か月以上続くものである。

極端なまでの運動を自分に強いるなどの過活動がみられ，生命の危険に及ぶほどの体重減少がみられるケースでは入院加療を要する。

(2) 神経性大食症

　過食症とよばれるもので、明らかに大量の食物を短い時間に一気に詰め込むように食べるむちゃ食いエピソードと、その代償行為として自己誘発性嘔吐や下剤・利尿剤の使用、激しい運動などをともなうものである。背景には、自分の体型や体重に対する強い関心と、太ることに対する恐怖がある。つねに痩せたいと思っているにもかかわらず、強烈な飢餓感から過食行動をくり返し、自己嫌悪や自己評価の低下に陥り、うつ病を併発することが多い。

　拒食から過食に転じるケースも多い。摂食障害は本来、自己の抱える心理的な葛藤や問題が、体型や体重の減少に置き換えられているもので、5年や10年といった長期間続くケースもみられる。

第3節　心の危機

　厚生労働省は、2011年にこれまで日本で重点的に対策に取り組んできた4大疾病（がん、糖尿病、脳卒中、心筋梗塞）に、精神疾患を加えて5大疾病とする方針を決めた。

　厚生労働省によれば精神疾患の患者数は、1996（平成8）年の218万人から、2008（平成20）年には323万人と約1.5倍に急増したとされる（厚生労働省、2010）。統合失調症のほか、高齢者の認知症や勤労者世代のうつ病、発達障害など、国民に広く関わる疾患となり、新たな対策が急務となっている。

　精神疾患は私たちにとっても身近な問題であり、正しい知識に基づいて対応する必要がある。

1. 統合失調症

　統合失調症（schizophrenia）は、幻覚や妄想を主とする精神病状態を示すことが特徴である。思春期に発病するものもあり、思考・認知・感情・運動・対人関係・現実判断など広い範囲に症状がみられる。また、長期にわたり再発をくり返す慢性疾患でもある。

　症状はおおまかに急性期と慢性期に分けられる。発病初期や再発初期にあたる

急性期では，多弁・多動など心身の興奮状態が続き，しだいに被害的な内容の妄想（テレビや近所の人が自分の噂をしているなど）や幻聴（他人が自分のことを批判する声が聞こえるなど）がみられる。また，他者にあやつられる，考えさせられるなどのさせられ体験，さらに思考や言動が支離滅裂になるなどの異常体験が顕著となる。これらの急性期症状は陽性症状ともいわれ，多くは数か月で次の慢性期に移行する。

　慢性期になると表面的には落ち着いているが，感情が鈍くなる，思考にまとまりがない，意欲が減退する，自分の世界に閉じこもるなどの症状がおもになる。これらは陰性症状といわれ，社会復帰を妨げる大きな要因になっている。

　症状のほかに，仕事や対人関係，身辺管理などの面で，以前より機能が低下する。

　病型は破瓜型といわれる青年期の早い時期に発病し，徐々に経過し，感情および意欲の鈍麻や人格変化をおもな症状とするタイプのものと，緊張型といわれる破瓜型より少し遅れて発病し，興奮と混迷がおもな症状で，急激に発症し，比較的短期間で治るが再発が多いタイプのもの，妄想型という30歳前後に発病し妄想や幻覚がおもな症状であるが，人格の崩れや社会的不適応の程度の軽いタイプのものという3つの代表的な型がある。

2．うつ病

　日本における自殺死亡者数は1998年以降，年間3万人を超えて，それ以後高い水準を保ち，社会問題化している。自殺とうつ病（depressive disorders）との関連は強く，うつ病を社会全体で考え，その取り組みを強化する必要性が指摘されている。

　うつ病は，考え方がネガティブで自責的になり，意欲が低下し，徐々に行動が抑制される。気分も暗く沈み込み，悲哀感，孤独感が強く，死んでしまいたいという希死念慮が強くなる。自分は他人に迷惑をかけている，自分はすべてを失った，不治の重い病気になったなどの，罪業妄想，貧困妄想，心気妄想を抱き，自殺を図ることがある。身体的にも，頭痛，肩こり，全身倦怠感，胃腸障害，睡眠障害など多くの身体症状がみられる。この身体症状が前景に出ているものを仮面うつ病とよんでいるが，うつ病は，5月病や空きの巣症候群（子どもが親元を巣

立った後の親のうつ），荷下ろしうつ病（子どもが独立したことにより親としてのいちおうの責任から解放された後の親のうつ）や引っ越しうつ病など，病気のおこる状況によりさまざまな名前がつけられていることがあるが，本質的な差はない。

　従来のうつ病は，真面目で几帳面で仕事熱心という性格特徴が指摘されていたが，近年は必ずしもそうでない性格の人もうつ病になることが指摘されはじめた。職場や学校においてうつ病の症状を呈するが，プライベートでは友達と楽しく遊びに行き，余暇はうつ病の症状はなく楽しめるという，従来のうつ病のイメージにあてはまらない新型うつ病の存在も指摘されており，学校や職場でどう対応したらよいかという問題ももちあがっている。

　また，うつ病はしばしば重い身体の病気や人格障害，不安障害や発達障害に合併しておこる。

3．老人性認知症

　わが国は世界に類を見ないスピードで高齢化社会を迎えようとしている。老人性認知症（dementia）の最大の危険因子は加齢で，65〜69歳での有病率は1.5％であるが，以後5歳ごとに倍増し，85歳では27％に達する。日本人の平均寿命は年々伸長し，それにともない認知症の患者数も増加の一途をたどっている。

　認知症の原因には脳の器質的変化や疾患による一次要因と，身体や精神，環境変化にともなう二次要因の2つがある。脳自体の変化や疾患によるものに，脳萎縮性のアルツハイマー型老人性認知症と，脳血管性の脳血管性認知症の2つが代表的なもので，老人性認知症の8〜9割を占めている。

(1) アルツハイマー型老人性認知症

　脳神経細胞に顕著な変性と萎縮をきたすが，その原因は不明である。アルツハイマー型老人性認知症は進行性の疾患で，初期症状としてはもの忘れがみられ，軽度ではしだいに昼夜をまちがえる，年月日がわからなくなるなど時間の見当識障害がみられる。中等度になると，今自分がどこにいるのかが不確かになるなど場所の見当識障害も加わり，大声をあげるなどの感情障害や多動，睡眠障害もともなうため，医療的ケアを要する状態になる。さらに進行し高度のレベルになる

と，配偶者や子どもの顔がわからなくなる人物の見当識障害が加わり，食事や入浴，排泄にいたる日常生活すべてにわたり介護が必要となる。

　もの忘れは，脳の神経細胞の減少という免れることのできない老化現象の影響で，誰にでもおこる現象である。そのため，認知症の初期症状のもの忘れとの区別がつきにくい。大きな違いとしては，認知症のもの忘れは体験の一部分ではなく体験全体を忘れてしまう点があげられる。また人の名前や物の名前などを忘れる記憶障害に加え，料理や家事など実行機能の障害をともなうものである。

(2) 脳血管性認知症

　脳血管性認知症とは，脳血管の動脈硬化に脳卒中（脳梗塞や脳出血）発作をおこし，発作が多発するにつれ，しだいに脳動脈の支配を受けている脳組織が障害を受け認知症にいたるものである。初期症状としてめまい，頭痛，意識消失，手足のしびれ感などがみられ，脳卒中発作がくり返されるたびに症状が階段状に悪化していく。知能の低下も健康な部分と病的な部分がまだら状に混在している。人格や病識も比較的保たれており，またささいなことで泣いたり，怒ったりする感情失禁がみられる。さらに，脳卒中発作により侵された脳の部位によって半身麻痺や構音障害，高次機能障害，歩行障害などの神経症状をともないやすい。

第4節　ニューロイメージング研究からの視点

　近年，PET（ポジトロン断層撮影法）やMRI（核磁気共鳴画像法），fMRI（機能的磁気共鳴イメージング）などの発展により，脳の機能をより詳細に観察することが可能となった。それらの研究が進むにともない，これまで表情や行動，言語など外から観察可能な現象によって推測するしか方法のなかった心理的問題に，生物学的，神経科学的エビデンスがもたらされるようになった。いまだ研究の途中ではあるが，自閉症スペクトラム障害（ASD），不安障害，うつ病に関するニューロイメージングによるエビデンスを概観してみたい。

1. 自閉症スペクトラム障害

　自閉症は1つの神経発達の障害であるとされ，幼児期の早期より発症し，その徴候は将来にわたって変化する。中核的な欠損は持続するが，徴候の特有な表われは発達過程で変化する。これまでになされた自閉症についてのニューロイメージング研究を概観する。

　社会的欠損（social deficits）は自閉症の本質的な特徴で，社会的欠損は自閉症に特有であるとするエビデンスが出されている。視覚的共同注視（目と目が合うこと）などの社会的知覚の欠損は，自閉症の重要な早期の指標とされている。自閉症の社会的機能にみられる特有な欠損の神経基盤に関する知見をあげることにする。

　自閉症の子どもは，定型発達の子どもがするのと同じ方法では人の顔を見つめない。多くの研究で，目を見ることが明らかに少なく，話し手の口，または身体を見る時間が長いことが明らかにされている。また，自閉症の人たちは，顔に表われた感情，特に恐れと怒りの感情を特定することが困難である。

　バロン・コーエン（Baron-Cohen, 1995）は，自閉症におけるこれらの社会的知覚の本質を示す実験について述べている。この実験では「チャーリー」と名づけたマンガの顔の絵の周囲に四種のキャンディを配置した絵を示す。そして，チャーリーが好きなキャンディを当てるように質問すると，定型発達の子どもたちと知的障害の子どもたちは，すぐにチャーリーが見ているキャンディを指し示した。この反応は，見る方向と社会的，心理的重要さが関連することを意味している。彼らは，チャーリーが見る方向をもとに好きなキャンディを推測したのである。対照的に，自閉症の子どもたちは，チャーリーが見ているキャンディを選択することに失敗した。それは，単純に見つめる方向を知覚する能力がないのではない。自閉症の子どもたちは，彼らを見ているかまたは目をそらしている顔を見せられ，「あなたを見ている顔は，どれですか？」とたずねられる別の課題では，定型群や知的障害群と同じ結果を示した。このことは，自閉症の子どもたちは，見ている方向は知覚できるが，他者の心理的状態を推測するための情報を利用することはできないことを示している。

　認知神経科学者は，定型児で社会的知覚や認知に関係する鍵となる脳の領域の

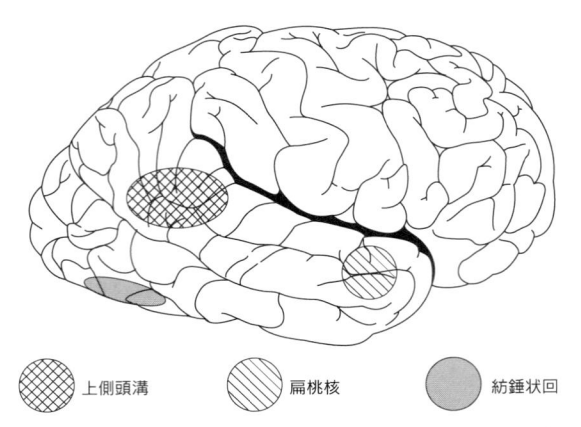

図4-5 自閉症の社会的欠損の認知神経科学に重要と思われる脳の組織 (Pelphrey et al., 2004)

まとまりを特定し始め，一貫して示されるのが，扁桃核（amygdala），上側頭溝（superior temporal sulcus：STS region），紡錘状回（fusiform gyrus）である。

近年，脳と行動の関係を研究する技術の進歩で，自閉症に特有な欠損が脳の特定の組織における機能不全と関連することが発見された（Pelphrey et al., 2004）。

図4-5では，自閉症の社会的欠損の認知神経科学に重要と思われる脳組織が示されている。上側頭溝は，注視による情報処理，声の知覚，意志欠損などと関係し，扁桃核は感情認知，心の理論の欠損と関係し，紡錘状回の活動水準の低下は，顔についての情報処理の背景メカニズムとされている。

扁桃核に損傷のある人は，社会的情報処理に欠損を示し，特に恐怖の感情を察知し判断することに問題を示す。扁桃核の活性化は，参加者が刺激の中の恐怖の表情を見る反応で一貫して探知される。神経学的に正常な人たちは，この課題中に，扁桃核，上側頭溝，眼窩前頭皮質（OFC），島皮質に活性化がみられる（Winston et al., 2002）。

バロン・コーエンら（Baron-Cohen et al., 1999）は，目だけを示した絵を見て，心または感情を判断する能力を詳しく調べた。定型発達群では，左扁桃核，上側頭回，島が活性化するが，高機能自閉症では前頭皮質と扁桃核は活性化が少なかった。

自閉症にみられる注視による情報処理の困難さは，特有な注視の結果ではなく，むしろ他者の心の状態や行動を理解し予想する際に，自発的に注視を行なうこと

ができないことを表わしている。自閉症の注視による情報処理の本質には，上側頭溝の機能不全が含まれると仮定することが可能で，上側頭溝領域の活性化に調節が起こらないことは，自閉症と関連する注視の情報処理の欠損の背後にあるメカニズムと考えられている（Pelphrey & Carter, 2007）。

紡錘状回は，脳の腹側の後頭側頭皮質にある（図4-5）。神経学的に正常な個人が，顔と顔でない対象物を提示されたとき，紡錘状回の側面の部分に顔から誘発された活動性が両側に観察されるが，典型的には左半球よりも右半球でいっそうの活動性がみられる。このように，この皮質領域の部分は，顔についての情報処理に専門化されている（Haxby et al., 2000）。

シュルツら（Schultz et al., 2000）は，高機能自閉症やアスペルガー症候群の青年と成人で，顔と顔でない対象物に対する紡錘状回の反応について，最初にfMRIによる研究を行なった。その結果，これらの被験者では，顔を見ることによるこの領域の活性化が乏しいことがわかった。

ペリフェリーら（Pelphrey & Carter, 2007）のまとめによれば，たとえば，廊下で人が近づいている場面のような社会的に曖昧な状況では，扁桃核はその状況の潜在的に脅威を与える側面についてのすばやい自動的な評価の準備をし，他の組織との相互の結びつきを通して情報処理の結果を分配する。紡錘状回は顔の知覚を表わし，その人の特定を助ける。後部上側頭溝は，その人の歩きぶりや，顔立ちの動き，目の注視の変化などを含む他の社会的かつコミュニケーションのための重要な活動の視覚分析を行ない，この領域の他の部分は話しことばの聴覚と視覚の構成要素と結びつくだろう。それによって，各組織によって達成される機能が急速に統合されることにより，観察者の社会的知覚やその後の行動が生まれる。

将来のチャレンジとして，現実生活において，これらの3つの機能がそれぞれどのように機能し，同時にそれらがどのように相互作用を行なうかについてのより正確な総合的機能が明らかにされる必要がある。

2．不安障害

強迫性障害（OCD）では，機能障害を起こしている中心となる部位は大脳基底核をあげている（表4-8）。第1章第4節の「モチベーションが高まるしくみ」で

表 4-8 OCD，SAD，特定不能の不安障害の神経力学的相関関係 (Arden & Linford, 2007)

障害	脳のモジュール／プロセス	異常	機能への影響
強迫性障害（OCD）	大脳基底核	容量の増大	前頭前皮質（PFC）へのフィルタ機能の減少と刺激の抑制
	眼窩前頭皮質（OFC）と前帯状皮質（ACC）	淡蒼球の抑制，視床での活動の増加	過剰思考と関連する前頭皮質の活動の増大
社会不安障害（SAD）	右前頭皮質	変則的な遅い興奮とその後の遅延した興奮の上昇	不快と興奮の経験
特定不能の不安障害	扁桃核	増大した容量	より多くの大脳皮質の活動を必要とするより激しい興奮
	右前頭皮質	非対称の脳波	妨害された感情統制

紹介したように，大脳基底核は大脳皮質下の白質内の基部に位置する灰白質をした神経細胞群で，外側から線条体（最も大きい核で，尾状核と被殻からなる），淡蒼球（外接部と内接部があり，あわせて2個），黒質，視床下核などがある。これらの神経核は左右相称で，両側にある視床を取り囲むように存在する。

OCDでは，大脳基底核の容量が増大する異常をきたすとされているが，「大脳皮質→線条体→視床→淡蒼球・黒質→視床→大脳皮質」というループにおける回路の機能不全が考えられている。つまり，大脳基底核が前頭前皮質（PFC）からの入力を抑えることによって，感覚入力が入りにくくなる。OCDの症状により，眼窩前頭皮質（OFC）や前帯状皮質（ACC）は必要以上に刺激されるが，上記の回路が働かないので，異常に活発になり，過剰思考という強迫症状を持続させることになると考えられる。

社会不安障害（SAD）では，撤退（引き下がること），受動性（受け身になること），内向性などの機能を担う右半球のPFCが機能異常をきたし，不安を感知する際の興奮が変則的に遅れてしまい，遅延した興奮の結果として，不快感や興奮した感情状態が生じる。

特定不能の不安障害では，扁桃核の容量が増し，右半球のPFCの脳波に緊張を表わす速波が出現する。扁桃核が過熱状態にあるので，感情的に激しい興奮が生じて感情統制が妨害されることになる。

3. うつ病

表4-9によれば，うつ病の人の左右のPFCは，うつでない人と比べると逆な活動をしていることがわかる。右半球PFCの活動の亢進は否定的感情やぼんやりと全体的に考えることなどにつながり，左半球PFCの活動の低下は，肯定的感情の減少につながり，口数が少なくなり，社会的機能も低下することにつながる。

ACCの活動の低下は，注意力が低下し，仕事のミスなどにつながる。

海馬の神経細胞が減少して容量が小さくなることは，記憶力に深刻な影響を及ぼす。

脳由来神経栄養因子（BDNF）のレベルの低下（第1章第1節参照）により，神経細胞への栄養が行き届かなくなり，うつ病では神経細胞の再生や神経細胞間の新たなネットワークの形成が厳しくなる。

副腎皮質刺激ホルモン放出ホルモン（CRH）（第1章第2節参照）は，視床下部より分泌されるもので，ストレスなどの悪条件が発生した際に，脳下垂体より副腎皮質刺激ホルモン（ACTH）が分泌されることをうながす。その結果，副腎皮質よりストレスホルモン・コルチゾールとアドレナリンが分泌されることになる。うつ病という強度のストレス下では，CRHやコルチゾール，アドレナリンな

表4-9 うつ病の反応にみられる神経力学の要素 (Arden & Linford, 2007)

神経力学要素	活動レベルまたはうつ病での影響	影響を受ける機能
右前頭前皮質（右PFC）	活動の亢進	否定的感情；全体的思考
左前頭前皮質（左PFC）	活動の低下	肯定的感情：出来事について物語を作ること，言語，それに社会的機能
前帯状皮質（ACC）	活動の低下	詳細なことへの注意
海馬	神経細胞の死による容量の減少	記憶，詳細なことを長期間保持しておくこと
脳由来神経栄養因子（BDNF）	レベルの低下	神経発生と神経可逆性
副腎皮質刺激ホルモン放出ホルモン（CRH）	レベルの亢進	ストレスホルモンへの反応と神経伝達物質
コルチゾールとアドレナリン	レベルの亢進	交感神経系の活性化；皮質からの血流の減少

どのレベルが亢進し，血中のコルチゾールレベルが長期にわたって上昇したままとなり，交感神経も活性化したままとなる。皮質での血流の減少は，思考力の低下を招く。

第5章　生き方の危機のアセスメント

　私たちはさまざまな日常の中で，生き方の危機となるような出来事に直面すると，危機に陥ってしまうことがある。私たちの生き方が危機に陥ったとき，生き方を支える基本単位である脳の働きが大きく変化する。その結果として，私たちの生き方に対する感情，認知，行動なども変化する。そこで，脳の働きの変化にともなって生じる感情，認知，行動の変化について，生き方の危機のアセスメントという視点から，とらえていきたい。

　生き方の危機のアセスメントのために用いられる心理テストは，目的も方法も多種多様である。第5章では，幅広く心理アセスメントをとらえ，日々の臨床の中で役立つアセスメントの手法をわかりやすく取りあげていきたい。

第1節　心理アセスメント序説

以下に心理アセスメントの概要を述べる。

　心理アセスメント（psychological assessment）とは，面接や心理検査を行ない，症状や心理的障害の特徴を評価，分類することであり，心理診断（psycho-diagnosis）ともいう。

　心理アセスメントは，クライエントや環境の情報収集を行ない，背景を明らかにし，援助方針を立てていくプロセスである。クライエントのもつ病理の否定的側面だけでなく，積極的価値を含めた側面も分析対象とする。

　また心理アセスメントでは，心の問題に悩む人々をどのような方法で援助するのが望ましいかを明らかにすることを目的とし，他の専門家との連携を可能にす

るものである。

1．面接法

面接法（interview method）は，その構造から，構造化面接法，非構造化面接法，半構造化面接法の3つに大別される。

構造化面接法は，あらかじめ設定された仮説に沿って，事前に質問すべき項目を決めておき，仮説の妥当性を検証するためのデータを統計的に収集することを目的としている。

非構造化面接法は，質問項目を特に用意はせず，被面接者の反応に応じ，自由に方向づけを行なっていく。多面的，多層的，全体的なデータを収集して，仮説を立てることを目的とした方法である。

半構造化面接法は，あらかじめ仮説を設定し，質問項目も決めておくが，会話の流れに応じ，質問の変更や追加をおこない，自由な反応を引き出す方法である。

2．行動観察法

行動観察法（behavior observational method）は心理学の科学的活動として重要で，種々な方法が考案されている。実験は研究対象の行動を一定の条件下に制限するが，観察ではそのような拘束は行なわない。観察は実験を前提としないが，実験は観察を含んでいる。たとえば幼児の遊びの場面で，あらかじめ一定の玩具を意図的に置いて行動を観察するのは実験的観察といい，自然の遊びの中で行動を観察するのは自然的観察という。

自然的観察にも一定の時刻や場所を選んで観察する場合，時間見本法，場面選択法という。特定の行動面を限定して頻度，持続時間，速度などを測定し，ときには一定の基準で評定する場合には範疇的観察記録，これに対して自由に行動を観察する場合には逸話的観察記録という。

観察の公共性については，観察者の自己訓練，数人での観察報告の一致が問題であり，観察の補助手段として，観察者の存在の影響を避けるため一方向視面（one way screen）を用いたり，観察の再現のためにビデオ，録画したDVDなどが利用されることもある。

第 2 節　心理テスト

1．心理テストの条件

(1) 信頼性

　信頼性（reliability）とは用いたテストの誤差の程度を示すものである。測定値にはつねに誤差がともなうものであるが，その誤差はできるだけ小さい方が望ましい。

　測定値の精度を表わす信頼性係数がマニュアルに記載されているため，マニュアルで信頼性係数を確認しておくことが必要である。

(2) 妥当性

　妥当性（validity）とは，心理テストを用いて測定しようとしている内容をきちんと測定できているかどうかの指標であり，妥当性の大きさは 0 ～ 1 の実数値を取る妥当性係数で表現される。妥当性は，心理テストが正しく対象を評価できているか否かという真理性を意味する概念であり，妥当性が高ければ必ず信頼性も高くなるという特徴をもっている。

　妥当性の高い心理テストは，クライエントの性格特性，心理状態，知能水準，生活状況を正しく測定することができ，クライエントの行動，病理，人間関係に対する見立てが適切であるということになる。

2．心理テストの分類

(1) 作業検査法

　被検者に一定の作業を一定の条件のもとで実施させ，その作業の実施態度や遂行結果から，被検者のパーソナリティを測定する方法である。

　一度に多くの被検者に実施できる，回答の意図的な操作が困難，被検者の言語能力に依存しないといった点が長所であり，パーソナリティの特定の一面しか測定できない，解釈に熟練を要するといったことが短所である。

(2) 質問紙法

　被検者の属性，心理状態，パーソナリティ特性，行動傾向などを測定するために，紙面に書かれた質問項目に回答させ，その結果を一定の基準に従って整理する方法である。あらかじめ設定された選択肢からあてはまるものを選ぶ形式と，自由に記述する形式とがある。

　短時間で一度に多くの被検者に実施でき，実施と結果の整理が簡単である点，検査者の主観的解釈が入りにくい点が長所である。短所としては，被検者が意図的に回答を操作できる点，被検者の読解力に問題がある場合には不適切である点があげられる。

(3) 投影法

　比較的自由度が高い，正解のない課題の遂行を被検者に求め，その結果から被検者のパーソナリティを測定する心理テストである。

　長所としては，被検者は何を測定されているかわからないため，反応の意図的な操作がむずかしい点，さらに質問紙法に比べ，被検者の無意識レベルにわたって多面的，総合的，力動的に把握できる点があげられる。

　短所としては，テストの施行と結果の整理が複雑で経験と熟練を要する点，結果の解釈は検査者の主観的判断に大きく依存するため，信頼性・妥当性に問題が残る点があげられる。

3．心理テストの選択と実施

(1) 選択と実施の条件

　心理アセスメントを行なう際に，どのような心理テストを被検者に選択するかについては，被検者側の条件，検査者側の条件を考慮する必要がある。

　被検者側の条件としては，病態が不安定な時期での心理検査は避けるべきである。もし実施するのであれば，できる限り負荷の少ない心理検査のみにとどめることなど細心の注意が必要である。

　一般に心理テストが被検者に対して負荷を課すストレス事態であるということを十分に理解して，必要以上に数多くの検査を取り入れるということは慎むべきである。

検査者側の条件としては，心理テストには熟練が必要であり，そのためには検査者が心理テストの教育的指導をスーパーバイザーから受けるプロセスが重要になってくる。

　心理テストに熟練してくると，その心理テストの結果以外のパーソナリティの傾向などの側面も理解できるようになる。検査者がテストに熟練すると，臨床における実用性が高くなり，アセスメントの質が向上する。

(2) 検査の目的

　心理テストはおもに診断の補助として利用され，予後の判断や適応性の度合いの判定を目的として用いられることが多い。

　心理テストの結果のみで診断が決定されるわけではないが，テスト結果を有力な資料として取り入れることが多い。そのため個々のテストの特徴，適応範囲，妥当性，信頼性，実用性などを考慮して，検査の目的にあったテストを選択することが重要である。

(3) テスト・バッテリー

　心理アセスメントの目的が，被検者を総合的に理解しようとする場合には，いろいろな心理テストを組み合わせて実施していくことが望ましい。1つの心理テストからは，系統的で多面的な情報を得ることは困難で，限られた能力や特性の判定しかできないからである。

　そこで，心理アセスメントの目的にあった複数の心理テストを選択して，テスト・バッテリーを組むことになる（表5-1）。

　どの心理テストにも長所と短所があり，効用と限界があることを認識した上で，テスト・バッテリーを組む必要がある。

　注意しなければならないのは，より多くの情報を得ようとして，過剰なテスト・バッテリーを組まないことである。

表 5-1　発達障害の疑いのある子どものテスト・バッテリーの例

小学1年生男児の場合
・WISC-Ⅲ
・K-ABC
・人物画
・心の理論課題　第1水準
・PARS（親への聞き取り）

第3節　臨床で活かすアセスメント

1．知能のアセスメント

(1) 田中ビネー式知能テスト

　パリ市教育委員会から精神薄弱児と正常児を弁別するための検査をつくるよう依頼されたビネー（Binet, A.）が，友人の医師シモン（Simon, T.）の協力を得て1905年に完成させた世界初の知能検査で，さらにその基本的な考え方を受け継いで改訂された知能検査の総称をビネー式知能検査という。

　その後，ビネーにより精神年齢（MA）を取り入れた1908年版，1911年版が作成された。多くの研究者が各国にもち帰り改訂を行なったが，中でもターマン（Terman, L.）が1916年に発表したスタンフォード・ビネー式は，ドイツのスターン（Stern, W.）の提唱していた知能指数（IQ）という概念を初めて取り入れた知能検査として注目を集め，ビネー式の知能検査が世界各国に広がるきっかけとなった。日本では，鈴木治太郎による鈴木ビネー式，田中寛一による田中ビネー式などが広く使われている。

　改訂が重ねられ，現在は田中ビネー式知能検査Ⅴが用いられるが，おもに就学前までの幼児に用いることが多い。幼児の集中時間を考慮しなければならないため，実施の際はマニュアルを熟知しておく必要がある。検査者はノートにマニュアルの簡略版をまとめておくと非常に便利である。そうすることで，幼児の質問への反応をよく観察することができる。

　田中ビネー知能検査Ⅴの目的は，単にIQの値を知ることのみではなく，被検者の検査への取り組み，注意力の転導，チックの有無，爪噛みの有無，援助要請の出し方などもよく観察しておく必要がある。

(2) ウェクスラー知能診断検査

　ウェクスラー（Wechsler, D.）は，それまで広く用いられていたスタンフォード・ビネー式知能検査に不満を感じ，独自の知能観に基づいて，1939年に成人用の知能検査であるウェクスラー・ベルビュー知能検査を考案した。この検査は後

に改定され成人用知能検査（WAIS：Wechsler Adult Intelligence Scale）となり，さらに児童用（WISC：Wechsler Intelligence Scale for Child），幼児用（WPPSI：Wechsler Pre-school and Primary Scale of Intelligence）が作成され，現在でもなお改訂が重ねられている。これらウェクスラーの知能観を受け継いだ知能検査を総称してウェクスラー式知能検査という。

　ウェクスラー式知能検査の特徴としては，言語性IQ，動作性IQ，全体IQの3つに知能指数を分けて算出することによって知的機能の臨床的診断を行なうことができる。また，群指数は，知的機能を視覚的にわかりやすくとらえ，プロフィールで示すことが可能である。このプロフィールは，臨床的によく活用される。また，この検査では，IQや群指数のプロフィールとともに，ディスクレパンシー分析，下位検査レベルでのS（強い特性）とW（弱い特性）の判定，符号と数唱の精査も記録用紙上で行なうことが可能である。

① WISC-ⅢおよびⅣ

　WISC-Ⅲは1998年に日本語版が出版され，2010年にWISC-Ⅳの日本語版が出版された。実施法の主要な変更点は，WISC-Ⅳは10検査実施でIQ，指標得点が算出できる点である。素点が0である場合，代替検査を実施する。下位検査の代替ルールも決められており，各障害におけるプロフィールもさらに理解されやすく変更されている。指標の有意差の出現率の意味や違いを理解しておくことが大事である。

　群指数は，言語理解（VCI），知覚類推（PRI），ワーキングメモリ（WMI），処理速度（PSI）の4つの指標に変更され，発達障害の子どもたちをいっそうとらえやすくなっている。

　WISC-Ⅳの指標は，以下の4つから成り立っている。

①言語理解指標（verbal comprehension index）：言語による推理・思考力（理解力，表現力を含む），意味記憶的知識

②知覚推理（perceptual reasoning index）：非言語（視覚による推理・思考力），視空間能力（視覚認知，視覚運動協応と構成能力）

③ワーキングメモリ（working memory index）：聴覚的ワーキングメモリ（口頭指示の聞き取りと記憶，読みと綴り），注意力，集中力

④処理速度（processing speed index）：処理のスピード，視覚的ワーキングメモリ，筆記技能，プランニング

表 5-2 スケジュール表

きょうのよてい	
① なにがたりないかなぁ？	☐
② おはなし 1	☐
③ かきうつし	☐
④ おはなし 2	☐
⑤ おはなしづくり	☐
⑥ さんすう	☐
⑦ つみき	☐
⑧ おはなし 3	☐
⑨ パズル	☐
⑩ おはなし 4	☐
⑪ きごうさがし	☐
⑫ すうじまねっこ	☐
⑬ めいろ	☐

それぞれの指標の見分け方を理解しておくと，日常場面における具体的な指導がしやすくなる。さらに実施状況，観察所見，服薬の有無なども詳しく記述しておくとよい。また，服薬は特に ADHD 児への影響が大きく，服薬の有無で記号探しや符号の得点が上がりやすいなどを知っておく必要がある。

検査の実施，採点，解釈をするにあたっては，必ずアセスメントに関する適切な訓練を受けていることが望ましい。

ASD 児は，イマジネーションの障害をもつため，検査時に高い不安を示しやすい。そこで，WISC-Ⅲの実施の際にスケジュールを提示しておくと，実施がスムーズになる。課題が終わったら，1 つずつチェックをさせながら，終わりを示していく。

表 5-2 は，その例である（下位検査の内容をわかりやすく表現している）。

② WAIS-Ⅲ

成人用知能検査の第 2 版として，1990 年に WAIS-R が発行されたが，プロフィールがとらえにくいという問題点があった。2006 年に第 3 版として，WAIS-Ⅲが発行され，臨床現場での活用が高まった。WAIS-Ⅲの適用年齢は 16 歳から 89 歳である。高校生以上になると，WAIS-Ⅲを実施する。

WAIS-Ⅲは，7 つの言語性検査と 7 つの動作性検査の，計 14 の下位検査から成っている。4 つの下位検査による短縮版も発行されており，短縮版では，より短い時間で効果的に，言語性 IQ，動作性 IQ，全検査 IQ を推定することができる。この短縮版は，WISC-Ⅲおよび -Ⅳでは出されていない。

WAIS-Ⅲの特徴としては，言語理解（VC），知覚統合（PO），作動記憶（WM），処理速度（PS）の 4 つの群指数（WISC-Ⅲとは同様だが，WISC-Ⅳの表記とは異なる）も測定でき，さらに多面的な把握や解釈が可能である。WAIS-Ⅲの解釈では，群指数の指標を取り入れたため，WAIS-R ではなく，WISC-Ⅲの手順と同じとなった。よって，WISC-Ⅲを熟知していると，検査に取り組みやすいという利点がある。

また，新しい群指数の指標として，一般知的能力（GAI）と認知習熟度（CPI）の 2 つの群指数を大六ら（2011）が報告している。GAI は，言語理解と知覚統合

をあわせたものであり，応用力や考える力を示す。

CPIは，作動記憶と処理速度をあわせたものであり，集団生活に適応するために必要な基礎スキルである。そのため，WAIS-ⅢでCPIが下がっていると，会社での適応が低くなっていることを示している。CPIにより，その人の社会生活への適応の見立ても可能になってくる。

(3) グッドイナフ人物画知能検査

グッドイナフ人物画知能検査（DAM：draw-a-man）は，グッドイナフ（Goodenough, F. L.）の研究成果を踏まえて開発された知能テストで，子どもの描画内容をマニュアル的に採点することによって知能の発達水準を推測するものである。

施行法は，画用紙を2つ折りにして提示し，鉛筆はHBまたはBを用意しておく。教示は「人を1人描いてください。頭から足の先まで全部ですよ」である。「男の子でも女の子でもどちらでもよいです」と言い，次に最初に描出された人物画とは違う性の人物画を描かせる。

男性像を採点対象とし，採点用紙のチェック項目の数を合計して，精神年齢（MA）を決める。

人物画では特に手や頭の描き方に注目していく。ASD児は手の描き方が特徴的であり，指が6本あったり，指だけ大きくなったり，手や指の形をとらえきれない。知能指数とはまったくかけ離れた画力であったりする児童も多くみられる（図5-1）。

(4) K-ABC

1993年に心理学者の松原達哉らによって作成された知能検査である。2歳6か月～12歳11か月までの子どもに適用され，知能と習得度を個別に測定することができ，子ども1人ひとりの詳しい知的特性を把握することで教育や指導，学習支援に役立てていくことができる。

学校での学習成績の高低と知能指数が直接的な関係をもつわけではないことにも注意が必要である。つまり，知能指数が高い子どもが低い子どもよりも必ずしも学校でよい成績がとれるわけではないため，成績向上に最も関係していることは，継続的な学習と根気強い練習の反復といえる。

①小1 男
PDD の診断をうけている小1男児。DAM では IQ76 の境界域。WISC-Ⅲでは，IQ108 の正常域であるが，下位検査間のアンバランスが顕著。鉛筆をうまく握れず，書字が苦手。

②中2 男
PDD と軽度精神遅滞の診断を受けている中2男子生徒。DAM は IQ52 の軽度域。WISC-Ⅲでは，IQ57 の軽度域。こだわりが強く，パターン的な自画像となる。肩や手の処理がうまくできない。

③小2 男
PDD と学習障害の診断を受けている小2男児。DAM では IQ64 の軽度域。WISC-Ⅲでは，IQ85 の正常域。手と足がうまく描けない。こだわりを示す船の絵は細かく描いている。

図 5-1　グッドイナフ人物画知能検査と WISC-Ⅲ との IQ の差の例

　ASD 児は指先の不器用さも併存しているため，反復練習を嫌う傾向が強く，すぐに高い結果を求めてしまう傾向が強い。そのため，学年が上がるにしたがって，学力が下がる傾向が認められる場合も多い。

　ASD 児を支援する上で，学力の問題も非常に大切な問題であり，生得的な能力と学習の習得度を視覚的に理解できることが，K-ABC の特徴であると考えられる。さらに，支援する際に必要な，得意な能力と苦手な能力を理解することができ，学習支援の方法をより具体的に助言することが可能となる検査でもある。

　また，K-ABC は，同時処理と継次処理の特性がわかり，指導に生かせるという特徴をもっている。どちらの処理が得意なのか知ることによって，課題を提示する手順や範囲などが決めやすくなり，具体的な指導の助言が可能である。

2．パーソナリティのアセスメント

(1) ロールシャッハ・テスト
　インクのしみでできた左右対称のあいまい図形を呈示することにより，インク・ブロットの知覚に基づいて人格評価を行なう技法である。1921 年スイスの

精神科医ロールシャッハ（Rorschach, H.）が，主として統合失調症等の精神医学的診断のために考案し，カードとその用法を精神診断法"*Psychodiagnostik*"と名づけて出版した。

その方法は，左右対称のインクのしみでできた図版10枚を順に被検者に見せ，それらが何に見えるかの答えを求め（自由反応段階），反応が図のどのような特徴から生じたかを説明する（質疑段階），2段階で構成される。

検査実施後，反応領域（どこにそれが見えたのか），決定因（どのような特徴からそう見えたのか），反応内容（どんなものに見えたのか）などを記号化する。その記号化したものを集計し，分析を行なう。

しかし，検査結果を正確に把握するための施行方法や解釈については，熟練が必要である。ロールシャッハ・テストから，被検者の知的側面，情緒的側面，衝動や感情の統制のあり方，対人関係の特徴，病態水準，予後の予測など多角的な資料を得ることができる。

算出された数値は，統合失調症や境界性人格障害の鑑別診断の指標となり，臨床に役立つ。

(2) 絵画欲求不満テスト（P-Fスタディ）

P-Fスタディは，アメリカの精神分析家ローゼンツァイク（Rosenzweig, S.）により開発された。フラストレーション（欲求不満）状況を描いたイラストを被検者に呈示して，登場人物の1人についた吹き出しに「自分が思ったこと，自分だったら言いたいこと」を書いてもらうことで，性格特性を分析していく（図5-2）。

24枚の刺激図版から構成されるP-Fスタディは適用年齢が4歳以上とされており，児童用，青年用，成人用の3種類が作成されている。

P-Fスタディは，欲求不満を感じるフラストレーション場面においてどのような反応や態度を示しやすいかをみるもので，被検者の欲求不満やストレスに対する耐性や適応を予測し，現実的な対人場面へ

図5-2　P-Fスタディの模擬図
「なんだその口のきき方は」と言われて，右側の男の人が非難されているところです。さあ，この右側の男の人が，それに対して一体なんと答えるでしょう。

の適応性や攻撃性を分析することができる。

　P-Fスタディでは，攻撃性の方向とフラストレーション反応の型の2つの組み合わせで評価が行なわれる。攻撃性の方向は，他責的（他人を責める），自責的（自分を責める），無責的（誰も責めない）の3つの方向性に分けられる。フラストレーション反応の型は，障害優位型（障害の指摘を重視する），自我防衛型（自我を防衛機制で守ろうとする），要求固執型（問題解決に重点を置く）の3つの型に分けられる。

(3) バウムテスト

　1920年代に活躍したスイスの職業相談家ユッカ（Emil Jucker）は，この地球上で直立している生き物は「人間」と「木」であることに着目し，「人は自分の姿を描け」といわれるとなかなか描きにくいのに比べ，「木」であれば描きやすいことから，「人は木に自分自身を投影する」と考えた。

　同じスイスのコッホ（Koch, K.）がユッカの仮説に従い，実際の「木」と人間が描く「木」を照らし合わせて研究し，「バウムテスト」として確立させた。

　わが国では，1960年に精神科医が着目し，次々に学会に研究発表をしたことに始まり，1970年にコッホの英語版が邦訳されたのを1つの契機として，バウムテストは急速に臨床の場に普及していった。

　施行法では，A4版の画用紙と4Bの鉛筆，消しゴムを用意する。コッホは，「実のなる木をできるだけ上手に描いてください。画用紙は全部使ってください」と教示する。林勝造らは，「実のなる木を1本描いてください」と教示する。時間の制限や紙の使用方向，消しゴムの使用に制限はない。

　発達障害をもつ子どものバウムテストは，従来の分析方法では判定不能の場合が少なくない。発達的に幼い構成要素であり，模写や既成モデルの借りもののようなものもみられる。障害のサブタイプ，知的発達，性差による違いも大きくみられ，本人の認知行動のスタイルを反映していることが多い（図5-3）。

　また，投薬の前後では，描かれるバウムが大きく異なってくる場合もあり，投薬の有無にも配慮が必要である。

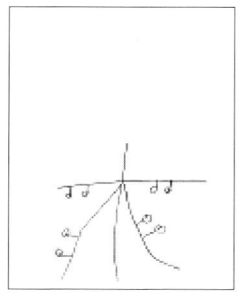

①小1男児

高機能 PDD。「木といえばこれしか描いたことない」といい，漢字の木に枝をつけていく。ファンタジーへの没頭があり，友達と関わることができない。

②小3男児

アスペルガー症候群。IQ135であるが，画力は低く，木よりも地面の中のアリの巣やモグラの穴の様子を詳しく描いている。

③中2男児

高機能 PDD。「木といえば国語の教科書で描き方をならったこの木しか描けません」といい，中2でもこの木を描いている。小2の国語の教科書で習うため，この木しか描けないという児童が非常に多い。

図5-3　発達障害をもつ子どものバウムテストの例

(4) 文章完成法検査

文章完成法検査（SCT）は，単語ないし未完成の短文を刺激語として，これから連想される文章を完成させ，この文章に投映された個人的特性やパーソナリティを評定する。

SCTは，標準化された検査形式，手続き，評定基準が明確に示されていない。これまでも多くの研究者によって，さまざまな形式の文章完成法を用いた検査が制作されているが，刺激語の種類，項目数，実施法がそれぞれ異なっている。わが国においても数種類のSCTが使用されているが，ここでは使用されることの多い精研式文章完成法検査を取りあげたい（表5-3）。

精研式文章完成法検査は，成人用，中学生用，小学生用の3種類が販売されている。刺激文は，一人称の短文式で60項目あり，パーソナリティの全体像を広くカバーできるように工夫されている。成人用の適用範囲は，知的障害レベルの被検者を除く16歳以上である。施行は個人でも集団でも可能である。

精研式文章完成法検査では，スコアリング（得点化）や数量的分析を重視しない。パーソナリティのカテゴリーとして，知的側面，情意的側面，指向的側面，力動的側面をあげ，決定因子のカテゴリーとして身体的要因，家族的要因，社会

表 5-3 **文章完成法検査**（精研式文章完成法検査「中学生用」から引用）

```
1  小さい時，私は _____
2  ご飯のとき _____
3  弟は _____
   妹は _____
4  学校から帰って私は _____
5  どうしても私は _____
```

的要因を取り上げ，それぞれについて 60 の反応を重ね合わせて検討するという，包括的な手法をとっている。そのため，採点には臨床経験と，検査自体への習熟が必要である。

(5) 内田クレペリン検査

内田クレペリン検査とは，ドイツの精神医学者クレペリン（Kraepelin, E.）が行なった研究理論を基に，内田勇三郎がさらに研究を重ねて，作業検査として確立させたものである。

被検者は一列に並んだ数字の連続加算作業を 1 分間ずつ行ない，前半 15 分，休憩をはさみ，後半 15 分作業を行なう。検査者は，個々の作業速度の変化を示す曲線（作業曲線）を判定していく。誤答率，作業効率の安定性，前半と後半の作業能率の変化，休憩の影響などが評価のポイントとなる。

被検者の性格の違いによって，描かれる作業曲線にさまざまな特徴がみられ，その特徴と性格の特徴とが結びついていることがわかる。

集団で実施する際は，CD を用いると，集団での実施態度の評価も可能になる。また，内田クレペリン検査は，技術系の就職試験で適性検査として用いられることも多い。

(6) 矢田部ギルフォード性格検査法

矢田部ギルフォード性格検査法（Y-G 性格検査法）は，ギルフォード（Guilford, J. P.）の考案によるギルフォード性格検査をモデルとして，矢田部達郎らが作成した性格診断検査である。

この検査は質問紙によるもので，12 の性格特性を調べるために，120 項目の質

問から成り立っており，特性論の考え方に基づいて制作された検査である。

状況や時をこえて比較的一貫してみられる傾向を特性といい，特性の種々の組み合わせによって性格は構成されているという考え方が特性論である。

臨床場面だけでなく，学校でのカウンセリングや職業指導，産業場面，警察，裁判所などの司法場面で，幅広く使用されている。この検査は，実施が容易でかつ一定の手順を踏めば解釈が可能であり，その結果の信頼性も高い。しかし，被検者が意図的に反応を歪曲すると，影響が直接結果に現われるという欠点がある。

3．状態・症状のアセスメント

(1) コーネル・メディカル・インデックス

コーネル・メディカル・インデックス（CMI）は，コーネル大学のブロードマン（Brodman, K.）らによって，患者の精神面と身体面の両方にわたる自覚症状を，比較的短時間のうちに調査することを目的として考案された。臨床場面での問診の補助として，精神的問題点が関与する程度を知るスクリーニングに広く使用されている。

CMIの質問項目は身体的項目と精神的項目の2つに大別される。各身体器官別の質問（A～L）と情緒面の質問（M～R）とが，合計で男子は211項目，女子は213項目からなっている。これら項目の特徴は，臨床医が初診の患者に尋ねる症状を広範かつ詳細に記述している点にある。

CMIの結果は，自覚症プロフィールによる判定と，深町健による神経症判別基準，および9個の特定の精神的自覚症項目による精神的不健康状態の判定の3つの方法によって検討される。

項目別の得点を記入することによって，項目別自覚症状の訴え率（％）のプロフィールが容易に作成できる。これによって，患者の自覚症状の把握が可能である。この検査は，おもに心療内科の初診時に多く用いられている。

(2) 不安のアセスメント
① MAS

MAS（manifest anxiety scale）は，テイラー（Taylor, J. A.）が眼瞼条件づけを行なう際の動因水準に影響を与えるものとしての個々の情動反応を測定する尺

度として開発した。

　MAS は，MMPI（Minnesota multiphasic personality inventory：ミネソタ多面式人格テスト）の 550 項目の中から，個人が意識している不安感や不安と関連した身体感覚を表現している 65 項目を抽出し作成した。MAS で測定する不安は顕在性の不安であり，性格傾向としての特性不安である。

　CMI や SDS（自己評価式抑うつ尺度）と併用すれば臨床的有効性は大きく，神経症，統合失調症，心身症などの不安の客観的測定に役立つ。

　また，神経症に対する心理療法の効果の判定や薬物の心理的影響を調べたりする場合にも有効である。

② STAI

　STAI（state-trait anxiety inventory：状態―特性不安尺度）は，スピルバーガー（Spielberger, C. D.）らが作成した状態不安尺度と特性不安尺度から成り立つ質問紙である。この質問紙で測定される不安は，状態不安（今現在感じている不安）と，特性不安（ふだん感じている不安）の 2 つに分けられている。各 20 項目，計 40 項目から成り，4 段階で回答する。

　特性不安尺度は MAS と同様に，個人の性格特性や症状の把握に利用されている。状態不安尺度は，学習性の動因としての不安測定，ストレス事態での情動変動や臨床的処置の直接的効果の検討など，さまざまな分野で活用されている。

(3) 高齢者のための知能のアセスメント

①改訂長谷川式簡易知能評価スケール

　長谷川和夫により 1974 年に作成された長谷川式簡易知能評価スケール（HDS）は，幅広く臨床の領域で使用されてきたが，その後質問項目と採点基準等の見直しが行なわれ，1991 年に改訂長谷川式簡易知能評価スケール（HDS-R）として改訂された。

　一般の高齢者から認知症の高齢者をスクリーニングすることを目的に作成されたものであり，記憶を中心とした高齢者のおおまかな認知機能障害の有無をとらえることを目的としている。質問項目は 9 問と少なく，被検者の生年月日さえ確認できればおよそ 5 分〜10 分程度で施行できる。

　判定方法として，最高得点は 30 点満点であり，20 点以下を認知症の疑い，21 点以上を正常と判定した場合にもっとも高い弁別性を示す（sensitivity 0.93/

specificity 0.86)。

HDS-R は，認知症のスクリーニングを目的に作成されたものであり，得点による重症度分類は行なわない。

② MMSE

"mini mental state examination（ミニメンタルステート検査）"の略で，米国のフォルスタイン夫妻（Folstein, M. F. & Folstein, S.）が 1975 年に考案した。この MMSE は，アルツハイマー型認知症などの疑いがある被検者のためにつくられた簡便な検査方法で，被検者に対し口頭による質問形式（30点満点）で行なわれる。

認知症の疑いがある被検者に対して行なわれる MMSE は，おもに記憶力，計算力，言語力，見当識（現在の日時や日付，自分がどこにいるかなどを正しく認識しているか）を測定するためのテストである。

判定方法として，最高得点は 30 点満点であり，27〜30 点を正常値，22〜26 点を軽度認知障害の疑い，21 点以下を認知症などの認知障害がある可能性が高いと判断する。高齢者を対象として，脳神経外科や精神科などで全般的認知機能低下の判断のために使用されていることが多い。

4．神経心理学的アセスメント

(1) JMAP および JPAN

① JMAP

この検査は，感覚運動，言語，非言語的認知能力など，発達全般にわたる全 26 項目の評価項目によりなる就学前幼児（2歳9か月〜6歳2か月）を対象とした発達スクリーニング検査である。この検査の原版は 1982 年に米国の作業療法士ミラー（Miller, L. J.）によって発表された。

目的は，障害をもつ可能性の高い子どもたちの早期発見を通して，早期の適切な治療的介入への可能性を開くことである。この検査は体性感覚や平衡感覚の評価など，幼児では初めて標準化された発達領域を数多く含んでいることが特徴である。

結果の整理が簡便で，作業療法士のみならず多様な職種の人々が容易に使用でき，同時に専門家によって診断のための資料としても利用できるという二重の特

質をもっている。信頼性，妥当性ともに統計学的に十分すぐれた性質を有している。

② JPAN

この検査は，日本版感覚統合検査であり，感覚処理や行為機能検査（Japanese playful assessment for neuropsychological abilities：JPAN）である。この検査はASDなどの発達障害児の運動面の支援のために開発された検査である。

32項目の感覚処理や運動行為機能を見る検査が含まれており，これらによって子どもの感覚統合機能を4つの領域から評価していく。

　　a）姿勢・平衡機能
　　b）体性感覚識別
　　c）行為機能
　　d）視覚・目と手の協調

JPANには，発達障害児の感覚統合障害を把握するために必要な項目が含まれており，これらの検査項目から子どもの感覚統合障害を明らかにして指導や支援に結びつけることを目的としている。

検査結果は解析ソフトで算出し，項目ごとにパーセンタイルスコアによる判定結果が表記される。この結果をもとに，子どもの感覚処理や運動行為機能の中で支援が必要な点を見いだし，検査の中で明らかにされた問題点相互の関係を考察していく。

この検査は，不器用や学習の問題が起こる理由をより明確にできる可能性があり，支援を進めるためのヒントが多く得られるため注目されている。

(2) ベンダーゲシュタルト

ベンダー（Bender, L.）によって作成された，視覚・運動形態機能を測定するための作業検査である。ゲシュタルト心理学者のウェルトハイマー（Wertheimer, M）が作成した，点や直線・曲線，閉合図形などを組み合わせた9枚の図形を1枚ずつ模写させ，その正確さ，混乱度，描画方法などが評価される。

現在では，パーソナリティ検査としてよりも，発達検査や器質的脳疾患の識別診断における認知機能の測定に用いられることが多い。

特に，学習障害や高次脳機能障害の診断には欠かせない検査となっている。

(3) ベントン視覚記銘検査

　ベントン視覚記銘検査（Benton visual retention test）はアイオワ大学の神経心理学教授ベントン（Benton, A. L.）によって1945年初めて発表されたテストである。器質的脳機能障害の神経心理学的スクリーニングで，視覚認知・視覚記銘・視覚構成能力を評価することを目的とした検査である。心因性障害と器質性脳障害の鑑別に有用であり，脳損傷と健常群，正常加齢の影響と認知症の区別に有効な診断手段と考えられる。

　図版を記銘するテストであり，1つの図版形式は10枚の図版からなり，さらに同質の図版形式が3種類あるため，練習効果と習熟の可能性をさけて再検査が可能である。

　採点方式は正確数，誤謬数の2方式で，正確数は全般的成績水準を評価するために用いられ，誤謬数は省略，ゆがみ，保続，回転，置違い，大きさの誤りの6部門（63種）に分類し，詳細な質的分析をする場合に用いられる。

5．発達臨床に役立つ検査

(1) 心の理論課題：第1次水準・第2次水準・ストレンジストーリー

　他者の信念を推測し，その理解に基づいて他者の行動を予測することができるかどうかを調べる。第1次水準および第2次水準の「心の理論」テストは，多くの研究で自閉症群を対照群から区別し，「心の理論」の能力が自閉症児に特異的であることを示してきた。

　しかし，一部の自閉症児はこれらのテストを通過し，他者の行動を予測することもわかっている。

　心の理論の高次テスト「ストレンジストーリー」は，第3次の心の理論も含んでおり，日常生活でよく用いられるような比喩的言い回しや冗談，嘘，皮肉といった字義どおりでない言外の意味を理解できるかどうかを調べるためのテストである。

① 心の理論課題：第1次水準「AはBという信念をもつ」

　バロン・コーエンらは，自閉症児が「心の理論」を欠いているという予測を検討した（Baron-Cohen et al., 1985）。ウィマーとペルナー（Wimmer & Perner, 1983）によって考案された誤りの信念課題の簡略版を用いて，精神年齢で4歳を

超えた自閉症児 20 名を検査した。

■サリーとアンの実験■（図 5-4）

「サリーはカゴを，アンは箱をもっていました。サリーはビー玉をもっていて，それを自分のカゴの中に入れておきました。そしてサリーは外へ出かけました。アンは，サリーがいない間に，サリーのビー玉を自分の箱の中に移しました。サリーは外から戻ってきて，ビー玉で遊ぼうと思いました。」

―サリーがビー玉を探すのは，どこでしょう？

―答えは「カゴの中」

バロン・コーエンらは自閉症児のうち 80 ％が誤りの信念を理解できないことを見いだした。自閉症児は実際にビー玉が入っている箱のほうを探すと答えた。

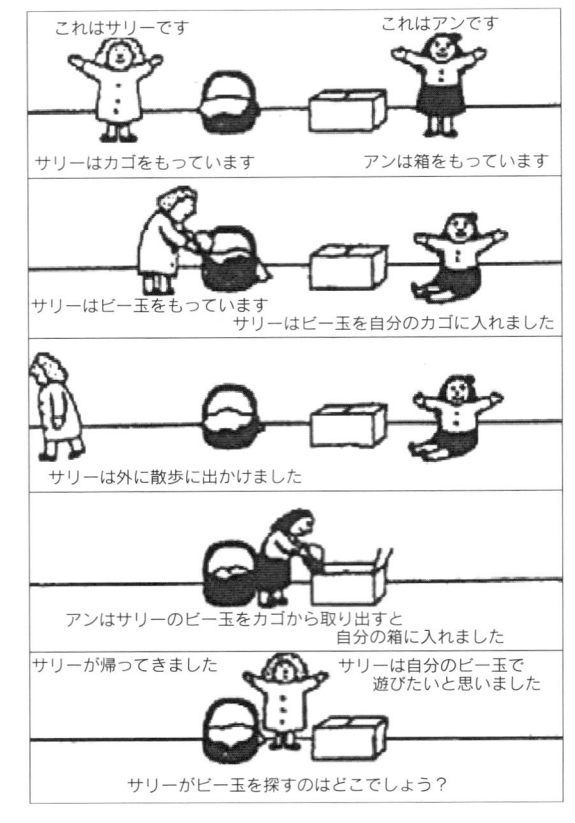

図 5-4 サリーとアンの実験（Frith, 2003）

対照的に，自閉症児よりも精神年齢の低いダウン症児のうち86％は，誤りの信念課題を理解しており，4歳の健常児も誤りの信念を理解していた。自閉症においては，他者の心の状態を考えることができないとし，「心の理論」が障害されていると結論づけた。

②心の理論課題：第2次水準「AはBの信念をもつとCは考えている」

　この課題は，子どもが，ある登場人物が世界について何を考えているかについて，もう1人の登場人物が抱く（誤りの）信念を表象する能力をもっているかどうかを検証する課題である。メアリー（C）はジョン（A）がアイスクリーム屋の車が教会にいるとは知らない（Bの信念）と考えている。そのため，これは「二階型」の課題といわれ，サリーとアンの課題のような「一階型」の誤りの信念課題よりももう1つ上のレベルの命題の読み取りを必要としている。健常児は二階型の「誤りの信念」課題を，5歳から7歳までに達成できるようになる（Perner & Wimmer, 1985）。

　バロン・コーエンによると，対象となった自閉症児の10名全員がこの課題を達成できなかった（対象者全員が7歳をはるかに超えており，言語性精神年齢は，7歳から17歳レベルである）。このことは，サリーとアン課題に成功した自閉症児でも，他者の表象に関する表象の認知が遅れていることを示していると考えられる。しかし，別の研究では，もっと能力の高い自閉症児は二階型の「心の理論」課題ですら，達成できることが示されている。

■アイスクリーム屋さん課題■
「メアリーとジョンは公園にいた。ジョンはアイスクリームが欲しくなったがお金をもっていなかった。アイスクリーム屋は『一日公園にいるからお金をとっておいで』とジョンに言ったので，彼は家にとりに帰った。しかしアイスクリーム屋は気を変えてメアリーに『公園にはもういないで教会へ行く』と告げて行ってしまった。」

―ジョンはアイスクリーム屋がメアリーに言ったことを聞いていましたか？

「メアリーはそこで自分の家に帰り，アイスクリーム屋は教会に向かった。ところが道の途中で彼（アイスクリーム屋）はジョンに会ったので，気が変ったことを告げた。」

―メアリーはアイスクリーム屋がジョンに言ったことを聞いていましたか？

「その後メアリーはジョンの家を訪れると，ジョンの母親はもうジョンがアイスクリームを買いに外出したと告げた。」

―メアリーはジョンがどこに買いに行ったと考えたでしょうか？
　―なぜメアリーはそう考えましたか？
　―ジョンは実際にはアイスクリームをどこに買いに行ったのでしょうか？
　―アイスクリーム屋の車は最初にどこにいたのですか？

③心の理論課題：高次テスト「ストレンジストーリー」

　物語は，嘘，方便の嘘，冗談，みたて，誤解，説得，見かけと現実，比喩的言い回し，皮肉，失念，二重のだまし，そして反対の感情の12種類の内容からなっている。おのおのの物語の登場人物は，字義通りにはない本当でないことをいう。被検者は，それを聞いて，なぜその人物が，そう言ったのかを説明されるように求められる。

　　■比喩的言い回し■
　　　「エンマは咳をしています。昼食の間中，咳をし続けていました。おとうさんが言いました。
　　　『かわいそうなエンマ，おまえの喉には，カエルがいるに違いない。』」

　　―お父さんがエンマに言ったことは本当ですか？
　　―なぜそう言ったのですか？

(2) faux pas test

　faux pas test は誰かが不適切な発言をした際の社会的状況を用いた課題である。faux pas（失言）有，faux pas 無の20の課題から構成され，バロン・コーエンらが提示している自閉症児における「心の理論」欠如説の核となるような実験課題である。バロン・コーエンによれば，自閉症児の「心の理論」課題の通過率は健常児やダウン症児らに比べて有意に低いが，「心の理論」課題のうち，高機能自閉症をターゲットにしたものは少なく，おそらく神経心理学的な関心から作成されたものは，faux pas 課題のみであろうと述べている。

　faux pas 課題では，バロン・コーエンらによって1999年に発表された論文に掲載されている課題が用いられている。課題を音読した録音テープを被検者に聞かせるが，子どもの場合は実際に簡単な絵を示し，各場面の叙述が確認できるかについて，確認しながら質問を行なう。

　最近では，眼窩前頭皮質の機能障害をもち，物語は完全に理解できるものの社会的に不適切な出来事が判断できなくなったクライエントに対しても高い検出力

を示すといわれている。

■ faux pas 有の問題文■

「キム(Kim)のいとこ，スコット(Scott)が訪ねて来て，キムはスコットのためにアップルパイをつくった。食事後，「あなたのためにパイを焼いたのよ。台所にあるわ」と彼女は言った。「うーん。すごくいいにおいがする！ 僕はパイが大好きなんだよ。ただしアップルパイ以外はね」とスコットが答えた。」

―言うべきでなかったことや気まずいことを言った人はいますか？

Yes/No：

Yes なら，以下を質問：

―誰が言うべきでなかったことや気まずいことを言いましたか？
―なぜその人はそれを言うべきでなかったのでしょう？
―なぜそれは気まずいことなのでしょう？
―なぜその人はそのように言ったと思いますか？
―スコットは，パイのにおいをかいだとき，それがアップルパイだということを知っていましたか？
―キムはどのように感じたと思いますか？

Control questions：

―キムはどんなパイをつくりましたか？
―キムとスコットはどんな知り合いでしたか？

(3) PARS

広汎性発達障害（pervasive developmental disorders：PDD）のための支援ニーズを評価するための評定尺度である。

この評価尺度では広汎性発達障害児者の行動理解を進め，彼らの支援を可能にしていくために，日常の行動の視点から，平易に評定できる尺度を提供することを目指して開発された検査である。

評定項目は，①対人，②コミュニケーション，③こだわり，④常同行動，⑤困難性，⑥過敏性のPDDに特徴的な6領域57項目で構成されている。なお，⑤の「困難性」の項目は，PDDに特有の適応困難特性であり，不器用さやPDDにみられやすい併発症などを含んでいる。

また，安達潤らはPARS短縮版を作成し，幼児期12項目，児童期12項目，思

春期12項目でより簡易に評定ができるようにした。

評定は，広汎性発達障害もしくは広汎性発達障害が疑われる当事者（子ども，青年，成人）の保護者（母親など）に面接して，専門家が行なう。講習会に参加し，スコアリングについて理解を深めておく必要がある検査である。

(4) ADHD-RS-Ⅳ

ADHD-RS（ADHD rating scale）-Ⅳは，ADHDのスクリーニング，診断，治療成績の評価に使用可能なスケールとして開発されたものであり，ADHDについてより確実な診断を要する可能性のある子どもおよび青少年のスクリーニングに優れている。ADHDの親および教師による簡単な記入により，ADHDの可能性が示唆される症状の頻度と程度を判定することができる。そして，その子どもの不注意または多動性や衝動性あるいはその両方の領域のスコアが，標準集団のスコアよりも有意に高ければ，ADHDのさらなる診断を要することになる。

また，ADHDの包括的な診断評価の中で，親および教師がADHDの症状を報告する手段となり，ADHDの症状の程度を同じ年齢および性別の標準集団と比較することができる。

ADHDの症状的行動に対する治療効果に関するデータを取得でき，向精神薬の服用，心理，社会的な介入のどちらの効果にも高い感度を示す。親や教師が毎日または毎週記入することが可能で，薬剤，行動面の介入，学業面の介入などの治療が子どもの注意，衝動性，活動レベルなどに影響を与えたかどうかを判断できる。

(5) CBCL

CBCL（child behavior checklist）は，家庭での子どものようすをよく知っている親あるいはそれにかわる養育者が記入を行なう。適性に関する質問項目に続いて，子どもの病気や障害，最も心配な点，長所について自由記述法にて回答するため，スケール得点だけでなく評価対象の子どもの種々の情報を得ることができ，親たちとの面接に役立てることもできる。

次に，子どもの行動，情緒，社会性の問題を採点化する部分で，それぞれの項目（およそ100項目）を最近6か月の子どものようすを考えて，0＝あてはまらない，1＝ややまたは時どきあてはまる，2＝よくまたはしばしばあてはまる，

という3件法で評価を行なう。また，子どもの問題について具体的に記述する項目がいくつかある。

上記の結果は問題行動尺度として合計点で得点化され，8つの下位尺度（ひきこもり，身体的訴え，不安抑うつ，社会性の問題，思考の問題，注意の問題，攻撃的行動と非行的行動）と2つの上位尺度（内向尺度，外向尺度）から構成されている。

それぞれの尺度得点は，年齢群別（4～10歳，11～18歳）・性別にT得点，あるいはパーセンタイル値であらわされ，プロフィールに示される。

(6) 描画法

描画法にはさまざまな方法がある。自由画法は，自由に思いつくものを描画してもらう方法である。課題を設定して描かせる場合もある。

交互色彩分割法は，1枚の画用紙にサインペンでセラピストとクライエントが交互に描線を行ない，紙を分割し，分割された部分を交互にクレヨンで彩色する方法である。スクィグル法は，幼児や児童に用いる方法で，1枚の画用紙にセラピストがなぐり描きをし，その描線に「何か見えるもの」をクレヨンで描画する。これを何度かくり返す。

風景構成法は，1枚の画用紙に治療者がサインペンで枠づけをし，「川，山，田，道，家，木，人，花，動物，石，足りないと思うもの」の順で描いてもらい，その後クレヨンで彩色してもらう方法である。

描画法は絵画療法として用いることも多い。バウムテストは紫色を含めたクレヨンを用いて，「木を描いてください」という教示で，色彩バウムとして療法的に用いていくというやり方もある。

ASDの診断を受けた8歳の男児。2年生の2学期に聴覚過敏が強まり，家族への暴力が激しく，登校できなくなる。図5-5は「ボクのお腹の中には悪魔がいて，妹やお母さんを叩け，叩けと暴れる。ボクはお腹の中の悪魔に食われてしまう」といい，セラピストに

図5-5　小2男子　僕が悪魔になるとき

助けを求めたときに描いた絵である。薬物療法とプレイセラピーの併用により，暴力は消失し，お腹の悪魔はいなくなった。

　ASDでは，ことばでは自分の状態を説明できない子どもが多く，絵で自分の気持ちを伝えようとする子どももいるので，絵が重要なコミュニケーションツールになる場合がある。

第6章 生き方の危機への支援

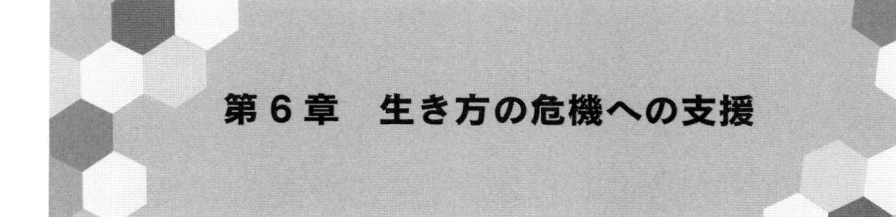

　生き方が危機の状態にある人への支援は，早期の支援，プロセスの支援，それにフォローアップによる支援に分けることができる。

　早期の支援には，危機への予防的観点や危機に陥った場合の早期の支援などがある。これらの技法には，学校や職場でできるものやカウンセリング場面でできるものなどがある。内容的には，人間関係づくり，自身の感情を知る練習，怒りの感情への気づきと抑制の練習，ストレスへの対処法，対処法の中のリラクセーションなどである。

　プロセスの支援，それにフォローアップによる支援では，専門的な技法のもとに支援が行なわれる。青年から大人ではカウンセリング，行動療法，認知行動療法，子どもではプレイセラピー，感覚統合療法，子どもから大人までの支援ツールとしては「話の積み木」などがある。

　危機が深刻であれば，長期間のフォローアップによる支援も必要である。そこでも，上記のような理論と技法に基づいた継続的な支援がなされることになるが，個々のクライエントの神経力学に基づく支援になるように心がけたい。

第1節　早期の支援

1．学校で使える構成的グループ・エンカウンター

　子どもたちに経験が不足しているといわれて久しい。子どもたちには特に人間関係において，体験すること，体験したことをことばで表現することなどの機会

が求められよう。

　グループ・エンカウンターは，ロジャーズ（Rogers, C. R.）が始めた心の成長を目指した集中的グループ体験である。しかし，話し合いのテーマや個人の体験の内容などがグループのメンバーに任されているため，学校のような限られた時間で学ぶという環境におさまるものではない。そこで，國分らによって，「エクササイズ」とよぶ「教師の考えるねらいを達成するために用意された課題」を用意し，実施後に「シェアリング」とよぶ「エクササイズを振り返る」ことでねらいの定着を図る構成的グループ・エンカウンターが考案されたのである（國分・岡田，1996）。そして，リーダーの指示によってエクササイズが展開されることが日常の学校の授業と似ていることもあり，学校に積極的に導入された。現在では，児童生徒の学校行事や保護者会，また，児童福祉施設などにも取り入れられるようになっている。

(1) エンカウンターの目指すもの

　構成的グループ・エンカウンターは心と心のふれあいを求め，他者との信頼関係を築くためのものである。そのため，エクササイズのおもなねらいは，「自己理解・他者理解・自己受容・自己主張・信頼体験・感受性の促進」である。これらは現代の子どもたちに欠けているといわれる人間関係の基礎と重なる。そこで，構成的グループ・エンカウンターは学校において，教師をリーダーとして必要な介入を行ないつつ，人間関係を学ぶ開発・予防的な支援となると考えられる。子どもたちは，授業の中で，きっかけを得て，話し合いの場の提供を受け，他者を尊重しながら自己主張する練習を行なうのである。

　学校で行なう場合のテーマは，対象の子どもたちにあわせて，さまざまなものが考えられる。その際，ピンポイントで現状と符合する直接的なテーマばかりでなく，大きなテーマを取り上げ，それぞれの子どもたちにそれぞれの思いで受け止めてもらうことも可能である。たとえば，クラスで起こったいじめにどう対処するか。ロールプレイという方法もあるが，「思いやり」「仲よくなる」をテーマに構成的グループ・エンカウンターを行ない，子どもたちがそれらの意味を考え，体験からその意味を納得するという方法もある。そして，活発なシェアリングが，子どもたちにさまざまな考え方や感じ方があることを理解させ，それらを尊重することの大切さを身につけさせることになろう。

(2) 実施について
①流れ

　まず始めに，この時間のねらいを伝える。そして，エクササイズに入るのだが，もし，余裕があれば，短時間でできるエクササイズをウォーミングアップとしてやるとよい。これは，その場を和ませたり，盛り上げたり，メインのエクササイズの要領をわかりやすくしたりして，メインのエクササイズを実施しやすくするものとする。そして，実施後，ウォーミングアップのようすに対して簡単にフィードバックする。

　次に，エクササイズの説明をする。このとき，例示やデモンストレーションも含めてやり方をわかりやすく説明し，さらにしてはいけないことなどのルールをはっきりと伝える。

　エクササイズの実施中には，リーダーは，子どもたちが指示通りに実施しているかを確認する。そして，課題がなかなか進んでいないグループや参加していない子どもがいれば介入をする。また，参加していない子どもを無理やり参加させることはしない。もちろん背中を押したほうがよい場合もあるが，参加しないからといって，何も感じていない，何も考えていないわけではないからである。エクササイズは何かを感じ，何かを考えるきっかけとなればよいのである。

　次にシェアリングである。シェアリングでは，エクササイズ中に感じたことや考えたこと，気づいたことなどを発表し合う。これはグループ内や全体で行なう。そうして自分のことをはっきり意識させ，自己理解を深め，また他者とそれらを分かち合うのである。また，発表し合うという方法以外に，振り返りシートなどに記入させる方法もある。

　最後に，リーダーがこの時間に気づいたことや印象を全体にフィードバックして終了となる。

②準備

　エクササイズの決定には，参加者1人ひとりの把握と集団の現状の把握が欠かせない。それぞれ個人の発達段階，集団の発達段階も考慮しなければならないだろう。これには，リーダーにカウンセリングなどの心理学の知識が必要となる。

　また，エクササイズの内容についてはたくさんの参考図書があるが，それらによってたくさんのエクササイズを知り，その内容をよく知ることが大切である。たとえば，コミュニケーションの楽しさに気づいてもらうエクササイズを考えて

みよう。この場合，自分の得た情報をどうしてもグループ全体に話さなくてはならない状況を含んだエクササイズを選ぶこともできるし，逆に参加者全員が会話をしてはいけない状況で行なうエクササイズを選ぶこともできる。いずれにしろ，ゲーム性の高いものからのほうが楽しく取り組めるだろう。

　また，リーダーがねらい，つまりその参加者に何に気づき，理解を深めてほしいかという内容をはっきりさせることである。その場合，1回のピンポイントでの実施も考えられるし，年間計画の中での継続的・段階的な実施も考えられる。また，遠足のような行事の中に組み入れることもできるし，教科指導の中で行なうこともできる。

③実施

　國分と岡田（1996）はリーダーがすべきことを3つあげている。①グループをまとめること。②グループを動かし，グループの目標に近づかせること。③1人ひとりを育てること。つまり，自分のありたいようなあり方ができるよう支援することである。

　実施する際には，リーダーはエクササイズのねらいや実施方法やルールについてわかりやすく説明しなければならない。また，実施中には子どもたちが自分をできるだけ自由に表現できるようにしなくてはならない。そのためには，あたたかな雰囲気づくりも大切であるし，それぞれのエクササイズのルールを徹底させることとともに，悪ふざけやからかいなどを厳しく規制し，時間管理をする必要がある。

④アフターケア

　実施後に留意しなければならない点がある。構成的グループ・エンカウンターは集団活動であるからいろいろな子どもがいる。みなが一斉に同じように感じたり，考えたりするわけではない。グループに参加しなかったり，参加してもなじめていなかったり，実施後にいやな思いをしたと話しに来たりする子どももいる。前述したように，リーダーは，集団をよく把握するとともに個人をよく把握し必要なフォローをしなければならない。そして，それを次回の構成的グループ・エンカウンターに活かさなくてはならない。國分と岡田（1996）がいうように，「受容という美名のもとに自分の鈍感さや自分の不精を合理化してはならない。鈍感で不精なリーダーは生徒や保護者からのフィードバック（例，苦情）を良薬として受け入れる」ことが必要である。

(3) 展開例：「学級が変わるエンカウンター　小学生編」質問じゃんけん
①ねらいの例

この「質問じゃんけん」のエクササイズ（表6-1）で考えられるねらいには次のようなものがある。1つは質問に答えたり，他者の答えと比べたりすることでうながされる自己理解・他者理解である。2つ目には他者に自分のことを伝える

表6-1　「質問じゃんけん」の実施例（國分・岡田，1996を改変）

ねらい：新しいお友達の話をよく聞き，お友達を増やそう。
　　　　新集団における互いに認め合う雰囲気づくり。

実　施	留　意　点
〈ウォーミングアップ：グループ作りゲーム〉 ① それぞれ歩き回る。 　「それぞれ思いのままに教室の中を歩きましょう。」 ② すれ違うときに挨拶をする。 　「他の人とすれ違うときにこのように挨拶をしましょう。」 ③ リーダーの拍手の数に合わせてグループになる。 　「先生の拍手の回数をよく聞いて，その数と同じ人数でグループになりましょう。」 ④ ②③をくり返す。 ⑤ リーダーは簡単にフィードバックする。 　「たくさんの人と挨拶ができましたね。みんな新しいクラスのメンバーです。」	明るい曲調のBGMなどに合わせてもよい。 リーダーは挨拶のデモンストレーションをする。（例）お辞儀をしながら，握手をしながら等。リーダーも参加して，挨拶をする。戸惑っている子どもに挨拶したり，アドバイスしたりするなど配慮。 拍手でなくタンバリンなどを使ってもよい。
〈エクササイズ〉 ⑥ ②③のようにして，あまり話したことがない人と2人組をつくる。 　「今度は，あまり話したことのない人と2人組をつくりましょう。2人組になったらその場に座ってください。」 ⑦ 2人でじゃんけんをする。勝った人は負けた人に1つ質問をする。負けた人は答える。 　「みんな2人組になりましたね。それでは，2人でじゃんけんをします。勝った人は負けた人に1つだけ質問ができます。負けた人はそれに答えてください。質問のルールが3つあります。1番目，質問する人は相手を困らせない質問をすること，2番目，答える人はわかりやすく答えること，3番目，答える人はわからないときには『わかりません』と答えていいことにします。それでは始めましょう。」 ⑧ 様子を見ながら，リーダーが合図をして，次の相手と2人組になる。	 ルールを掲示する。 質問が出ない場合は，助け舟を出したり，例を板書したりする。新しく2人組になれずに戸惑っている子どもに配慮。
〈シェアリング〉 ⑨ 全員で面白かったことや困ったことなど今の気持ちを発表する。 　「では，みなさん，座ってこちらを向いてください。この時間に，気づいたこと，感じたこと，考えたことなどを発表してください。」	その場に座ってもよいし，全体で一重の輪になって座ってもよい。
〈フィードバック〉 ⑩ リーダーがまとめをする。 　「初めてお話をした人もいたかもしれませんが，少しお話してみて前より親しくなれたと思います。これからも今日のように挨拶したり，話しかけたりして，みんなで楽しいクラスにしていきましょう。」	

ことで質問の仕方や話しかけ方を学習することである。また，新学期の実施であれば，新しいクラスになってまだ話していない人と話す機会を提供することにもなる。

②準備物

特に準備をしなければならないものはない。しかし，質問のテーマやルールを板書掲示できるようにしておくなどの配慮が必要な場合もあろう。また，あらかじめ自分のことをできるだけ多く書き出すなどをしておくと，自己理解も深まり，スムーズに応答できることにもなろう。

〈テーマ例〉
- 好きな○○（テレビ，遊び，スポーツ，食べ物，勉強など）
- 家のこと（きょうだい，ペット，場所など）
- 自分のこと（趣味，夢，ほしい物，元気になれることなど）

2．アンガーコントロール

(1) ASDの怒りの特徴

ASD（自閉症スペクトラム障害）の子どもたちの中には，突然キレたり，突然パニックを起こす子どもが数多くいる。ものごとが自分の思い通りにならないとき，「キレる」といった表現で反応することが子どもから大人まで目立つようになってきており，「怒りっぽさ」のコントロールについてのマネジメントが求められる。

アンガーコントロールでは，子ども自身が自分の状態に気がつき，心の安定を取り戻せるようになることが目的となる。

ウィング（Wing, 1988）は自閉症の特徴を，社会性，コミュニケーション，イマジネーションの「三つ組」の障害で説明しているが，ASDは自分自身の感覚で「気持ち」という非常に「曖昧なもの」をとらえることが苦手である。彼らは，自分の置かれている状況の理解が十分ではないうえに，自分の気持ちを的確にとらえて表現することがうまくできないため，自分の思い通りにいかないと怒りを爆発させてしまう。さらに，怒っているときにボルテージがあがってくると，自分で怒りを下げることがとても苦手であり，怒りをコントロールすることができなくなる。

そのため，ASDが社会に適応し，自分らしく生きていくために，感情のコントロールを覚えることが必要となる。

(2) アンガーコントロールができるための方法
①認知行動療法

アンガーコントロールができるようになるためには，認知行動療法を適用し，認知レベルの再構造化を図らなければならない。そのためには，子どもの認知行動療法のためのワークブックが多く出版されており，怒りをコントロールするための方法が数多く紹介されている。

怒りのコントロールがむずかしいASDは，本に紹介されている方法や考え方をできるだけ吸収し，時間をかけて怒りのコントロール方法を練習していくことが大事である。

ヒュブナー（Huebner, 2008）は，怒りの火を消す方法として，「怒りの火をつける考え方を知る」や，「怒りの火に水をかける考え方をする」ことなどを，著書の中で紹介している。

「まあ，いいや」「わたしはだいじょうぶ」「べつにいいさ」などのことばを頭の中で言うことによって，気持ちが落ち着くことを知り，自分で怒りの火に水をかける考え方ができるように練習していく。

また，怒りを完全に吐き出すためには，計画的に体を動かす方法と，ゆったりリラックスさせるやり方の2つの方法がある。

ASDは，リラックスしている状態がわからない子どもや身体の感じをうまくつかめない子どもが多いため，力を抜いたときの身体の感じや力を入れたときの身体の感じを自分でこまかくチェックさせていくことが大事である。

怒りをしずめていく方法では，深呼吸をできるようにしておくことが重要であるが，協調運動が苦手な子どもが多いため，具体的に絵で深呼吸の方法を示していく。

また，問題の解決方法を学ぶためには，怒りの問題と向き合うこと，状況を改善するためには，何をすればよいかを決める力を身につけることを指導していく。

②怒りの温度計

ASDは感情認知の障害でもあり，感情の発達が遅れ，自分の感情を把握することがむずかしいという特徴をもっている。そのため長い時間をかけて感情のコ

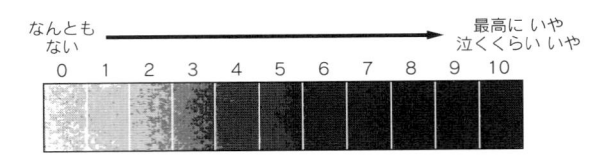

```
なんとも                              最高に いや
ない          →                      泣くくらい いや
 0  1  2  3  4  5  6  7  8  9  10
```

＊メーターに表示する感情の種類は必要に応じて替えていく。
　例：うれしい，楽しい，怖い，悲しい，心配，がっかり，疲れる，怒る，イライラ
　　　するなど

図 6-1　気持ちメーター

ントロールを教えていく必要があり，温度計の絵で示すと怒りが視覚化され理解されやすい。怒りの気持ちを温度計の目盛り（図6-1）で表現する。

10段階でこまかく怒りの度合いを決めていく。この怒りの温度計を用いて，表情シールで怒りの度合いと感情をマッチングさせていき，怒りのマネジメントにつなげていく。

③気持ちメーター

気持ちメーターを用いて，1～10段階で怒りの度合いを表現していく（図6-1）。幼児や児童の発達のレベルによっては，5段階のほうがわかりやすい子どもが多い。

ブロンとカーティスの『これは便利！5段階表』（Buron & Curtis, 2003）で紹介されている「怒ったときの気持ち表」を用いることも多い。この表はその人の対処行動を把握するもので，縦軸に「怒り」が1～5段階で表示され，横軸に「どんな顔をする」または「どんなことを言う」「どんな気持ち」「信頼のおける人にできることまたは自分にできること」が表示されている。

(3) テンション調整

テンション（tension）は，心理的な緊張や不安，気分や気持ちのことを指すことばとして使われ，短い時間枠内に上下する心の状態を指すことばである。

このテンションは，高すぎても低すぎても問題になる。ASDをもつ子どもの場合，「高すぎるテンション」と「低すぎるテンション」の片方，もしくは両方を現しやすく，問題視されやすい。

ASDの子どもたちには，「テンションを自覚的または意識的に抑え，コントロールすること」はかなりむずかしい課題であると考えられるので，まず「代替行

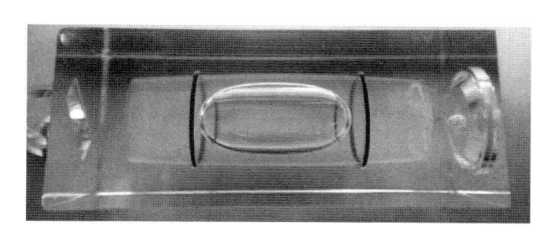

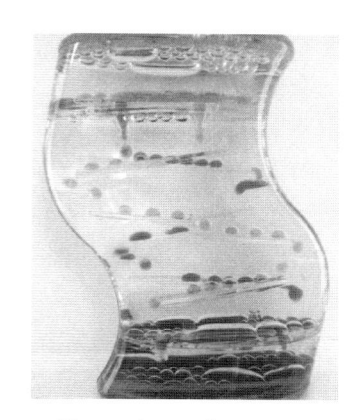

図 6-2　水平器　　　　　　　　図 6-3　ドロップモーション

動」で気持ちを落ち着かせていくことが大切である。

代替行動には，水平器やドロップモーションを用いると効果的である。

① 水平器

気泡の位置のバランスをとって，水平な状態を保つように工夫させていく（図6-2）。

「高すぎるテンション」が抑えられ，子どもたちは無言で水平な状態を保つことに取り組んでいく。キーホルダーになっているため，子どもが外出にも携帯できる大きさであり，値段が安いという利点もある。子どもだけに限らず，大人にも適用できる。

② ドロップモーション

子どもたちはこのオイルが落下する規則的な動きを集中して目で追っていく（図6-3）。指先の巧緻運動が苦手な子どもたちには，こちらのドロップモーションのほうが扱いやすい。子どもたちは，しばらくドロップモーションを見つめ，落ち着いてから，課題に取り組んでいく。

3. 感情認知

(1) ASD の感情理解の特性

定型発達の認知は「部分よりも全体に注意が傾斜する」という強い選択性をもっている。人を見るときに，通常の人であれば顔を見て表情を読み取るが，自閉

症の認知では，服の一部分，顔の一部分のみに注意が集中してしまうという過剰選択性（Frith, 1989）をもっている。

　ウィークスとホブソンは，言語性知能を統制した自閉症児と定型発達児に，異なる人物の顔写真を見せ，顔写真を「同じだと思う」種類に分類する課題を行なわせた（Weeks & Hobson, 1987）。顔の分類課題において，自閉症児は表情以外の特徴（帽子や性別，年齢）を用いて分類することが多かった。また表情を手がかりに分類するよう教示した場合でも，一部の自閉症児は表情に基づいて分類できなかった。この結果をウィークスとホブソンは，自閉症児は表情を重要視せず無視しているようだと述べている。

　さらに，ホブソンらは，口や額を隠した顔刺激を用いて，自閉症児に表情の弁別を行なわせた（Hobson et al., 1988）。その結果自閉症児は，目だけが表示されている顔刺激に対する表情の弁別に困難を示した。この知見は，自閉症の表情処理について，表情の意味を強く表わす目といった部分よりも，それ以外の部分を見て行なわれている可能性を示唆している。

　フリスによると，心理化（mentalizing）とは行動を説明し予想しようとして，自然に他者や自己の心理状態を意識してしまう能力のことである（Frith, 2003）。脳には心理化の初期機能があるため，心理化の能力は急速に学習され，1歳以前に早期サインが出現する。定型発達では，1歳台から非常に多くの早期サインがみられ，5歳前後になると高度な心理化能力が出現する。

　自閉症児は，心理化の初期化機能がない状態で生まれてくる。それは，心理化の早期サインである共同注意，ふり遊び，指さしなどの欠如からも裏づけられている。自閉症児は，心理状態について学習することは可能であるが，ゆっくりとしたスピードであり，定型発達の子どもよりも5年ほど遅れて発達する。

　また，ASDの子どもたちは，全体的な場面の理解や他者の意図や気持ちを把握することが困難なために，行動の因果関係を一面的にとらえやすい。

　ASDにおける感情認知の問題としては，感情の理解，顔の認知，視線のコントロール，模倣などの問題がみられる。

(2) 感情認知の教材
①感情認知カード
　毎回セッションごとに，クライエントに「今の気持ち」を質問していく。楽し

いというカードを選択した場合，ジェスチャーをつけて「わたしは楽しいと感じています」と，その気持ちを確認しながら言ってもらい，選択した気持ちをもとにクライエントの気持ちを表現させていく（図6-4）。

最初は「わからない」という反応が多いが，日常での出来事を質問していくと，その子どもなりに気持ちを表現していくようになる。

②マインドリード

"Teaching Children with Autism to Mind-Read : A Practical Guide for teachers and parents" を用いて行なう（図6-5）。この自閉症の子どもにマインドリードを教えるための練習本は，レベル1からレベル5の各段階に分かれており，多くの状況の絵からマインドリードの方法を習得させていくことを目指している。

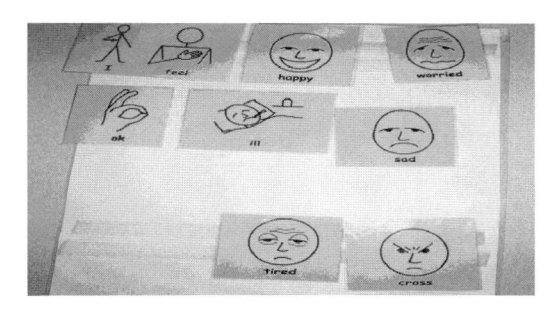

図 6-4 感情認知カード

―犬に男の子が追いかけられたとき，男の子はどのように感じるでしょう？
―なぜ男の子はうれしい・悲しい・怒った・怖いと感じるのでしょう？

図 6-5 マインドリードの例：大きな犬が男の子を道で追いかけている（Howlin et al., 1999）

マインドリードの手がかりとして表情カード（図6-6）を用いるが，ASD にとって非常にわかりにくい絵であるため，自分で表情を描かせるようにしている（図6-7）。その子どもなりの表現で表情を描き，実際にその表情をしてみて，どんな時にその表情になったかなどを話し合い，感情理解にもつなげていく。

③アクション・ピクチュア・テスト

　レンフルーの言語スケールが子どもたちのスピーチと言語を評価する方法として出版されている（Renfrew, 2011）。このテストでは，子どもの得点が同年齢の子どもたちの言語スケール得点と比較できるようになっている。

「ワード・ファインディング・ボキャブラリーテスト」「バス・ストーリーテスト」「アクション・ピクチュア・テスト」の3つのテストから成り立っているが，特にアクション・ピクチュア・テスト（Action Picture Test：絵の中の動きか

図 6-6　表情カード

図 6-7　表情カードの例（中2・PDD）

ら，状況を読み取る検査）がASDの子どもたちに使用しやすい。

アクション・ピクチュア・テストは，指定された質問に対する短い文の答えから，情報内容と文法の使用法の年齢レベルを評価するテストである。適用年齢は，3歳から8歳であり，10枚のカードを用いて評価を行なう。ASDの子どもたちにわかりやすい絵であるため，取り組みやすいテストである。

④感情カード（Emotions）

感情を確認する48枚のフラッシュカードから構成されている。このカードは登場人物の表情とボディーランゲージを通して，感情表現を理解することが目的である。特に自己表現に重要なボディーランゲージや登場人物のメッセージの理解を促進するのに有効である。年齢は5歳以上から適用可能である。日本人の写真ではないが，人物のリアクションが大きく，表情が読み取りやすく構成されている。

4．ストレス・マネジメント教育の実際

(1) ストレス・マネジメント教育とは

ストレス・マネジメント教育とは，ストレスに対する自己コントロール能力を育成するための教育援助の理論と実践である（山中・冨永，2000）。わが国では，欧米の取り組みを参考にしながら，2000年前後から学校現場を中心に実践的研究が活発に行なわれている。冨永（1999）は，予防的・開発的な「心の授業」を提唱し（図6-8），構成的エンカウンター等による「人間関係体験」や「自己発見・自己開発」に加えて，その基盤として「安心感・安全感」を培う「ストレス・マネジメント教育」の必要性を指摘している。

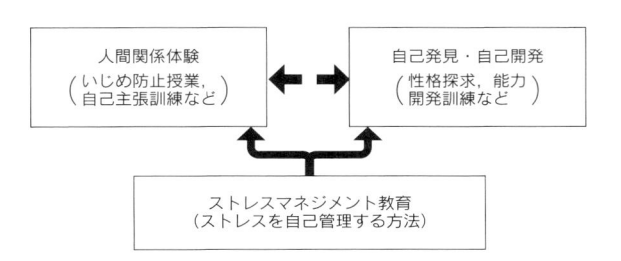

図6-8　心の授業の3つの内容（冨永，1999）

学校現場への導入に際しては，スクール・カウンセラー（以下，SC と略す）などが基本的モデルを提示したが，現在では現場教師が創意・工夫した多彩な授業実践が報告されている（大野，2003）。

(2) ストレス・マネジメント教育の進め方

ストレス・マネジメント教育の特徴は，集団的な予防教育として，ストレスの理解と対処について種々の実習やワークを加えて学習する点にある。つまり，知的な理論学習に終わらず，参加型の体験学習によって，自分自身のストレスに気づき，その対処方法を習得することが目的となる。さらに，学んだことを日常生活で自主的に活用し，現実のストレス軽減や心の安定化に役立てることが最終的なねらいである。その流れは，図 6-9 のような段階からなる。

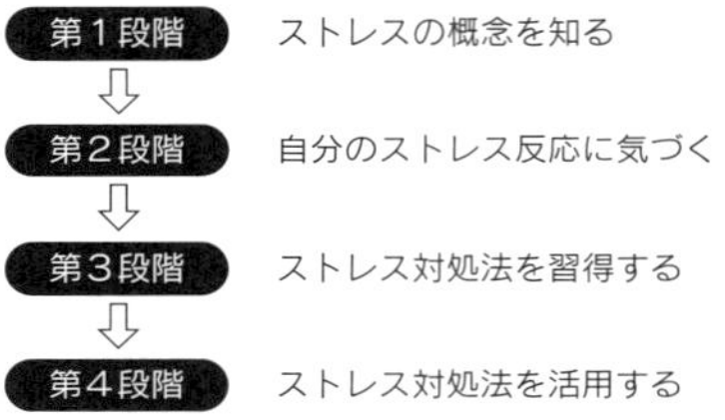

第 1 段階　ストレスの概念を知る
↓
第 2 段階　自分のストレス反応に気づく
↓
第 3 段階　ストレス対処法を習得する
↓
第 4 段階　ストレス対処法を活用する

図 6-9　ストレス・マネジメント教育の段階（山中，2000）

パテル（Patel, 1989）は，ストレス・マネジメント技法として，呼吸法，リラクセーション法，コミュニケーションスキル，認知的方略などを紹介しているが，具体的な実践では，対象者の年齢・興味・関心などに応じて，プログラム展開に工夫や配慮が必要である。そこで，本稿では，筆者が SC として関与した小学校と中学生のストレス・マネジメント教育の実践事例を紹介したい。

(3) 小学校におけるストレス・マネジメント授業の実践例
　①対象：A 市小学 4 年生の 3 学級（児童約 90 名）
　②目的：ある学級に蔓延する対人的なストレス状況の緩和をねらい，児童全員の「心の安定とストレス対策」をテーマにして，学年集会で一斉に実施した。
　③内容：SC であった筆者の主導で，担任も参加して，次のように展開した。
　　1）授業テーマを「いやな気分さようなら，イイ気分こんにちは！」と板書し，「今日は，楽しく生活するコツをみんなでいっしょに学びましょう」と目的を説明。
　　2）日常の「イライラ，ムカムカ体験」等を振り返らせ，ストレスの概念を説明。

3) ふだんの各自のストレス対処法を発表してもらい，その効果や限界を皆で話し合う。
4) スポーツ選手やタレントを例にして，能力発揮にリラックスが役立つと説明。
5) 体育館に移動して，学級担任もいっしょに，次のリラックス・エクササイズを全員で行なう。

- エクササイズⅠ：ジャンケン列車（国分ら，1996）
- エクササイズⅡ：凍り鬼（国分ら，1996）
- エクササイズⅢ：ごろにゃん（高橋，2002／図6-10）
- エクササイズⅣ：筋弛緩法（山中，1999／図6-11）。

図6-10　エクササイズ「ごろにゃん」を行なう

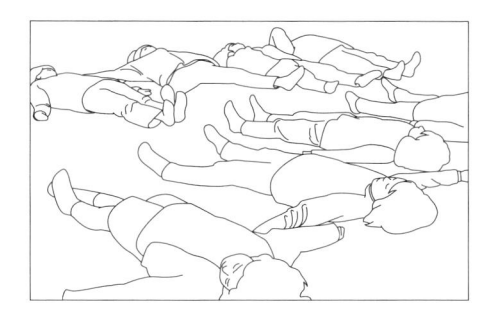

図6-11　筋弛緩法をSCの指示で行なう

以上の所要時間は，前半の授業1時限，後半の実習1時限，合計2時限。

④効果：参加児童が後日提出した感想文には，次のような記述が多くみられた。

- ジャンケン列車：楽しかった。イライラが取れた。
- 凍り鬼：ストレスが抜けた。タッチされたとき，とてもリラックスした。知らない人と友だちのような気がした。
- ごろにゃん：友だちの背中が気持ちよかった。ゆったりできた。ムカつきが抜けた。空に飛べるような感じ。ふわっという感じ。妹とやったらリラックスした。
- 筋弛緩法：スカッとした。イライラしたら利用したい。妹とケンカしたときにしたら仲直りできた。むかついたときや泣いたときにやっている。
- 授業全般：気持ちが楽になった。イライラが消えた。いろんな方法でストレスが取れることを初めて知った。リラックスする勉強は初めてだった。

力が抜けたときは不思議に思った。4年生全員仲間だと思った。
⑤考察：導入部のストレスに関する話し合いが動機づけとなり，通常なら単なるゲームや遊びで終わりがちな体験がストレス対処法として認識され，日常生活での活用にいたった状況が確認された。加えて，ある学級では，子どもたちの提案で，帰りの会で「黙想」の代わりに「ごろにゃん」を実施するようになり，「疲れが取れる」「元気になる」などと好評で，相互の人間関係も深まり，クラス全体の雰囲気がよくなったことが担任から報告された。

(4) 中学校におけるストレス・マネジメント授業の実践例
  ①対象：B市中学校の8学級（3年生2学級，2年生2学級，1年生4学級）
  ②目的：3年生は「受験期のストレス対策」として，2年生は「クラスの人間関係の改善」をねらって，1年生は「学年全般の落ち着きのなさを改善したい」という指導主事の意向を受けて，学級単位で各1時限（50分）実施。
  ③内容：学級担任は補助者として参加し，SCの主導で次のように展開した。
    1) 授業テーマを「ストレス，プレッシャーに負けない！」と板書し，各学年の状況にあわせて授業目的を説明。
    2) 生徒たちに，日常のストレス体験を振り返らせて，ストレスの概念を理解させる。
    3) 各自のストレス解消法の効果や限界を検討させる。
    4) スポーツ選手やタレントを例にあげて，リラックス法の効果を説明。
    5) リラックス実習に先立ち，生徒たちに「リラックス度チェック」をペアで行なわせて（図6-12），腕肩の緊張度を確認させる。
    6) リラックス実習では，次の2種類を指導した。
      • セルフリラクセーション：自分で行なう筋弛緩法
      • ペアリラクセーション：ペアで行なうリラックス動作法（図6-13）
    7) 実習終了後に「リラックス

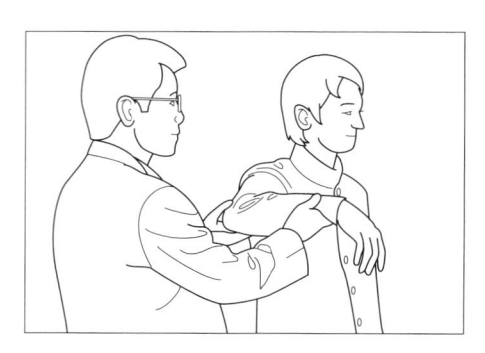

図6-12　ペアでリラックス度チェックを行なう

度チェック」を再度行なわせて，リラックス効果を確認させた。また，実習前後での状態不安テスト（日本版STAIC）の記入と，各人が想起したプレッシャーの自己評定を行なわせて，心理的側面の効果も調査した。

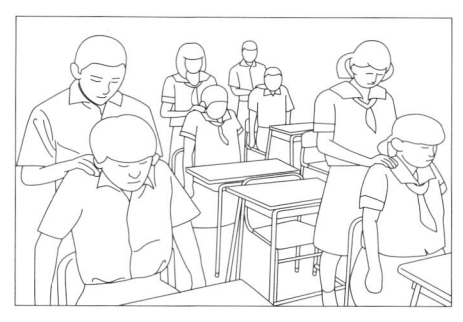

図6-13　ペアで行なうリラックス動作法

④授業直後の効果：
 1) 実習前の「リラックス度チェック」で，自分の体の予想外の緊張に気づいて驚く生徒が多く，その後の実習への動機づけになった。
 2) 実習後の「リラックス度チェック」では，腕肩の緊張状態について，最初より上手に脱力できるなど，効果を自覚する生徒が多かった。
 3) 実習前後の状態不安テストの比較結果では，全般に不安得点の明瞭な低下が認められた。
 4) 生徒が自由想起した対象（入試，面接，試合，人前での発表，親のことばなど）に対する主観的「プレッシャー度」（10点評価）も，全体に有意に低下したことが認められた。

⑤日常生活での活用：1年生4学級と2年生1学級の生徒158名に対し，授業後の5〜6か月を経た時点でアンケート調査した結果は，次の通りであった。
 1) 全体で61％の生徒が，授業後，習ったリラックス法を自発的に1回以上実施した（内，15％の生徒は「4回以上」〜「しょっちゅう」実施）。
 2) リラックス法を実施したのは，「疲れたとき」「イライラしたとき」「肩がこったとき」「試合の前」等が多く，その結果「疲れが取れた」「落ちついた」「気持ちよくなった」「肩が楽になった」等の効果が確認されている。
 3) 一方で，「親が疲れていたとき」「友達に」など，他者に実施して「喜んでくれた」「気持ちいいと言ってくれた」等の対人関係での活用もみられた。

⑥考察：導入部で日ごろのストレスの振り返りやリラックス度チェック等を行なったことは，その後の実習へ動機づける意味があった。また，実習直後の

自己チェック等もリラックス効果の理解に役立ったとみられる。その結果，事後アンケートから，多くの生徒が習ったリラックス法を自発的に活用し，効果も体感していて，日常生活スキルとして浸透しているようすがうかがわれた。

(5) ストレス・マネジメント教育の意義と活用

　ストレス・マネジメントの効果や意義を考えるとき，大事な点は，学んだストレス対処法が日常生活の中で活用されて役立つということである。上記の小学校および中学校での実践例では，単発授業であったが，その後の学校生活や家庭生活のさまざまな場面でストレス対処法が活用された。さらに，こうした対処スキルの獲得は，内的には自己効力感や自己肯定感を高めると同時に，外的には人間関係や行動全般に波及的な効果を生みやすい。他の実践事例では，ストレス・マネジメント授業をくり返すことで，学級全体の雰囲気の改善，いじめ被害の減少，学業成績の向上など，幅広い効果が報告されている（冨永・山中，1999）。すなわち，子どもたちの心の問題に対して説教的・侵襲的に言及せずとも，それらを克服できるだけの内面の安定や成長を促進できる点は，育成的・開発的なストレス・マネジメント教育の優れた特質といえるだろう。

5．ストレス対処と能力発揮に役立つリラクセーション技法

(1) リラクセーションとは

　ストレスにより心身の緊張や興奮が生じることはよく知られている。これは，外界のストレス刺激に対する防衛的な適応反応であるが，それが蓄積して慢性化すると，種々のストレス性の疾患を引き起こすことになる。そこで，予防のためには，不適切な緊張や興奮を低減させて，心身の安定状態を回復する工夫が必要となる。その工夫が，リラクセーションである。リラクセーションとは，単に「筋肉が弛んだ状態」と誤解されがちだが，マッサージなどで他動的に生じた生理的な弛緩とは区別される。成瀬（2001）によれば「緊張を自分で弛める」という本人自身の主体的な努力活動そのものが「リラクセーション」である。

　そうした自己努力によるリラクセーション技法としては，座禅やヨーガなどの瞑想法，各種の呼吸法，自律訓練法，漸進性筋弛緩法，バイオフィードバック法

など，従来から数多くの方法が提唱されており，それぞれに生理学や心理学の観点から研究が積まれている。従来の研究では，効果の差はあるが，リラクセーション法が心身の緊張緩和やストレスの軽減に有効なことが確認されている。本稿では，各種技法の詳細は他の専門書の解説に譲るとして，基本的なリラクセーション法として導入的に利用できる簡易な手法を紹介する。

(2) 感覚体験によるリラクセーション

身体の感覚体験に焦点をあてた心理技法として，フォーカシング（Gendlin, 1978），センサリー・アウェアネス（Brooks, 1983），感情モニタリング（河野, 1989），ニューカウンセリング（伊東, 1999），マインドフルネス・ストレス低減法（Kabat-Zinn, 1990）などがあり，それぞれの臨床的効果も報告されている。これらの諸技法の共通点は，感覚体験への「気づき（awareness）」である。方法論的な形式や実施手続きには違いがみられるが，「現在の感覚体験にあるがままに気づく」という観点から各種ワークを行なう点は類似している。また，こうした感覚体験への気づきが心身のリラクセーションを引き起こし，ストレス低減や心の解放に役立つことも臨床的に確認されている。

以下に紹介するのは，五感の感覚体験に焦点をあてた平易な方法で，感覚的な気づきに伴って自然なリラクセーション効果を得ることが可能である。

■五感の感覚体験に焦点をあてる教示例■

【導入】

今，どんな気分ですか。楽にしてください。これから，五感の感覚，すなわち視覚，聴覚，嗅覚，味覚，皮膚感覚のそれぞれの感覚に，1つひとつ注意を向けていきます。行なうことは，注意を向けたら自然と自覚できる感覚に気づく，ただそれだけです。

【視覚】

今，あなたの目に何が見えているか，気づいてください。現在の視野の中には，何がありますか。目に映るものを確認しましょう。そして，それが「どう見えているか」を感じましょう。対象の「名称」ではなく，形態や色合い，模様や陰影，印象や雰囲気に注意を払いましょう。

【聴覚】

今，あなたの耳に何が聞こえているか，気づいてください。耳を澄まして，聞こえる音に注意を向けると，意外と，改めて気づく音があります。しばらく目を閉じて，近くの音や遠くの音を聞き分けてみましょう。

【嗅覚】
　今，鼻がキャッチしている「匂い」や「香り」に気づいてみましょう（手近にある物品や着ている服を鼻に近づけてもよい）。ゆっくり呼吸しながら，嗅覚に感じる感覚に注意を向けます。
【味覚】
　今，口の中に感じる「味覚」に注意を向けましょう。口の中に何もなくても，苦味や甘み，渇きや潤いなど，感じるかもしれません。舌の先やのどの奥など，口中の部位によって，感覚に違いがあるかもしれません。
【皮膚感覚・内臓感覚】
　全身に注意を巡らして，肌に感じる感触や圧迫感，冷えや温感，筋肉の張りや痛み，体の中の違和感などを確認しましょう。特別な感覚を探すわけではなく，注意を向けると自然と感じられる体の感覚を，そのまま自覚するだけのことです。では，頭から始めて足先へと，順次心でスキャンするように，ゆっくり注意を巡らしていきましょう。（以下，注意を向ける身体部位を，こまかく指定すると集中しやすく，種々の気づきが得られやすい。）

　以上の方法は，準備が不要で，特定の姿勢や構えをつくる必要もなく，いつでもどこでも気軽に行なえるのが最大の特徴である。面接の対話場面で導入することも，日常の生活場面で試みることも容易である。五感のすべてを行なう必要もなく，部分的にでも感覚的な気づきが得られるとリラックス感が生じやすい。

(3) 呼吸法によるリラクセーション

　ストレスを感じている人に共通しているのは，呼吸が浅く，息を少ししか吸わず，まさに息詰った感じの呼吸をしていることである。そうした呼吸では，血液中の酸素の量が制限され，脳の酸素も不足して，緊張や興奮を感じたり，イライラしたりして，さらにストレスが増大する。逆に，ゆったりと規則正しく，深い呼吸をしていると，酸素がたくさん血管や脳に巡り，鎮静効果のあるホルモン分泌も促進されて，心地よいリラックス感が生じる。すなわち，自律神経系の支配下にある呼吸活動は，ストレス性の神経興奮に容易に影響を受けるが，一方で，随意的な呼吸のコントロールは，自律神経系を含めた生理的プロセスの安定化や興奮の鎮静化に大きな効果を発揮する。こうした観点から，心身の自己コントロール法として，各種領域で多様な「呼吸法」が提唱・実践されており，また数多くの科学的なデータがその効果を立証してきている。しかし，従来の訓練的・鍛錬的呼吸法をそのまま臨床適用するには無理があり，手続きや教示に工夫や配慮が必要である。そこで，過剰な努力（力み）を防いで無理なくリラクセーショ

ン効果を得るという観点から，前記の感覚体験と同様に，「気づき」に主眼を置いたリラックス呼吸法を紹介する。

■リラックス呼吸法の教示例■

【呼吸（息の出入り）に気づく】

　自分の呼吸に注意を向けましょう。姿勢は（立ったままでも，座っていても，寝転んでいても）そのままで構いません。さて，現在，どのように呼吸していますか？　息の出入り（吸う息・吐く息）が自覚できますか？　今，鼻と口，どちらで呼吸していますか？　息は，浅いですか，深いですか？　あるいは，早いですか，ゆったりしていますか？　そして，その呼吸は，楽な気持ちのよい呼吸ですか，それとも，窮屈な苦しい感じの呼吸ですか？　今の自分の呼吸を，そのまま淡々と観察してみましょう。

【胸や腹部の動きに気づく】

　呼吸に伴う胸やお腹の動きに注意を向けましょう。片方の手をみずおちの辺り，もう一方の手をおへその辺りに軽く置きましょう。どちらかの手に，息を吸ったときの膨らむ感じ，吐いたときの凹む感じが伝わりますか？それとも，胸やお腹の動きは，あまり感じられませんか？　あわせて，他の，首，肩，背中，腰などの状態がゆったりくつろいでいるか，それとも，硬く緊張した感じがないか，心の中でチェックしてみてください（図6-14）。

【姿勢や動作の影響に気づく】

　今度は「カラダをもっと楽にしよう」と思いながら，肩を軽く動かしたり，腰や上半身を少し揺すってみたり，背筋や首を伸ばしてみたりなど，姿勢や座り具合などを快適な感じに調整してみましょう。そして，それに伴って呼吸がどう変化するか注目しましょう。姿勢の変化やささいな動作で，呼吸が深くなったり，安定したり，胸やお腹の動きが大きくなったりします。姿勢や動作が呼吸にどう影響するのか，よく観察してみましょう。

【長呼息でリラックスを深める】

　もっとリラックスする呼吸の方法を試してみましょう。吸う息は鼻から自然に吸いますが，吐く息を口から細く長く「フー」と，ゆっくり時間をかけて吐きます（長呼息）。息を吐く時には力まないように注意し，吐き切ったら鼻から自然と息を吸います。（長呼息が無理なくできるようなら……）今度は，息を十分吸ったら，軽く2〜3秒息を止めましょう。息を止めると緊張感が生じますが，息をゆっくり吐きながらその緊張感を弛めて行きましょう。肩や腕や指先から力が抜けていく感覚があるかもしれません。この呼吸法を何度かくり返しますが，少しでも苦しい感じがあれば，無理せずに自然な呼吸に戻しましょう。

以上の呼吸法には厳密に決まった形式はない。慣れ

図6-14　リラックス呼吸法

れば，手を腹部に置く必要もない。ポイントは，どんな時でも自分の呼吸に「気づく」こと。それが，無理のない自然な呼吸を回復する「入り口」となることを理解したい。

(4) 筋弛緩法によるリラクセーション

　骨格筋は，大脳や神経系と密接に結びついていて，わずかな心理的緊張や注意集中によっても筋緊張が生じる。強いストレスが続くと，慢性的な筋緊張が生じて，それに伴って大脳も緊張・興奮状態となり，精神的にもイライラして集中困難となる。そこで，過剰な筋緊張を自己コントロールできれば，神経興奮も鎮まり，精神的な安定や集中力の向上，ひいては高血圧の改善などの効果が期待できる。この観点から開発されたジェイコブソン（Jacobson, E.）の漸進的筋弛緩法は，その有効性が広く確認されているが，トレーニングに長時間を要するため，さまざまな簡易法が提唱されている。以下に示すのは，基本的な「緊張―弛緩」の動作手続きによる簡易な筋弛緩法のやり方と，それ加えて呼吸のリラクセーション効果も付加的に利用する筋弛緩法のやり方で，短時間で効果が得られやすい。

■筋弛緩法の練習方法の教示例■

【導入】
　からだの緊張を自分で弛めるコツ（要領）を学びましょう。ゆったりと座り，足は楽に伸ばします。腕時計等は外します。両腕は太ももの上に乗せましょう。手の平は上向きです。これから，まず自分で体を緊張させ，次いでその緊張を自分で弛める，という練習をします。ただし，緊張させるときは6～7割程度の力の入れ方にし，力み過ぎないよう注意しましょう。

【基本的な筋弛緩法の練習①】
　腕と肩のリラックスの練習を始めます。まず，両手を握り締めて拳（こぶし）に力を込めます。次に，両脇を軽く締めて，肩を少し上にあげます。その状態を維持しながら腕と肩の緊張感を4～5秒ほど味わったら，今度は，「肩→肘→拳」と逆順に込めていた力を抜いて行きましょう。力が抜けると，肩が下がり，両脇が拡がり，拳が開くのがわかります。そうして，腕や肩のゆるんだ感覚をしばらく（10秒程度）味わいます。この緊張と弛緩の動作を数回くり返してみましょう（図6-15）。

【呼吸法を伴う筋弛緩法の練習②】
　今度は，先程の方法に簡単な呼吸法を加えてみましょう。まず，拳を握り締め，両脇を軽く締め，肩を少し上にあげ，腕や肩を緊張させます。

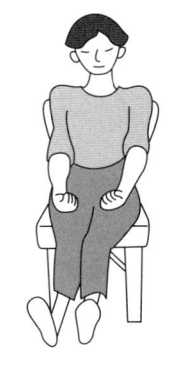

図6-15　筋弛緩法

この状態で，鼻から息を大きく吸って2～3秒息を止めます。息を止めたときの胸や腹部の緊張感にも注目しながら，今度は，口から息をゆっくりと吐きながら，「肩→脇→拳」の逆順に込めた力を弛めて行きます。この時，肩や腕だけでなく，上半身のさまざまな部分が弛んで行く感覚に注目します。この呼吸法を加えたリラックスの方法も数回試してみましょう。

練習①の方法でもリラクセーション効果は得られるが，呼吸法の相乗効果をねらった練習②では，習熟すれば目立たない緊張動作からでもリラクセーションを体感できるので，生活場面でどこでも容易に実施できる利点がある。

第2節　プロセスの支援およびフォローアップによる支援

1．カウンセリング

(1) カウンセリングとは

　カウンセリング（counseling）ということばは，現代では，健康，美容，医療，就労，婚姻，法律等，各種領域の相談行為の別称として広く利用されて，意味合いも曖昧で誤解されやすい。似たことばに，コンサルティング（consulting）という用語もあり，どちらも日本語に訳すと「相談・助言」となる。問題解決の支援という点では同義だが，コンサルティングでは専門的立場から解決策を提供することが強調され，カウンセリングでは相談に来た人の主体的な解決努力がより強調される，といった違いがみられる。

　本稿で述べるカウンセリングとは，相談に来た人に対して，専門的な訓練を受けたカウンセラーが，おもに心理学的な側面から援助する面接のことで，一般には「心理カウンセリング」と呼称される。この場合，相談に来た人とは，心理的，社会的な適応上の問題や悩みをもち，その解決を求める人であり，来談者とかクライエントとよばれる。また，専門的な訓練を受けたカウンセラーとは，「臨床心理士」や「産業カウンセラー」などの有資格者のことをいう。このような専門家が行なう心理カウンセリングには，さまざまな技法や方法論が提唱されている。以下，その基本的な理論や技法について概説する。

(2) カウンセリングの基礎理論

カウンセリングでは，クライエントの悩みや問題をどう理解するかによって援助の方法が変わってくる。基本的な視点として以下の3つの立場がある。

①精神力動的な視点

フロイト（Freud, S.）の精神分析学の理論より発展した精神力動的な立場で，心のメカニズムや行動の根底に無意識層の存在を想定するものである。人間の基本的な欲求や衝動は無意識層にあり，その無意識のエネルギーを現実的に処理するのが自我（ego）である。自我は理想や良心といった超自我（super-ego）の検閲によって生じる葛藤の処理も行なわねばならず，自我の処理能力が現実適応の成否を握っている。自我が弱いと，無意識層にある欲求や衝動を適切に処理できず，抑圧や否認などの防衛メカニズムが常用されやすく，その結果として種々の症状や問題行動が形成される。したがって治療方法としては，自我機能の強化を図りながら防衛的な抑圧等をゆるめ，未処理の欲求や衝動の意識化（洞察）をうながすことが，症状や問題行動の解消につながると考えられている。

②現象学的な自己理論の視点

ロジャーズ（Rogers, C. R.）の現象学的な自己理論（self theory）によれば，人間は本来的に成長・発展する潜在的可能性（自己実現傾向）を有しているが，その可能性の発現には，有機体としての現実経験と自己概念が一致することが必要といわれる。自己概念とは「わたしはこのような人間である」というイメージや観念であるが，これが現実世界の経験内容と一致しているときに，人間は自己実現傾向を開花できる。逆に，自己概念と現実経験との不一致は，不適応状態を引き起こす原因となる。たとえば，「わたしは何でも上手にできる」という自負心（自己概念）が強いと，わずかな失敗経験でも「そんなはずはない」と「自己不一致」の状態に陥り，周囲に責任転嫁するなどの不適応行動が起こる。そこで，面接場面では，クライエントが強固な自己概念の縛りから解かれて，現実経験に対する気づきが拡大して「自己一致」に向かうことが目指される。

③学習理論ないし行動論的な視点

人間の観察可能な行動に焦点を当て，行動を刺激変数と反応変数（行動変数）の機能関係として客観的にとらえるものである。人間は成長発達するにつれ，さまざまな行動を学習し，それらの行動をより適切に修正して身につけるようになる。（第2章第3節「条件づけ」や「社会的学習」の項目を参照。）したがって，

問題行動とは，適応に必要な行動をいまだ学習していないか，誤った行動を学習したために起こるものと考える。治療では，前者では適応的な行動を学習・習得させることが目標となり，後者ではまず誤った行動を修正・除去して，適切な行動を再学習・習得させることが目標となり，技法も学習理論に基づいて計画的に実施される。

以上のように，症状や問題行動あるいは人間理解に関する異なった理論があり，各カウンセラーによって，どの理論的立場に立つかで技法に違いが生じる。一方で，クライエントが抱える問題や面接段階に応じて，柔軟にアプローチの仕方や技法を使い分ける折衷的・統合的な観点に立つカウンセラーも多い。

(3) カウンセリング場面の特質

カウンセリング場面の基本的な特質として，以下のような点が指摘できる。

① 面接契約：カウンセリングでは，面接の場所，時間，料金，一定の原則等に関して，事前にカウンセラーとクライエントが相互了解する「面接契約」が大切にされる。こうした場面設定は，クライエントが安心して問題に取り組むためにも，またカウンセラーの安定性の確保のためにも，必要不可欠である。

② 受容性：カウンセリングでは，常識や価値観に縛られないカウンセラーの「受容性」がみられる。どんなに非常識で，恥かしい，あるいは汚いことでも，カウンセラーが真剣に受け止め，聞いてくれる経験は，日常生活では稀なことであり，クライエントの不安や恐れを軽減して，安心感や安全感を醸成する。

③ 理解：カウンセリングでは，専門性に裏打ちされた深い「理解」が得られる。カウンセラーのかたよりのないクライエント理解は，問題解決に展望を与え，適切に面接を方向づける。また，クライエントは，真に深く理解される体験を得ることが心の支え（土台）となって，問題直視や自己探索が促進されやすい。

④ 主体性：カウンセリングとは，カウンセラーの考えや価値観を一方的に押しつける場ではなく，クライエント自身がカウンセラーと協力しながら自ら選択し，発見的に自己の問題の解決や解消を企てていく場である。また，個人のそうした潜在的成長力や自己実現の能力を最大限に尊重する場でもある。

(4) カウンセリングの展開過程

カウンセリングには，大枠として，次のような展開過程が認められる。

①導入期：カウンセラーとクライエントとのラポール（信頼関係）の形成が重要であり，その後の面接展開を左右する。また，上述の面接契約の確認と併せて，面接目標の確認も大事である。訴えられた苦悩の解消が，必ずしも優先目標とは限らない。本人の解決意欲など，動機づけの把握も不可欠である。

②展開期：カウンセラーの共感的理解に支えられ，クライエントの自己表現や自己理解が深まり，体験様式や行動の変化が起こり，当初の問題の緩和や症状の軽減が進む。一方で，直面する現実に対する不安や葛藤が高まるなど，心が揺れて，一進一退という状況も起きやすい。

③終結期：生活状況や人間関係に新たな変化が生まれる。現実を受け入れる余裕や自信の回復がみられる。心身の安定状態が継続して，面接目標のある程度の達成が確認できれば，クライエントと話し合ってカウンセリングを終結する。

(5) カウンセリングの技法

基本的な技法として，以下に「表現」「支持」「洞察」の方法を紹介する。

①表現的な方法

心の中の想いや感情を自由に表現させる働きかけである。自由な自己表現は，緊張の解消や葛藤の開放をもたらしてクライエントの心理的負担を軽減するのみならず，内面的な気づきを深める契機となる。カウンセラーの態度としては，クライエントのことばを受容的に傾聴し，共感的理解を示すことが重視される。

【単純な受容（あいづち）】

カウンセラーが「そうですか」「うんうん」「なるほど」などと応じたり，あるいは声に出さずに，軽くうなずきながら聴くと，クライエントは話を受け止めてもらえていると感じて自己表現が促進されやすい。

【内容のくり返し】

クライエントの発言内容のポイントをとらえて，同様の短いことばでくり返すと，クライエントはカウンセラーからしっかり聴いてもらえていると実感する。

(例) クライエント：「昨夜は，将来のことを考えていたら何だか不安になって，なかなか寝つけなくて困りました」→カウンセラー：「そうですか，将来の

ことで不安になって寝つけなかったのですね」

【感情の反射】

　内容のくり返しとは異なり，クライエントのことばや動作が表明している感情をそのまま受け止めてことばで返してあげること。カウンセラーが気持ちに共感していることが伝わって，クライエントの感情表現が促進されやすい。

（例）クライエント：「最近は何をやっても失敗ばかりで，もう本当にいやになっちゃいますよ！」→カウンセラー：「そう，本当にいやになっちゃうのね」

② 支持的な方法

　クライエントを励ましたり，助言したり，再教育したりする働きかけである。クライエントの余計な不安を和らげたり，問題に対処する心構えを示唆したり，必要な知識や情報を提供して心を支えようとするものである。

【保証】

（例）クライエント：「わたし，そんなこと，とてもできません」→カウンセラー：「もっともです。今は無理しないでいいと思いますよ」

【助言】

（例）クライエント：「どうしたらいいでしょうか」→カウンセラー：「あなたの場合は，○○○したほうがいいと思いますよ」

【再教育】

（例）クライエント：「その相手に対して，何がまずいのでしょうか」→カウンセラー：「あなたの態度には，○○○というパターンがあるのに気づきませんか。これからは，そのへんを×××するようにしてみませんか」

③ 洞察的な方法

　問題や症状の背後にある不安や葛藤などに気づかせたり，さらに自分を新しい視点からとらえなおさせることをねらった働きかけである。

【明確化】

　クライエントの話の漠然とした点や曖昧な点に焦点をあて，明確化していく。カウンセラーが思い当たることを言語化して返す場合と，以下のような質問をくり返して掘り下げていく場合がある。

（例）「Aさんのどういう点がそんなに嫌いなのですか」
　　　「そのように思ってしまう理由は何でしょうね」
　　　「その問題はいつもどんな状況で起こるのですか」

【直面】
　クライエントの態度や表現の不自然な点や矛盾した点，あるいは気づかないで反復している点などを指摘して考えさせる。批判にならぬよう注意する。
（例）　「勝手にしろと言いながら，どうも放っておけないようですね」
　　　　「今のお話しは，先程の訴えとはずいぶん違うようですが……」
　　　　「その件では，いつも感情を抑えているように見えますが……」

【解釈】
　クライエントの行動や表現の背後にある無意識的な心の動きを指摘し，それに気づかせることによって意識的な自覚を広げる。いきなり深い解釈を行なわず，明確化→直面→解釈と段階を踏んで，徐々に気づきを深めるように導く。
（例）　「その怒りは，受け入れてほしいという期待の裏返しでは……」
　　　　「その問題のせいで，責任を回避できていると思いませんか……」
　　　　「その行為には，○○○○という意味もありそうですが……」

2．プレイセラピー

(1) プレイセラピーとは
　子どもの成長には遊びが不可欠である。遊びを通して感じ，考え，表現し，学習していく。また，言語コミュニケーションが十分でない子どもたちにとっては，遊びは言語コミュニケーションを補うものにもなる。何か問題が起こったときにも，子どもたちは遊びを通して，解決したり，乗り越えていったりすることができる。しかし，現代の子どもたちでは，その遊びが質的にも，量的にも，環境的にも不十分で遊びの経験が少なくなっている。プレイセラピーは，プレイルームという特別な空間と時間の中で，子どもたちの成長する力，自己治癒力，問題解決能力を養うことを支援するものである。
　プレイセラピーの先駆者としては，精神分析をベースとしたアンナ・フロイト（Freud, A.），クライン（Klein, M.），非指示的なアクスライン（Axline, V. M.）らが有名である。

(2) ルール
　プレイセラピーは週1回，1セッション1時間以内（おおよそ40〜50分）で

あることが多い。この1回の時間は，子どもの年齢や抱えている問題，一連の面接における時期によって異なる。

　プレイセラピーでは，子どもの自由な表現が保障されるが，制限をまったくしないわけではない。制限の1つめはセラピストへの身体的攻撃についてである。子どもへの好意を維持できなくなるし，子どもも後で罪償感を抱いたりする。そうしたことからお互いを守るための制限である。2つめは備品への攻撃（破壊）についてである。特に，プレイルームにある窓ガラスや鏡には気をつけなければならない。また，子どもが少々乱暴に扱っても壊れないよう遊具や備品は丈夫なもののほうがよい。そして，攻撃性を許される形で表現させる遊具を別に用意しておくとよい。3つめは子どもの安全と健康を損なう行為についてである。たとえば，砂場の砂を口に入れたり，高いところから飛び降りたりさせないことである。その他，プレイルームでの約束事（おもちゃを持ち帰らない，時間を守るなど）を守ること，反社会的行為をしないことなどが求められる。

(3) アクスラインの8原則

　アクスラインは，子どものもつ潜在的な力を信頼し，遊びを通して自ら成長していくことを重視した。彼女はプレイセラピーにおける8原則を次のようにまとめた（Axline, 1947）。

　①子どもとのあたたかな信頼関係（ラポール）をつくること
　②子どもをあるがままに受容すること
　③子どもが自分の気持ちを自由に表現できるよう許容的雰囲気をつくること
　④子どもの表現する気持ちを理解し，洞察できるよう適切な情緒的反射をすること
　⑤子どものもつ問題解決能力を尊重し，そのように変化することの責任をもたせること
　⑥子どもに対して非指示的であること
　⑦ゆっくり待つこと
　⑧必要な制限を与えること

(4) 準備（遊具・環境）

　子どもの年齢や人数，子どもの活動性，特徴などによってプレイセラピーの適

切な遊具や環境が異なる。たとえば，部屋の広さは，ちょっとした運動ができるためには天井がやや高めの教室と同じくらいの広さの部屋，落ちついて創作活動をするためにはその3分の1くらいの部屋などがよいだろう。また，プレイルームの床は，子どもが安全に活動できるようカーペットなどが敷かれていることが多い。広いプレイルームでは，その一部に畳やマットを敷いたコーナーをつくる場合もある。そして，照明器具はボールが当たっても壊れないようなカバーをするといった配慮が必要である。砂場や水道などがあるとより豊かな遊びができるであろう。

　プレイルームには，子どもがよく見える高さにおもちゃを収納する棚が置いてある。そして，いつも同じ位置に同じおもちゃがあるようにしなければならない。子どもにいつもあるという安心感を与えるとともに，これからもそこにあるという安心感をもたせることが重要なのである。また，子どもにも見えるように時計があるとよい。

　遊具は，特に決められたものはないが，子どもの興味を引き，来談を持続させるものでなければならない。子どもは大人のように必要を感じて，相談をするということは少ないからである。そして，操作が簡単で，準備時間が長くはかからないものがよい。ドリュウズら（Drewes et al., 2004）は，安全のために避けなければならないおもちゃの材料として，鋭くとがっていたり，ガラスが入っていたり，壊れやすいものなどをあげている。また，高価で，複雑で，機械のおもちゃや高度なむずかしいゲームも避けるべきだとする。それは，それらのおもちゃや材料が子どもの自由な表現や創造性を妨害する傾向があるからである。

　次にプレイルームによく置いてある遊具をあげる。便宜上，有効性によって分類をしているが，1つのおもちゃに1つだけの有効性があるわけではない。

①子どもとの交流が生まれやすく，人間関係を深めるもの：トランプ，オセロ，将棋，ダーツ，ジェンガ，人生ゲーム，魚釣りゲームなどのゲーム。

②子どものストレスを解消し，攻撃性を発散させるもの：鉄砲，ピストル，刀などの武器。三輪車や足でこいで前進する自動車などの乗り物。ピンポン玉くらいの大きさから大玉ころがしの大玉くらいの大きさのボール。素材もビニールやプラスチック，布など。1人用の小さなトランポリンや大きなトランポリン，滑り台，卓球台，パンチキック，子どもが入れる蛇腹状のトンネルなど。

③自己表現を促進するもの：ピアノ，カスタネット，笛，太鼓などの楽器。クレヨン，マーカー，絵の具，画用紙，粘土，紙粘土，折り紙，はさみ，のり，セロハンテープ，紐などの工作用品。ブロック玩具，1辺が30cm位の大きな積み木など。

④精神的な活動を促進するもの：人形とドールハウス，着せ替えセット，ぬいぐるみ，指人形・パペット，プラレール，ミニカーなど。ままごとの食器，野菜などの食材，お金，電話，子どもが入れるテント状の家など。本，絵本，マンガなど。

(5) 組み立てと流れ

　プレイセラピーを始める際には，ほかのセラピーと同様に，何が問題なのか，何を目標とするのかをはっきりさせてから始めなければならない。そして，次のようなおおまかな流れでセラピーが進んでいくことになる。

①導入期：始めは，信頼関係をつくり，プレイルームですることを子どもが理解していく時期である。また，各セッションの始めに終了時刻の約束をする。そして，終了間近になったら終了の時刻を予告する。この導入期には子どもが，セラピストがどんな人なのか理解をするために試されることが多い。

②展開期：治療者と信頼関係ができると，さまざまな展開を見せる。治療者は子どものもっているテーマや子どもが漠然と感じていたことを読み取って，その表出を助け，言語化する。子どもは，治療者やプレイセラピーの場に慣れてくると攻撃性を表出する。治療者はそれを受け止め，ほかにそらしたり，枠を設けたり，他の表出方法に導いたりする。そのようにして，子どもは攻撃性や否定的感情が受容されると，しだいに自己に対する肯定的感情をもち始める。そして，行動を統合し，プレイルームの外の現実世界でも変化が起きるようになる。

③終結期：子どもが日常生活に適応してくると終結が近づく。この時期には問題も解決し，子どもはそれまでのプレイルームへの関心が薄くなってくる。子どもと話し合い，終結への心の準備をする。

(6) プレイセラピーの理論

　プレイセラピーの中でも理論やテクニックがさまざまにある。ドリュウズら

(Drewes et al., 2001) は，特定のタイミングで子どものもつ特定のニーズに対応しながら，多種のプレイセラピー理論を使い分ける統合的アプローチを推奨している。

表6-2は，子どものもつ問題と主となる有効な理論をまとめたものである。

たとえば，怒っている子どもの対応を考えてみる。子どもが怒りを率直に表現するためには，新しい行動を学ぶ必要がある（反応型）。また，怒りそのものはしっかり分析され，何かの症状として扱われる（積極型）。この場合では，反応型の部分に関しては認知行動プレイを，積極型の部分に関してはアドラープレイ，または子ども中心プレイを使うのが最善だと考えられる。このように，理論を組み合わせることにより，子どもに対して最善の対処をするのである。次に主となる有効な理論を簡単に説明する。

①子ども中心理論

子ども中心理論では，子どもは，カウンセラーとある一定の関係を築くことができると，自己を改善しようと努力すると考える。治療者の態度により，自分が受け入れられたと感じることができた子どもは，自分を認識し，自己成長に向かっていくとするのである。そのためには，子どものありのままの姿を受け入れ，批判せずに子どもの意見や行動に反応し，一貫して適度な制限を設定し，また子どもとの関係において真摯であることが重要である。

②アドラー理論

アドラー理論では，子どもは目的意識をもつが，その欲求が満たされなかった

表 6-2　子どもの問題と有効な理論 (Drewes et al., 2001)

子ども中心プレイ理論が役立つ子どものタイプ	・怒りっぽい，または落ち込みやすい子ども ・自意識の欠如した子ども ・深い（精神的）傷を負った子ども，傷ついた子ども ・言語能力の低い子ども ・不安感に苛まれ，会話を恐れる子ども
アドラープレイ理論が役立つ子どものタイプ	・社会性に問題のある子ども ・家庭に問題がある子ども ・権力欲，注意力，復讐心，不適応などの問題行動を示す子ども
認知行動プレイ理論が役立つ子どものタイプ	・集中する方法を学ぶ必要のある，注意力に問題のある子ども ・ソーシャルスキルを身につける必要のある子ども ・学習スキルの欠けている子ども ・落ち込んでいる子ども ・特定の行動を学びたいと思っている子ども ・特別な教育を受けている子ども

ときに落胆すると考える。そして，注意を引き，力や復讐，不適応といった不適切な行動を通じて，自らの欲求を達成しようとする。その行動は，大人にもそれに対応した感情的反応を引き起こす傾向がある。そのため，大人の反応を変化させればそれに対応する子どもの行動も変化させることができるとする。大人が大人の感情を認識し，子どもの目的や他人や外界との接触をどのように認識しているかを見きわめることが重要なのである。

③認知行動理論

　認知行動理論では，考え方や行動が変化すれば，それに伴って感情も変わると考える。セラピストが問題を発見し，解決法を決定する。具体的には，子どもが必要とするテクニックを指導したり，思考変化をうながす小さなステップをデザインしたりする。時にはプレイの中で重要なことを明確に説明したり，問題の定義をしたりする。

(7) トラウマのある子どもの場合

　第3章でみたように，2010年に報告された最近のいじめられた子どもは77,630人（文部科学省，2011），児童相談所のかかわった虐待件数は56,384件（厚生労働省，2011〔東日本大震災のため福島県を除く〕）である。それ以外にも校内暴力や学校内で起きる事件も増えている。

　正常な発達を続ける子どもは，発達に見合ったプレイをする（Drewes et al., 2001）。しかし，重度の慢性的なトラウマをもつ子どもは，発達が進んでも，それに見合ったプレイができず，いつまでも同じようなプレイをくり返したり，幼少期のプレイに逆戻りしてしまったりすることがある。また，プレイを楽しいと感じずに，沈黙を続ける子どもたちもいる。逆に，セラピストに攻撃的になる子どももいる。セラピストは，このようなトラウマの影響で起こってくる特徴をよく理解しておかなければならない。特に攻撃性については特別な配慮が必要となる。

　トラウマは子どもの発達を止めてしまうため，発達を早急に活性化し，促進させることがセラピーの目的となる（Haworth, 1964）。また，感情の混乱を収め，落ち着いて言語でのコミュニケーションができるよう導くことも重要なことである。

3. 行動療法

　学習理論では，レスポンデント条件づけとオペラント条件づけという条件づけの過程により，人間の行動を説明する。レスポンデント条件づけは，元来，生体に備わっている生得的な反応を引き起こす刺激と，それとはまったく無関係の刺激とを対にしてくり返し提示することにより，本来は生体に反応を起こさせる刺激ではなかったものが，新しい反応を引き起こすようになる現象である。たとえば元来，白衣は子どもにとって生得的な反応とは無関係のものあるが，白衣の人に注射をされ痛かったことを経験した後に，子どもが病院で白衣の人を見ると泣き出すという反応が生まれる場合で，これは恐怖の条件づけが成立したことを示す。

　一方，オペラント条件づけは，生体のとる自発的な行動が，その行動の引き起こす結果により変化していく過程である。たとえば，子どもがお母さんのお手伝いをした結果，感謝され褒められるという経験をした後，自発的にお手伝いをするようになるが，これは正の強化が成立したことを示す。

　行動療法とは学習理論を生体の行動変容に適用する試みである。ウォルピは，「行動療法は条件づけ療法ともいい，不適応行動を変容する目的で，実験上確認された学習諸原理を適用し，不適応行動を減弱・除去するとともに，適応行動を触発・強化する方法である」と定義した（Wolpe, 1969）。私たちが日常生活の中で誤った行動を習得した結果，不適応を起こしている原因となっている行動を消去し，さらに適応的な行動を習得することにより，日常に適応することを目的とする療法である。

　多くの行動療法の中から，臨床上よく用いられているいくつかの技法を紹介する。

(1) 系統的脱感作法

　この技法はレスポンデント条件づけに基づき，クライエントが不安を引き起こす場面に対して，場面に伴う不安反応とそれに拮抗するリラクセーション反応という，相反する身体的状態を伴わせる状態をつくり出す。そしてくり返しその相反する状態をセットで体験することにより，不安の強度を和らげていくものであ

る。

　内山（1972）によると，系統的脱感作法は3つの段階で構成される。まず，クライエントの不安反応に拮抗するリラクセーション反応を習得させることにより，自律神経効果により不安反応の制止をはかる。一方，クライエントに不安反応を生起させる刺激場面を，刺激が弱いものから強いものへと順番に段階的に配列して，不安階層表を構成する。そして，不安階層表の各場面を刺激が弱いものから順にイメージさせ，そのイメージに対して生起する不安反応をリラクセーションによりそれぞれを制止していくものである。

　リラクセーションを習得する方法としてはさまざまな訓練があり，前項のリラクセーション技法の項をご覧いただきたい。

　不安階層表の作成は，まずクライエントに不安な場面をあげてもらい，その刺激場面をクライエントがリラクセーションを伴わない平常状態でどの程度の不安反応を示すかをクライエント自身に評定してもらう。その程度を0～100の評定点により表わすことを求める。これをSUD（subjective unit of disturbance：自覚的障害単位）という。この作業はカウンセラーとクライエントと共同で行ない，クライエントの意見を十分に取り入れる。それぞれのSUDの差は5～10が望ましい。

　社会不安障害をもつ女子高校生の不安階層表を事例として紹介する（表6-3）。このクライエントは毎日登校できているものの，他者が自分を見て笑っているのではないだろうかという対人不安を訴え，学校の集団場面やクラスでの静まり返った場面に特に緊張が高まり，動悸や息苦しさを感じ，自分はどうにかなってしまうのではないだろうかという感覚におそわれるというものである。

　不安階層表が構成され，クライエントが自在にリラクセーションを行なうことができるようになった段階で脱感作を開始する。手順を以下に示す。
　①クライエントにリラクセーションの状態に入るよう指示し，完全にリラックスして，不安や緊張がまったく消失したらその旨を合図してもらう。
　②合図により，カウンセラーはあらかじめ決定されている不安階層表に従って，不安を起こすことの最も少ない刺激場面から順次クライエントに提示し，クライエントはこれを想像作用によってイメージとして思い浮かべる。イメージが明確になったらその旨を合図してもらう。
　③合図があったら，その合図の5～10秒後にシーンを想像することを中止さ

表 6-3　事例　社会不安障害の女子高校生の不安階層表

SUD	場　面
0	自室のベッドの中にいる
10	親友と一緒にいる
20	部室で先輩と一緒になる
30	ショッピングモールで夜間に買い物をする
45	通学時に同じ高校の生徒を見かける
50	ショッピングモールで日曜の昼間に買い物をする
60	クラスの朝の会の時間に参加する（静まり返っている空間）
70	入学式や卒業式などの式典に参加する（助けを呼べる教師が近くにいる状態）
85	全校集会に出る（助けを呼べる教師が近くにいない状態）
100	入学試験の面接（複数の教員対クライエント 1 人）

せる。

④リラクセーション状態の消去をしてもらい，クライエントの SUD がどの程度かを尋ねて記録する。

⑤クライエントに再度リラクセーションに入るよう指示する。

⑥以上①～⑤の手続きで不安階層表中の該当項目について，クライエントの SUD が 0 になったら次の項目に進む。なお，1 つの場面の提示回数は通常 3 ～ 6 回とされているが，クライエントにより，また刺激場面によって異なり，必ずしも固定していない。

　不安階層表中の最初の項目の SUD の提示は 10～15 程度にとどめることが望ましい。はじめから 40～50 という高い SUD を提示されると，クライエントは強い不安や恐怖を覚え，症状が悪化する場合もあるからである。

(2) 情動フラディング法

　行動療法の対象となるクライエントの大部分は情動，特に不安，恐怖に対する異常な反応パターンを学習しており，これが彼らの症状の中核になっている。情動呈示法はこのようなクライエントに対して，情動生起の手がかりとしてこれらの情動を最も治療的に有効な状況ないし条件でクライエントに提示し，クライエントの反応パターンを変革しようとする技法で，これもレスポンデント条件づけに基づく技法である。

　情動フラディング法とは，クライエントを恐怖，不安，敵意，あるいは攻撃な

どの情動の洪水に浸してしまう方法で，クライエントをその情動の中で否応なしに対決させるというメカニズムに基づく。情動フラディングにはイメージを用いる心像情動フラディングと，実際の場面に直面させ，不安その他の情動を与える現実場面情動フラディングがある。

心像情動フラディング法はカウンセラーがクライエントの症状や治療状況に応じてイメージを与える方法である。クライエントが恐れている状況のイメージを与え，1分程度でその場面を終わり，リラックスに移るものである。数回にわたり同様の手続きを行ない，不安反応の減少をはかる。

現実場面情動フラディング法は，クライエントが不安や恐怖を感じる現実場面に直接身を置くことで，症状の軽減を図るものである。

(3) トークンエコノミー

報酬学習の効果を発揮するものの1つにトークンエコノミーがある。トークンエコノミーは，学習理論におけるオペラント条件づけの報酬学習に基づき，クライエント自らの行動により，それに対する報酬が得られることを学習する過程を体得するものである。トークンとは特定条件の下である課題を正しく遂行できた場合に報酬として与えられ，貨幣同様にほかの物品と交換しうる一種の金券をいう。このトークンにより学習を進めるトークンエコノミーは学童期の学業成績向上の技法としても有効である。また，基本的生活習慣の形成にも有効である。

たとえば，子どもの不適切な行動（他児に乱暴をする，順番が待てない）に対して，望ましい行動（乱暴をしない，順番を待つ）ができたときにシールをはる表を作成しておき，シールが1週間たまるとあらかじめ約束した褒美が得られるようなシステムを用いて不適切な行動を修正することが可能である。

トークンは低年齢の子どもにおいてはシールやチケットや物品がわかりやすく効果的であるが，年齢が上がるにつれ，認める，褒めるなどの社会的報酬が効果をもつ。

4．アスペルガー症候群の認知行動療法

行動療法は人間の行動を学習理論からとらえ，問題行動を未学習や誤学習の結果とし，条件づけを応用した治療によって行動の変容を図るものである。認知療

法は幼少期より形成されるスキーマの存在を想定し，物の受け止め方や考え方を取り上げ，その改善を目指すものである。

したがって，認知行動療法は認知療法と行動療法を組み合わせたもので，クライエントの行動のみならず認知をも介入の対象とする。そして，認知的歪曲を引き起こしている自動思考を改善するために，ソーシャルスキルトレーニング，モデリング，セルフコントロールなどの技法を用いる。他の心理療法よりも比較的短期間に治療効果が認められ，不安障害や気分障害の治療に使われている。

ガウスは，大人のアスペルガー症候群（以下，AS）の支援に関して豊富な実践経験をもつセラピストである。彼女はクライエントの抱える適応上の諸問題を発達的な能力障害ととらえ，ASの大人を支援しているセラピストはこれまでに学習されていないスキルは学習できないと考えるべきではないことを強調する（Gaus, 2007）。

彼女は，ASの人たちが誤って処理する情報のタイプを，他者についての情報，自己についての情報，それに非社会的情報の3つの主要なカテゴリーに分類し，これらの情報処理が機能不全を起こしているとしている。

他者についての情報処理では，「心の理論」，コミュニケーションのための非言語的手がかりの使用などが中心的な問題であること，自己についての情報処理では，自己の感情への気づき，感覚と運動の調整などが中心的な問題であること，非社会的情報の処理では，話の要点の理解，計画立案，実行機能などが中心的な問題であることなどをあげている。

他者についての情報処理と自己についての情報処理とが相互に影響し合うことにより，ソーシャルスキル欠損が生じるとする。そして，ASの人は社会的状況を誤って認知し，他者にどのように反応すればよいか，または何を期待されているのかがわからない。彼らの風変わりな常習的な癖，貧弱で実用性に乏しい言語，それに"無作法"な行動は，他者のフラストレーションを高め，否定的な社会的結果に終わる。彼らは理由に気づかないままに，無視され，拒絶され，そして冷やかしを受ける。非社会的領域の困難さは，自己管理と日常生活の活動における問題につながり，結果的に仕事の管理の非能率さ，先延ばし，自己指示の乏しさ，そして基本的な問題解決の乏しさになるととらえる。

筆者のこれまでの支援活動でも，このことは知的能力と適応行動のディスクレパンシー（不一致）として，日常よく経験することである。

さらに，ガウスは心理療法を求める大人の患者が報告する感情的ストレスの背後には，機能不全の情報処理とそれにより生じたさまざまな不適応行動や自己管理能力の乏しさとが存在すると考える（Gaus, 2007）。結果的に，社会的支援の乏しさや慢性のストレスにつながり，これらの要因が不安障害や気分障害（特に，うつ病）の状態を発展させると想定している。

筆者の日常の支援活動でも，ASの子どもの二次障害として不安やうつ状態がみられるので，上記の大人の場合の3つのタイプの情報処理特性を踏まえた支援戦略は，子どもの場合にもほとんどそのままの適用が可能であることが理解できる。

ガウス（2007）は，大人のASの支援戦略としてソーシャルスキルとコーピングスキルをあげ，両面からこれらのスキルを高めることを実践しているので，具体的に紹介してみたい。

(1) ソーシャルスキルを高める介入

ASの大人のソーシャルスキルを高める戦略として，手段となるスキル，社会的知識を蓄えるスキル，それに社会的認知のスキルを高めることがあげられている。

①手段となるスキル

シナリオが書け，練習ができ，暗記できる行動で，その例として，微笑むこと，アイコンタクト，ていねいなフレーズ（"どうぞ"と"ありがとう"など），あいさつ，会話を始めること，それと電話スキル，などがある。

②社会的知識を蓄えるスキル

社会的知識の蓄えを増やすには，はっきりした方法で教えられない社会基準と行為の規則についての情報をその人に与えることである。たとえば，定型発達の人々は，職場の廊下やカクテルパーティで人と話す際に，相手の人からどれだけの間隔をおいて立つかを知っている。これらのルールを教えることに役立ついくつかの市販されているツールがある。

- 「エチケットについてのカリキュラム」：伝統的なエチケット本にみられるきわめて基本的な手段となるスキルがのっている。ASの人々は，知能の高い人でもしばしばこのタイプの情報の多くの部分を見落としている。陳述例として，以下のものがある（Myles et al., 2004）。

「食べ物を食べるときは，つねに口を閉じてかみましょう」

「もしあなたが出席しようとするパーティに，招待されていない人々がまわりにいれば，その人々の前でパーティの計画を話し合ってはいけません」

上のような陳述例が，400以上のっている。

- 「社会的ナラティブ」：セラピストとクライエントが共同で書くストーリーのことである。ナラティブは，クライエントに行動のまちがいや不適切さを伝えることではなく，個人的に適切な社会基準を教えることである。

③社会的認知のスキル

ASの人々が，よい手段となるスキルとしっかりした社会的知識の基盤をもつだけでは，社会的にうまくやれるには不十分で，これらのスキルをいつ使うかを知る必要がある。そのためには，社会的状況の文脈を評価し，他の人々の言語的，非言語的行動を観察し，彼らの心的状態を推察し，期待されていることを理解し，そしてその後それを実行するための能力が求められる。

ASのクライエントに，これらのスキルを形成するために，視覚的な補助物，リハーサル，その場でのフィードバックなどが組み合わせて使用されている。

- 社会的ナラティブについての市販されている訓練パッケージ：社会基準を教えるための手段で，客観性をもつスキルを高め，他者の心の状態を推測するという考えを導入するためにも使われる。
- 漫画の吹き出しを使った会話：漫画の人物の吹き出しにことばを記入させて，さまざまな社会的な推測について教える。すでに起きた出来事の分析や，事前に計画された社会的出会いのリハーサルなどに使う。
- 客観情報を得る練習：ASの人たちは，客観情報をもつことのスキルが極端に貧弱である。あるクライエントは同僚と酒場にいる場面で何を話してよいかまったくわからなかった。つまり，相手の興味や家族状況，性格などについてほとんど何も知らなかったからである。

「他者について思い出す視覚的なウェブ」というツールは，相手の趣味，好きな食べ物，家族などについて尋ねるフォーマットの絵で，セッション中に知り得た情報をその中に書き込むものである。

「頭の中のファイル」というツールでは，数名の人について尋ねるフォーマットの絵で，セッション中に数名の人の名前を記入し，その中の人の趣味な

どの知り得た情報を書き込むものである。

(2) コーピングスキルを高める介入

ASのクライエントが最も一般的に恩恵を得るコーピングスキルとしては，時間管理スキル，問題解決スキル，リラクセーションスキル，前もって主張する練習などである。

①時間管理スキル

時間をより効果的に管理する手助けとなる戦略で，次の順で実施される。

その人の時間の使い方のベースラインを取るために，空白になった日単位の予定のテンプレートに一週間分思い出しながら書いてもらう。これとは別に，「しなければいけないこと」についての一覧表をつくり，優先順位をつける。毎日または毎週の小さな現実的な目標を定める。自分が課題について思い出すように，注意を惹きやすい視覚的手がかりが勧められる。

②問題解決スキル

学習すべき内容は，問題をより客観的に特定する，実行可能なものを実践する，自身の問題解決の遂行を評価する，の3点である。

「問題解決ワークシート」の内容として，以下のものがある。

　(a)問題を決める：心配事は，何か？
　(b)目標の選択：何をしたいか？
　(c)替わりのものを生みだす：何ができるか？（ブレインストーミング）。
　(d)いろいろな結果を考える：何が起こるか？
　(e)意思決定：自分の決定は何か？
　(f)実行：今それを行ない，どうなったかを書きとめよう。
　(g)評価：うまくいっているか。

ステップ(f)の「実施」段階では，あらかじめの準備，シナリオを書く，ロールプレイングなどが必要である。

③リラクセーションスキル

筋弛緩法，自律訓練法，呼吸法など，種々のリラクセーション方法を教える。

④あらかじめ主張してみる練習（preassertiveness）

多くのASの大人は，内的状態をことばに結びつけることを学習する必要がある。このスキル教授の道具が，「仕事のための話の積み木（Talk Blocks for

Work)」である。話の積み木は，クライエントがストレスに満ちた状況で自分の感情と必要性とを区別して認識するために，視覚的に多様な手がかりと選択の組み合わせを用意している。

ピンクの3つの積み木は感情を象徴し，ブルーの3つの積み木は必要性を象徴する。感情と必要性には18の選択肢があり，クライエントは主観的経験を最もよく述べることばを探すことができる。

具体例：私は心配だ（ピンクの積み木），そのため，情報をもっと知る必要がある（ブルーの積み木）

「話の積み木」のつくり方については後述。

5．感覚統合療法

(1) ASDへの感覚統合療法

ASDの中には感覚過敏に苦しんでいる子どもたちが多い一方で，感覚刺激に対して低反応がみられ，自分の身体認識がうまくできていないために動作がぎこちなくなっている子どもたちも多い。感覚統合療法は，このような問題の解決を目指した支援方法である。

感覚統合理論は，アメリカの作業療法士エアーズが1960から1970年代に学習障害児を研究して体系化したものである（Ayres, 1979）。

感覚統合とは，「自己の身体および環境からの感覚刺激を組織化し，環境の中で体を効率よく使用することを可能にする神経学的プロセス，中枢神経系で生じる受容から環境との適応的な相互関係として示される一連の現象」（Fisher & Murray, 1991）と定義されている。

現在では，さらに広い概念の感覚処理ということばを使う。感覚処理とは「触覚，前庭覚，固有受容覚，視覚，聴覚，嗅覚，味覚といった感覚システムから入ってくる感覚刺激をうまく取り扱うこと」（Mulligun, 2002）と定義されている。

感覚統合療法はASDへの有効な知見を数多く発表しており，注目されている療法である。

(2) ASDの感覚過敏の問題

岩永（2010）は，多くのASDに感覚調整障害があり，感覚障害はすべての感

覚領域で起こり得ることを指摘している。多くのASDは，1つの感覚領域ではなく，複数の感覚領域にわたり問題が起こる。そのため1人のASDが低反応と過反応を併せもっていることも多い。

　感覚刺激に対する反応は幼少期の途中から顕著になってくることが多く，ガルは，多くのASDの人は思春期の間に感覚刺激に対する症状が変わり，それと同様に感覚調整の兆候も変わると述べている（Gal, 2007）。

　このことは，成長に伴い感覚障害が完治したということではなく，現在も感覚調整障害をもっているが刺激に過剰に反応しなくなったと考えられる。

　年齢が高くなると，感覚調整障害も軽減されると考えられるが，二次障害の併発に伴い，感覚過敏をさらに強めている場合も少なくない。

(3) ASDの運動面での問題

　運動面に問題をもつASDは多く，その多くは姿勢維持やバランス保持が困難である。また，運動面では不器用さが目立ち，運動麻痺があるわけではないのに運動がうまくできないといった発達性協調運動障害が，多くのASDにみられる。そのため何をやってよいのかがわからずにうろうろしたり，自ら遊びを始められなかったり，同じ遊びばかりをくり返してしまう子どもたちも多い。

　ASDには，文字がうまく書けない，ボールを投げることや受けとることができない，リコーダーが吹けない，などの手の運動の問題もみられる。手の運動機能の問題は，学習や日常生活にも大きな影響を及ぼす。

　加えて，ASDには眼球のコントロールの問題も指摘されている。眼球の問題は学習においてさまざまな問題を引き起こす。文字の読みとばしの問題や，文字の書写の問題などが指摘されている。そこで，手の運動機能や眼球の動きの評価をもとにしたアプローチが必要になる。

(4) 感覚・運動面でのアプローチ

　日常生活における感覚過敏の問題を支援するさまざまなグッズも開発されている。

　聴覚過敏に対しては，耳栓やイヤーマフ，騒音の逆位相の音をヘッドホンに流すノイズキャンセリングヘッドホンなどが，視覚過敏に対しては，サングラスや色つきレンズメガネが適用される。

触覚過敏に対しては，服や食べ物の選択，他人との不快にならない距離の取り方などを ASD の子ども自身で身につける必要がある。やわらかい素材の服やタグを外す，長袖や長ズボン，締めつけ具合などへの配慮も必要である。ASD 自身で素材を大丈夫かどうか確かめさせ，選ばせるということも大事である。

他者から触れられることに対して過剰反応を示す場合は，人混みや人から触られそうな場所から離れることが必要であり，子ども自身に教えていく。また，大人も ASD の子どもたちのもつ触覚過敏への理解と配慮をしなければならない。

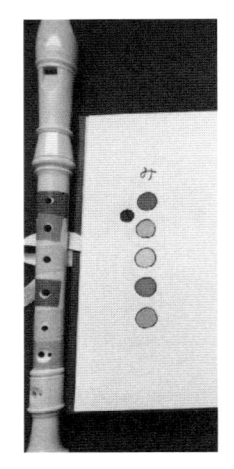

図 6-16　リコーダーと色楽譜

運動面については，姿勢がよくない ASD には，骨盤がズレないように形作られたクッションやエアークッションを用いる。こまかな手作業が苦手な ASD は定規で線がうまく引けない，コンパスがうまく使えないなどの困難さを示す。そのために，定規の裏に滑り止めをつける，コンパスの針を深く刺せるように紙のうしろに段ボールを敷くなどの工夫が必要である。リコーダーの指導の際には，色楽譜を用いる（図 6-16）。ビニールテープを使い押さえる穴をわかりやすく示し，同じ色のテープがついた指で穴をふさぐ練習をする。穴をふさぐ練習には，好きな触感であるスライムを用いて穴を押える練習を行なう場合もある。

手先が不器用なために，書字が困難になっている ASD も多い。太めの三角形の鉛筆やシリコンゴム製のグリップを用いたりするなど握り方の工夫を行なう。ノートのマス目を大きくしたり，書かせる紙の大きさを工夫することなども大事である。

6．発達障害の人への有効な支援ツールの紹介—「話の積み木」のつくり方と使い方

本章 2 節の 4．で紹介した「話の積み木」のつくり方について紹介したい。

ガウス（Gaus, 2007）はアスペルガー症候群の大人のコーピングスキルを高めるための技法として紹介しているが，筆者が積み木を作成し使用してみると，もっと広い範囲の対象者に使えることがわかった。たとえば，自分自身のメンタル

ヘルスのために使っても，有効であることが実感できる。また，感情統制が不得手な人，面接場面で無口な人，または話す内容が出にくい人などにも有効であることがわかった。また，事例検討を行なっている共同研究者の臨床心理士達は，「話の積み木」の子ども版を作成し，アスペルガー症候群やADHDの子どもたちの支援で，子どもたちの感情状態についての認知や感情の言語化などの支援ツールとして使用している。

「話の積み木」は，コービングスキルの4番目に紹介されたもので，あらかじめ主張してみる練習のための支援ツールである。

ASのクライエントは，自身の内的な心理状態を認知し，それをことばにすることを学習していないために，「話の積み木」は内的な状態をことばに結びつけるための学習の教材として使用されている。

「話の積み木」は，クライエントがストレスに満ちた状況で自分の感情と必要性を認識するための手助けとなるものである。しかも，視覚的に多様な手がかりの中から選択して組み合わせるもので，その選択が本人にまかされている点も特徴である。

大人のアスペルガー症候群の人たちがクリニックで支援を受ける際に，職場での葛藤やストレスについて報告した内容をもとに作成されたものである。

原本に紹介された例では，積み木の6つの面に，それぞれ絵とフレーズが載っているが，ここで紹介するものは，作成を容易にするために，フレーズのみを載せたものとする。

(1) 感情を表わす積み木と必要性を表わす積み木

感情を象徴する3つの積み木はピンクで，18の面に1つずつ18の感情が書かれている。必要性を象徴する3つの積み木はブルーで，18の必要性が書かれている。

感情と必要性にそれぞれ18の選択肢が与えられているので，クライエントは主観的経験を最もよく述べることばを探すことができる。

以下に，具体的なものを示す（表6-4）。

発達障害の子どもたちに適用するものを，以下に示す（表6-5）。

表 6-4　話の積み木のことばとフレーズ（青年〜大人版）

ピンク：感情の積み木	ブルー：必要性の積み木
私は，……と感じる	私は，……が必要だ
怒っている	誰かに聞いてもらう
認められている	続ける
疲れ切った	一人になる時間
幸せ	もっと知る
プレッシャー	食物や飲み物
できないと思われている	話し合う
心配	もっと助けてほしい
うんざりした	自分の意見を言う
やる気になった	きまりをもうける
注目された	休憩する
我慢できない	解決
生産的	聞く
欲求不満	楽しみをもつ
気が短い	笑う
きつい	辛抱強くなる
興奮した	落ち着く
うまくいく	立ち止まり，考える
がっかりした	深呼吸する

表 6-5　話の積み木のことばとフレーズ（子ども版・小学校低学年以下）

ピンク：感情の積み木	ブルー：必要性の積み木
私は，……と感じる	私は，……が必要だ
うれしい	きく
かなしい	にげる
びっくり	つづける
おこっている	てをあげてしらせる
こわい	よくかんがえる
たのしい	なく
くやしい	わらう
さびしい	やすむ
こまった	ちかくのひとにはなす
はずかしい	おおきくいきをする（5つ）
じっとできない	がまんする
いやだなあ	ひとりになる

(2) 積み木のつくり方

①ピンクとブルーのやや厚手の紙を3枚ずつ用意する。②積み木の展開図を鉛筆と定規で作成する。その際，積み木の一辺は感情や必要性の内容が書ける程度で，5cmが適している。③設計図にのりしろも加えてもよい。④切り取って，積み木の形に貼りあわせる。のりしろのない場合は，面をセロテープで止める。⑤3つのピンクの積み木に，表6-4の感情のフレーズをマジックで書く。長いものは，2段にして書く。⑥3つのブルーの積み木に，同様に必要性のフレーズを書く。子ども版の場合は，積み木が2個ずつになる。

(3) 積み木の使い方

使用者は，まず自分なりにピンクとブルーの積み木の組み合わせを使ってみる。そこでわかることは，正解を無理につくり出す必要はないということである。正解とは自分の価値判断による場合が多いことにも気がつく。

要は，クライエントが自分なりの組み合わせができる状況を用意することから始まる。

使うタイミングとしては，クライエントが葛藤またはジレンマについてのストレスを表現するときがふさわしい。

セラピストの言い方としては，クライエントにピンクとブルーの積み木の各面のフレーズを見せながら，「あなたの今の気持ちを最もよく表わすのは，どれで

すか？　他にふさわしいものがあれば，1つ以上選ぶことができます」と言う。
　多くのクライエントが，どう感じるかの感情の積み木を選んだときには，彼らは「おお，これがそれだ！」とか，「『きつい』。これが，わたしの感じ方だ！」と言って感動を表わすが，自身のことばで説明を加えることはむずかしい場合が多い。

(4) 話の積み木の文章例
　「わたしは心配だ，そのため，もっと知る必要がある」（図6-17）
　「わたしはきつい，そのため，休憩する必要がある」（図6-18）
　クライエントは現実生活で経験したことを思い出しながら，種々のシナリオをつくりながら，くり返しこの練習をすることで，次のことを学習すると考えられている。
- 主観的な状態とことばとを結びつける能力
- 自分の感情の認知とストレスの開放や自分の環境の変化との関係を知る能力

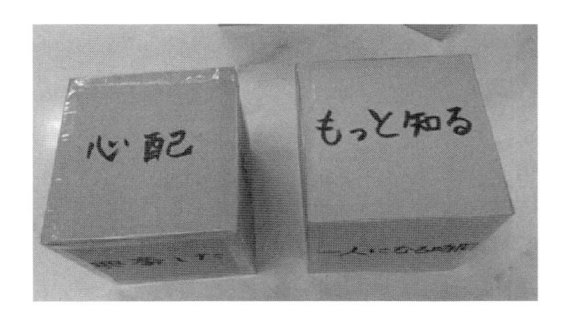

図6-17　「話の積み木」の使用例1

図6-18　「話の積み木」の使用例2

この練習は主張性のためには不可欠で，その目標とするところは，クライエントがストレスを受けたとき，自分で順応の糸口を探し始めることを身につけることといえる。発達障害の人にとって，適応的な主張性によるコミュニケーションは，自分の生活を切り開くものとなる。

引用参考文献

■ 第1章

Arden, J. B., & Linford, L. (2009). *Brain-based therapy with children and adolescents*. Hoboken, N. J.: John Wiley & Sons, Inc. 安東末廣・笠井千勢・高野美智子（訳）(2010). 脳科学にもとづく子どもと青年のセラピー 福村出版

Ainsworth, M. D. S., Blehar, M. C., Waters, E., & Wall, S. (1978). *Patterns of attatchment: A psychological study of the strange situation*. Hillsdale, NJ: Erlbaum.

安東末廣 (1996). いじめっ子の心理と教師へ期待すること 松原達哉（編著）いじめっ子への処方箋 教育開発研究所

Baddeley, A. D. (2000). The episodic buffer: a new component of working memory? *Trends in Cognitive Sciences*, **4**, 417-423.

Carr, L., Iacoboni, M., Dubeau, M. C., Mazziotta, J. C., & Lenzi, G. L. (2003). Neural mechanisms of empathy in humans: A relay from neural systems for imitation tolimbicareas. *Proceedings of the National Academy of Science of USA*, **100**, 5497-5502.

Cozolino, L. (2006). *The neuroscience of human relationship: Attunement and the developing social brain*. New York: Norton.

Dise-Lewis, J. E., Calvery, M. L., & Lewis, H. C. (2002). *Brainstars: Brain injury: Strategies for teams and re-education for students*. Denver, CO: Brainstars.

Fonagy, P., & Target, M. (2006). The mentalization focused approach to self pathology. *Journal of Personality Disorders*, **20**(6), 544-576.

Goleman, D. (2006). *Social intelligence: The new science of human relationship*. New York: Bantam Books.

Gould, E., Reeves, M. S., & Gross, C. G. (1999). Neurogenesis in the neocortex of adult primates. *Science*, **286**, 548-552.

Gunnar, M. (2001). Effects of early deprivation. Findings from orphanage-reared infants and children. In C. Nelson & M. Luciana (Eds.), *Handbook of developmental cognitive neuroscience*. (pp. 617-629). Cambridge, MA: MIT Press.

Heath, M. A., & Sheen, D. (2005). *School-Based Crisis Intervention: Preparing all personnel to assist*. New York: Guilford Press. 安東末廣（監訳）(2007). 学校での危機介入—すべての職員が支援者となるために ナカニシヤ出版

伊藤 薫 (1975). 脳と神経の生物学 培風館

Kemperman, G., Kuhn, H. G., & Gage, F. H. (1998). Experience induced neurogenesis in the senescent dentate gyrus. *Journal of Neuroscience*, **18**, 3206-3212.

Maguire, E. A., Godian, D. G., Johnsrude, I. S., Good, C. D., Ashburner, R. S., Frakowiak, R. S., &Frith, C. (2000). Navigation-related structural change in the hippocampi of taxi cab driver. *Proceedings of the National Academy of Sciences of USA*, **97**(8), 4398-4403.

中村克樹（監） 新星出版社編集部（編）(2008). 脳のしくみ—脳の解剖から心のしくみまで 新星出版社

Nitschke, J. B., Nelson, E. E., Rusch, B. D., Fox, A. S., Oakes, T. R., & Davidson, R. J. (2003). Orbitofrontal cortex tracks positive mood in mothers viewing pictures of their new born infants. *NeuroImage*, **21**, 583-592.

Pelphrey, K. A., Carter, E. J. (2007). Brain Mechanisms Underlying Social Perception Deficits in Autism. In. D. Coch, G. Dawson & K. W. Fischer (Eds.), *Human behavior, learning, and the developing brain* (pp. 56-79). Guilford Press.

Rutter, M., Kreppner, J., & O'Connor, T. (2001). Specificity and heterogeneity in children's responses to profound institutional privation. *British Journal of Psychiatry*, **179**, 97-103.

坂井建雄・久光　正（2011）．ぜんぶわかる脳の事典　成美堂出版

Sheline, Y. I., Sanghavi, M., Mintun, M. A., & Gado, M. H. (1999). Depression duration but not age predicts hippocampal volume loss in medically healthy women with recurrent major depression. *Journal of Neuroscience*, **19**, 5034-5043.

高木俊一郎（編）（1985）．目で見る障害児医学　学苑社

時実利彦（1971）．目で見る脳　東京大学出版会

山浦　晶・田中隆一・児玉南海雄（編）（2005）．標準脳神経外科学　医学書院

万　小紅（2011）．長期にわたり訓練した将棋思考過程のfMRIによる研究　科学研究費補助金研究成果報告書

■第2章

Atkinson, R. C., & Shiffrin, R. M. (1968). Human memory: A proposed system and its control processes. In K. W. Spence & J. T. Spence (Eds.), *The Psychology of learning and motivation* (Vol. 2). London: Academic Press.

Bandura, A. (1971). *Social learning theory*. New York: General Learning Press. 原野広太郎・福島脩美（訳）（1974）．人間行動の形成と自己制御―新しい社会的学習理論　金子書房

Boring, E. G. (1930). A new ambiguous figure. *American Journal of Psychology*, **42**, 444-445.

Bridges, K. M. B. (1932). Emotional development in early infancy. *Child Development*, **3**, 324-341.

Fisher, G. H. (1968). Ambiguity of form: Old and new. *Perception and Psychophysics*, **4**, 189-192.

早坂泰次郎（1994）．新版看護学全書　心理学　メヂカルフレンド社

井上　毅（1997）．記憶　北尾倫彦・中島　実・井上　毅・石王敦子（著）グラフィック心理学　サイエンス社　pp. 37-62．

神宮英夫（2011）．心のしくみ　知覚心理学・学習心理学・認知心理学　青木紀久代・神宮英夫（編）徹底図解心理学　新星出版　pp. 120-164．

河内十郎・鳥居修晃・下條信輔（1996）．感覚・知覚　鹿取廣人・杉本敏夫（編）心理学　東京大学出版会　pp. 107-150．

真覚　健（2002）．知覚と認知の心理学　藤田主一（編）こころへの挑戦　心理学ゼミナール　福村出版　pp. 52-65．

Maslow, A. H. (1943). A theory of human motivation. *Psychological Review*, **50**, 370-396.

Rubin, E. (1921). *Visuell wahrgenommene Figuren*. Copenhagen: Glydendalske.

Skinner, B. F. (1938). *The behavior of organism: An experimental analysis.* Appleton Century Co., Inc.

Watson, J. B. (1928). *Psychological care for the infant and child*. New York: Norton.

Weltheimer, M. (1923). Untersuchungen zur Lehrer von der Gestalt II. *Psychologishe Forshung*, **4**, 301-305.

Yerkes, R. M., & Morgulis, S. (1909). The method of Pavlov in animal psychology. *Psychological*

Bulletin, **6**, 257-273.

■第3章

土井隆義(2008).友だち地獄　筑摩書房
日野林俊彦(2009).思春期と環境—発達加速現象の視点—　成長科学協会　第22回公開シンポジウム
柏木惠子・大野祥子・平山順子(2009).家族心理学への招待　ミネルヴァ書房
川瀬正裕・松本真理子・松本英夫(2006).心とかかわる臨床心理［第2版］基礎・実際・方法　ナカニシヤ出版
厚生労働省(2011a).平成22年度福祉行政報告例の概況〈http://www.mhlw.go.jp/toukei/saikin/hw/gyousei/10/〉(2012年6月18日閲覧)
厚生労働省(2011b).平成23年度版厚生労働白書〈http://www.mhlw.go.jp/wp/hakusyo/kousei/11〉(2012年6月18日閲覧)
黒沢幸子(2002).指導援助に役立つスクールカウンセリング・ワークブック　金子書房
宮城音弥(1960).性格　岩波書店
文部科学省(2011a).平成22年度児童生徒の問題行動等生徒指導上の諸問題に関する調査〈http://www.mext.go.jp/b_menu/toukei/chousa01/shidou/1267646.htm〉(2012年6月18日閲覧)
文部科学省(2011b).平成22年度体力・運動能力調査結果の概要及び報告書〈http://www.mext.go.jp/b_menu/toukei/chousa04/tairyoku/kekka/k_detail/1311808.htm〉(2012年6月18日閲覧)
文部科学省(2012).平成23年度学校保健統計調査結果
内閣府政策統括官(2007).低年齢少年の生活と意識に関する調査報告書　共生社会政策〈http://www8.cao.go.jp/youth/kenkyu/teinenrei2/zenbun/〉(2012年5月17日)
内閣府政策統括官(2009a).第8回世界青年意識調査報告書〈http://www8.cao.go.jp/youth/kenkyu/worldyouth8/html/mokuji.html〉(2012年6月18日閲覧)
内閣府政策統括官(2009b).高校生活および中学校生活に関するアンケート調査(高等学校中途退学者及び中学校不登校生徒の緊急調査)報告書〈http://www8.cao.go.jp/youth/kenkyu/school-life/html/index.html〉(2012年6月18日閲覧)
朴　鐘顕(2011).子どもを読む　昔は壁で今は守るもの…父母　朝日新聞　2011年10月5日付　朝刊
田中陽子(2012).子どもの良さを深く知る—よく見ること,聴くことの大切さ—　児童心理, **66**(5),98-102.

■第4章

青山高子(1992).こころの問題と理解と対応　品川浩三(編)　教育・保健双書　第10巻　精神保健　北大路書房　pp.49-126.
American Psychiatric Association (2000). *Quick reference to the diagnostic criteria from DSM-IV-TR.* American Psychiatric Publishers. 高橋三郎・大野　裕・染矢俊幸(訳)(2003).DSM-IV-TR精神疾患の分類と診断の手引　医学書院
Arden. J. B., & Linford. L. (2007). *Brain-based therapy with children and adolescents.* 安東末廣　他(訳)(2010).脳科学にもとづく子どもと青年のセラピー　日々の実践に役立つ治療法　福村出版
Baron-Cohen, S. (1995). *Mindblindness: An essay on autism and theory of mind.* Cambridge, MA: MIT Press.
Baron-Cohen, S. (2008). *Autism and Asperger syndrome.* 水野　薫・鳥居深雪・岡田　智(訳)(2011).自閉症スペクトラム入門　中央法規
Baron-Cohen, S., Ring, H. A., Wheelwright, S., Bullmore, E. T., Bremmer, M. J., Simmon, A. et al.(1999). Social intelligence in the normal and autistic brain: An fMRI study. *Europian Journal of*

Neuroscience, **11**(6), 1891-1898.
Haxby, J. V., Hoffman, E. A., & Gobbini, M. I. (2000). The distributed neural system for face perception. *Trends in Cognitive Science*, **4**(6), 223-233.
厚生労働省 (2010). 医療計画における精神疾患の位置づけに関する提案
文部科学省 (1999). 学習障害児に対する指導について (報告)
太田昌孝 (編) (2008). こころの科学セレクション 発達障害 日本評論社
Pelphrey, K., Adolphs, R., & Morris, P. (2004). Neuroanatomical substrates of social Cognitive dysfunction in autism. *Mental Retardation and Developmental Disabilities Research Review*, **10**(4), 259-271.
Pelphrey, K. A. & Carter, E. J. (2007). Brain Mechanisms Underlying Social Perception Deficits in Autism. In D. Coch, G. Dawson & K. W. Fisher (Eds.), *Human behavior, learning, and the developing brain atypical development*. New York: Guilford Press.
齊藤万比古 (編著) (2009). 発達障害が引き起こす二次障害へのケアとサポート 学習研究社
Schultz, R. T., Gauthier, I., Klin, A., Fulbright, R. K., Anderson, A. W., Volkmar, F. et al. (2000). Abnormal ventral temporal cortical activity during face discrimination among individuals with autism and Asperger syndrome. *Archives of General Psychiatry*, **57**(4), 331-340.
清水將之 (2010). 子どもの精神医学ハンドブック [第2版] 日本評論社
Spence, S. H., Donovan, C., & Brechman-Tousaint, M. (2000). The treatment of childhood social phobia: The effectiveness of a social skills based cognitive-behavioral intervention, without parental involvement. *Journal of Clinical Psychology and Psychiatry*, **41**, 731-726.
杉山登志郎 (2007). 発達障害の子どもたち 講談社現代新書
Waas, G. A., & Graczyk, P. A. (2000). Child behaviors leading to peer rejection: A view from the peer group. *Child Study Journal*, **29**(4), 291-306.
Winston, J. S., Strange, B. A., O'Doherty, J., & Dolan, R. J. (2002). Automatic and intentional brain responses during evaluation of trustworthiness of faces. *Nature Neuroscience*, **5**(3), 277-283.

■第5章

上里一郎 (監修) (1993). 心理アセスメントハンドブック 西村書店
Baron-Cohen, S., Leslie, A., & Frith, U. (1985). Does the autistic child have a "theory of mind"? *Cognition*, **21**, 37-46.
Baron-Cohen, S., Michelle, O. R., Valerie, S., Rosie, J., & Kate, P. (1999). Recognition of faux Pas by Normally Developing Children and Children with Asperger Syndrome or High-Functioning Autism. *Journal of Autism and Developmental Disorders*, **29**(5), 407-418
大六一志・山中克夫・前川久男・藤田和弘 (2011). 日本版 WAIS-III における新しい群指数——一般知的能力指標 (GAI) および認知習熟度指標 (CPI) の尺度作成 日本心理学会第75回大会 一般研究発表
DuPaul, G. J., Power, T. J., Anastopoulos, A. D., & Reid, R. (1998). *ADHD rating scale-IV: Checklists, norms, and clinical interpretation*. New York: Guilford Press. 市川宏伸・田中康雄 (監修) 坂本 律 (訳) (2008). 診断・対応のための ASHS 評価スケール ADHD-RS【DSM準拠】チェックリスト, 標準値とその臨床的解釈 明石書店
Frith, U. (2003). *Autism: Explaining the enigma. 2nd ed.* Blackwell. 冨田真紀・清水康夫・鈴木玲子 (訳) (2009). 新訂 自閉症の謎を解き明かす 東京書籍
Happé, F. (1994). *Autism: An introduction to psychological theory.* Harvard University Press. 石坂好樹・神尾陽子・田中浩一郎・幸田有史 (訳) (1997). 自閉症の心の世界—認知心理学からのアプローチ 星和書店

PARS 委員会（編著）(2008). PARS (Pervasive Developmental Disorders Autism Society Japan Rating Scale.) 広汎性発達障害日本自閉症協会評定尺度　スペクトラム出版社

Perner, J., & Wimmer, H. (1985). "John thinks that Mary thinks that ..." attribution of second-order beliefs by 5 to 10 year-old children. *Journal of Experimental Child Psychology*, 39, 437-471.

高木隆郎・ラター, M.・ショプラー, E.（編）(1997). 自閉症と発達障害研究の進歩 1997/Vol.1　特集 心の理論　日本文化科学社

土田玲子・岩永竜一郎（2003）. 日本版ミラー幼児発達スクリーニング検査と JMAP 簡易版―その解釈及び関連研究　パシフィクサプライ株式会社

Wimmer, H., & Perner, J. (1983). Beliefs about beliefs: Representation and constraining function of wrong beliefs in young children's understanding of deception. *Cognition*, 13, 103-128.

■第6章

Axline, V. M.（1947）. *Play therapy*. Boston: Houghton Mifflin　小林治夫（訳）(1959). 遊戯療法　岩崎書店

Ayres, A. J. (1979). *Sensory integration and the child*. Los Angeles: Western Psychological Services.

Brooks, C. V. W. (1983). *Sensory awareness*. Ross Erikson.　伊東　博（訳）(1986). センサリー・アウェアネス　誠信書房

Buron, K. D. & Curtis, M. (2003). *The incredible 5-point scale: assisting students with autism spectrum disorders in understanding social interactions and controlling their emotional responses*. 柏木　諒（訳）(2006). これは便利！ 5段階表：自閉症スペクトラムの子どもが人とのかかわり方と感情のコントロールを学べる活用事例集

Drewes, A. A., Carey, L. J., & Schaefer, C. E. (2001). *School-based play therapy*. 安東末廣（監訳）(2004). 学校ベースのプレイセラピー　現代を生きる子どもの理解と支援　北大路書房

Fisher, A. G., & Murray, E. A. (1991). Introduction to sensory integration theory. In A. G. Fisher, E. A. Murray & A. C. Bundy (Eds), *Sensory integration: Theory and practice*. Philadelphia Davis.

Frith, U. (1989). *Autism: explaining the Enigma*. Blackwell. 冨田真紀・清水康夫・鈴木玲子（訳）(2005). 自閉症の謎を解き明かす　東京書籍

Frith, U. (2003). *Autism: Explaining the enigma*. 2nd ed. Wiley-Blackwell. 冨田真紀・清水康夫・鈴木玲子（訳）(2009). 新訂版　自閉症の謎を解き明かす　東京書籍

深谷和子（編著）(2005). 遊戯療法　子どもの成長と発達の支援　金子書房

Gal, E., Cermak, S. A., & Sasson, B. A. (2007). Sensory processing disorders in children with autism: Nature, assessment, and intervention. In R. Gabriels & D. Hill (Eds.), *Growing-up with autism: Working with school-age children and adolescents*. New York: Guilford Publishers.

Gaus, V. L. (2007). *Cognitive-behavioral therapy for adult Asperger syndrome*. New York: Guilford Press.

Gendlin, E. T. (1978). *Focusing*. 村山正治（訳）(1982). フォーカシング　福村出版

Haworth, M. R. (1964). *Child psychotherapy: Practice and theory*. Northvale, NJ: Aronson.

Hobson, R. P., Ouston, J., & Lee, A. (1988). What's in a face? The case of autism. *British Journal of Psychology*, 79, 441-453.

Howlin, P., Baron-Cohen, S., & Hadwin, J. (1999). *Teaching children with autism to mind-read: A practical guide for teachers and parents*. Chichester, West Sussex, England; New York: J. Wiley & Sons.

Huebner, D. (2008). *What to do when your temper flares: A kid's guide to overcoming problems with anger*. Washington, D. C.: Magination Press. 上田勢子（訳）(2009). だいじょうぶ自分でできる怒り

の消火法ワークブック〔イラスト版　子どもの認知行動療法2〕　明石書店
伊東　博（1999）．身心一如のニュー・カウンセリング　誠信書房
岩永竜一郎（2010）．自閉症スペクトラムの子どもへの感覚・運動アプローチ入門　東京書籍
Kabat-Zinn, J.（1990）．*Full catastrophe living.* New York: Delta. 春木　豊（訳）（2007）．マインドフルネス・ストレス低減法　北大路書房
河野良和（1989）．感情モニタリング　実際編　河野心理教育研究所
国分康孝・岡田　弘（編）（1996）．エンカウンターで学級が変わる　小学校編―グループ体験を生かした楽しい学級づくり―　図書文化社
厚生労働省（2011）．平成22年度福祉行政報告例の概況〈http://www.mhlw.go.jp/toukei/saikin/hw/gyousei/10/〉
文部科学省（2012）．児童生徒の問題行動等生徒指導上の諸問題に関する調査〈http://www.mext.go.jp/b_menu/toukei/chousa01/shidou/1267646.htm〉
森川泰寛（1995）．カウンセリング　安東末廣・佐伯榮三（編）人間関係を学ぶ　ナカニシヤ出版　pp. 161-169.
Mulligun, S.（2002）．Focus on research and occupation. In A. C. Bundy, S. L. Lane, & E. A. Murray（Ed.），*Sensory integration: Theory and practice.* 2nd ed. Philadelphia Davis.
Myles, B. S., Trautman, M., & Schelvan, R. L.（2004）．*The hidden curriculum: Practical solutions for understanding unstated rules in social situations.* Shawnee Mission, KS: Autism Asperger.
成瀬悟策（2001）．リラクセーション　講談社
大野太郎（編）（2003）．ストレスマネジメントフォキッズ　小学生用　東山書房
Patel, C.（1989）*The complete guide to stress management.* OPTIMA. 竹中晃二（監訳）（1995）．ガイドブック・ストレスマネジメント　信山社出版
Renfrew. C.（2011）．*The Renfrew language scales: Action picture test.* Speechmark Publishing Ltd.
Speechmark（1996）．*Emotions: Color cards.* Speechmark Publishing Ltd.
田口則良（編）（2000）．自分理解の心理学　北大路書房
高橋和子（2002）．からだほぐしを楽しもう①ゆっくりイキイキからだきづき　汐文社
冨永良喜（1999）．心の教育とストレスマネジメント教育　冨永良喜・山中　寛（編）動作とイメージによるストレスマネジメント教育　展開編　北大路書房　pp. 1-20.
内山喜久雄（1972）．サイコセラピー・シリーズ　行動療法　文光堂
Weeks, S. J., & Hobson, R. P.（1987）．The salience of facial expression for autistic children. *Journal of Child Psychology and Psychiatry,* **28**, 137-152.
Wing, L.（1988）．The continuum of autistic characteristics. In E. Schopler & G. B. Mesibov（Eds.），*Diagnosis and assessment in autism*（pp. 91-110）．New York: Plenum Press.
Wolpe, J.（1969）．*The practice of behavior therapy.* New York: Pergamon Press.
山中　寛（監修）（1999）．学校におけるストレスマネジメント教育（VHS映像）　南日本放送
山中　寛・冨永良喜（編）（2000）．動作とイメージによるストレスマネジメント教育　基礎編　北大路書房

事項索引

◆あ
アイデンティティ　69
アイデンティティ拡散　69
アクション・ピクチュア・テスト　159
アスペルガー症候群（AS）　23, 95, 184
アスペルガー症候群の大人　190
アタッチメント　28, 104
アタッチメントスキーマ　31
アタッチメントスタイル　29, 32
アドラー理論　178
アドレナリン　9, 62, 119
アポトーシス　3, 9
誤った行動　171
誤りの信念　141
誤りの認識　20
アルツハイマー型老人性認知症　34
アンガーコントロール　152, 153

◆い
怒りの温度計　154
閾下　60
生き方を生み出す脳　12
生き方を支える脳　19
閾下知覚　45
意思決定　20
いじめ　30
いじめっ子　30
いじめられっ子　30, 31
一次視覚野　19
一次聴覚野　19

一次的欲求　63
遺尿　107
遺糞　107
インクのしみでできた図版　131

◆う
WISC-Ⅲ　127
WISC-Ⅳ　127
WAIS-Ⅲ　128
ウェルニッケ野　9, 19
内田クレペリン検査　134
うつ病　27, 35, 112, 119
右半球　5, 6, 7, 9, 33, 117, 118
運動前野　22
運動野　5, 8

◆え
AS→アスペルガー症候群
ASD→自閉症スペクトラム障害
ACC→前帯状皮質
HPA軸　13, 21, 25-27
ADHD→注意欠陥／多動性障害
ADHD-RS　144
ADD→注意欠陥障害
SAD→社会不安障害
STAI　136
SUD→自覚的障害単位
エピソード記憶　16
MAS　135
MMSE→ミニメンタルステート検査

LD →学習障害
縁上回　19
延髄　7

◆お
OFC →眼窩前頭皮質
OCD →強迫性障害
オペラント条件づけ　51, 53, 180

◆か
解釈　174
外傷後ストレス障害（PTSD）　31, 35, 102
改訂長谷川式簡易知能評価スケール　136
概日リズム　8
海馬　7, 8, 10, 13, 18, 20, 25, 27, 34, 35, 119
灰白質　5
外発的動機づけ　65
カウンセラー　169
カウンセリング　169, 171
過換気症候群　109
核　2
角回　19
学習　170
学習障害（LD）　98
学習理論　180
過剰選択性　156
カスケード　2
家族発達6段階説　89
形の認識　17
過敏性腸症候群　108
感覚　37
感覚運動期　46
感覚記憶　56
感覚調整障害　188, 189
感覚統合機能　138
感覚統合療法　188
感覚の順応　39

眼窩前頭皮質（OFC）　12, 14, 15, 20, 21, 116, 118
幹細胞　33
観察学習　55
感情　57, 58
感情カード　159
感情認知　21, 155
感情認知カード　156
感情脳　20
感情の反射　173
感情表出　21
間脳　7

◆き
記憶　8, 10, 17, 18, 20, 35, 55
記憶力　36
器質性脳障害　139
期待価値説　65
気分　58
記銘　56
気持ちメーター　154
キャノン＝バード説　61
GABA　9
ギャング・グループ　82
嗅覚　37, 38
弓状束　19
橋　7
共感　20, 22
強迫性障害（OCD）　102, 117, 118
許容的雰囲気　175
筋弛緩法　168

◆く
空間学習能力　21, 35
空間認識力　36
具体的操作期　47
グッドイナフ人物画知能検査　129

グリア細胞　1, 3, 5, 34
グルコース　9
グルタミン酸　9
群化の法則　40
群指数　127, 128

◆け
形式的操作期　47
継次処理　130
系統的脱感作法　181
K-ABC　129, 130
結晶性知能　34
言語　17, 18, 48
言語性IQ　127
言語理解指標　127
現実経験　170

◆こ
交感神経系　59
高機能自閉症　142
攻撃　175
攻撃性　177
恒常現象　42
構成的グループ・エンカウンター　148
行動　170
行動観察法　122
後頭葉　3, 16, 17, 35
行動療法　180, 183
広汎性発達障害　143
後部内側楔前部　36
コーネル・メディカル・インデックス　135
コーピングスキル　185, 187, 190
五感　37
五感の感覚体験　165
黒質　9, 23
心の理論　22, 32, 139
心の理論課題　139

古典的条件づけ　51
子ども中心理論　178
子どもとの交流　176
子どものストレス　176
コラム構造　4
コルチゾール　27, 29, 35, 119
コンサルティング　169

◆さ
サーカディアンリズム　8
再教育　173
細胞体　2
作業記憶→ワーキングメモリ
作業曲線　134
作業検査法　123
錯視現象　41
作動記憶　128
左半球　5-7, 9, 32, 117
サブリミナル効果　45
サリーとアンの実験　140
三次元空間　36
算数障害　99

◆し
CMI→コーネル・メディカル・インデックス
CBCL　144
ジェームズ=ランゲ説　61
自我（ego）　170
視覚　37, 38
視覚過敏　189
自覚症プロフィール　135
自覚的障害単位（SUD）　181
自我防衛型　132
時間管理スキル　187
視空間認知　17
視空間マップ　35

軸索　2, 5, 9
時系列の知覚　16
刺激閾　39
自己一致　170
思考　45
自己概念　170
自己統制　14
自己認識　9
自己表現　177
自己不一致　170
視床　7, 25
視床下部　7, 25
失感情症　21
失感情症の患者　7
実行機能　8, 12-14
失語症　19
質問紙法　124
児童期　68
児童虐待　103, 104
自動思考　49
シナプス　2, 3, 9
シナプス連絡　7
自閉症　23, 115, 116
自閉症児　139, 141, 156
自閉症スペクトラム障害（ASD）　93-95, 115, 152, 153, 156, 188-190
社会的知識を蓄えるスキル　185
社会的認知のスキル　186
社会的微笑　28
社会的欲求　63
社会脳　14, 20, 21
社会不安障害（SAD）　101, 118, 181
終結期　172, 177
樹状突起　2, 5, 9, 34
主体性　171
手段となるスキル　185
主張練習　187

受容性　171
障害優位型　132
上側頭溝　21, 22, 116
情緒的反射　175
衝動　170
情動　58
情動フラディング法　182
小脳　2, 7, 35
助言　173
書字表出障害　100
触覚　38
触覚過敏　190
処理速度　127
自律神経系　59, 60
心因性嘔吐　108
神経幹細胞　34, 35
神経細胞　1, 2, 9, 33-35, 119
神経心理学的発達　10
神経伝達物質　2, 24
神経ネットワーク　3
神経力学　1, 21, 23, 31, 32
心身症　108
身体発達の傾向　71
身体表現性うつ病　109
人物画　129
信頼性　123
心理アセスメント　121, 124
心理化　156
心理的環境　40
心理的ストレス　35
心理テスト　123

◆す
図　42, 43
髄鞘化　3, 5, 8
錘体路　7
水平器　155

推論　9
スキーマ　8
ストレス　25-27, 119
ストレス・マネジメント教育　159, 160
ストレス・マネジメント授業　160, 162

◆せ
性格特性　134
制限　175
成人期　70
精神的な活動　177
青年期　69
正の強化　53
脊髄　1, 2
摂食障害　110
線条体　25, 35
前操作期　46
全体IQ　127
前帯状皮質（ACC）　15, 20, 21, 23, 24, 118, 119
前頭前皮質（PFC）　4, 6, 8, 9, 12-14, 16, 19, 21, 24, 32, 35, 60, 118
前頭葉　3, 8, 12, 15, 23

◆そ
想起　56
ソーシャルスキル　185
側坐核　13, 25
側頭葉　3, 17, 18

◆た
第1層　4
第5層　4
第3層　4, 8
帯状皮質　7, 13, 20, 24
体性感覚　137
体性感覚野　8, 17

第2層　4
大脳　2, 7
大脳基底核　2, 5, 9, 23, 25, 35, 117, 118
大脳皮質　1, 3, 8, 35
大脳辺縁系　13, 20, 25, 60
第4層　4
第6層　4
他者の信念　139, 141
妥当性　123
田中ビネー知能検査　126
短期記憶　16, 56, 57
単純な受容　172

◆ち
地　42, 43
知覚　40, 60
知覚推理　127
知覚耐性　44
チック　106
知的障害　96
知能指数　126, 127
チャム・グループ　83
注意　14, 16
注意欠陥障害（ADD）　14
注意欠陥／多動性障害（ADHD）　14, 96, 97, 144
注視　116
中枢神経系　1
中脳　7
聴覚　17, 18, 37, 38
聴覚過敏　189
長期記憶　16, 56, 57
超自我（super-ego）　170
直面　174

◆つ
爪かみ　106

◆て
DLPFC →背外側頭前前皮質
適応的な行動　171
テスト・バッテリー　125
手続き記憶　16
展開期　172, 177
テンション　154

◆と
島　22
投影法　124
動機づけ　64
道具的条件づけ　53
統合失調症　111
動作性IQ　127
洞察　170
同時処理　130
頭頂葉　3, 16, 17, 21, 22, 36
道徳観　9
導入期　172, 177
島皮質　21, 116
トークンエコノミー　183
ドーパミン　9, 13, 23, 24
ドーパミン作動性ニューロン　23
読字障害　99
ドライバーの海馬　35
トラウマ　179
ドロップモーション　155
呑気症　109

◆な
内生的微笑　28
内発的動機づけ　65
内容のくり返し　172
仲間関係　82

◆に
二次的欲求　63
日本版感覚統合検査　138
乳幼児期　67
ニューロイメージング研究　6, 14, 21, 60, 115
人間関係　176
認識記憶　7
認知　45
認知機能　138
認知行動理論　179
認知症　136
認知の歪み　49
認知療法　183

◆の
脳　1
脳下垂体　25
脳幹　7
ノルエピネフリン　9

◆は
パーキンソン病　25
背外側頭前前皮質（DLPFC）　12, 15, 16
バウムテスト　132
白質　5, 35
発達課題　68
発達障害　132, 138
発達スクリーニング検査　137
発達性協調運動障害　100, 189
「話の積み木」　190
パニック障害（PD）　100, 101
反抗期　33
判断・記憶　17, 18
反転図形　42
反応性愛着障害　104

◆ひ

ピア・グループ　83
PFC →前頭前皮質
P-F スタディ　131
PD →パニック障害
PTSD →外傷後ストレス障害
被虐待児　7
非指示的　175
尾状核　36
左側頭葉　16
否認　170
皮膚感覚　37
描画法　145
表情認識　22

◆ふ

不安　118, 136, 180
不安階層表　181
不安障害　100
不安反応の制止　181
フェアネス・ゲージの事例　13
faux pas test　142
副交感神経系　59
副腎　26
腹側被蓋野　23, 24
負の強化　53
不眠症　109
フラストレーション　131
プレイセラピー　174, 177
プレイルーム　176
ブローカ野　19
文章完成法検査　133

◆へ

平衡感覚　137
扁桃核　8, 10, 13, 18, 20, 21, 22, 25, 28, 60, 116, 118

ベントン視覚記銘検査　139
弁別閾　39

◆ほ

防衛メカニズム　170
傍観者　29
報酬（の）システム　13, 24
報酬の期待　20
紡錘状回　21, 116, 117
保持　56
保証　173
補足運動野　7
ホメオスタシス　25, 59, 64

◆ま

マインドリード　157
マターナル・デプリベイション　29

◆み

味覚　37, 38
ミニメンタルステート検査（MMSE）　137
ミューラー・リアーの図形　41
ミラーニューロン　22

◆む

6つの層　4

◆め

明確化　173
メタ認知　32
メラトニン合成　8
面接契約　171
面接法　122
メンタライゼーション　22, 31

◆も

網様体賦活系　20

モダリティ　37, 38
モチベーション　23
モデリング　55
模倣　54, 55
問題解決スキル　187
問題解決能力　175

◆ゆ
有酸素運動　35
指しゃぶり　105

◆よ
要求固執型　132
抑圧　170
欲求　62, 64, 170
欲求階層説　63
欲求不満　65

◆ら
ライフサイクル　87
ラポール　172, 175

◆り
理解　171
流動性知能　34
リラクセーション　164, 181
リラクセーションスキル　187
リラックス呼吸法　167

◆る
ルーマニアの孤児院　27, 29

◆れ
レスポンデント条件づけ　52, 180

◆ろ
老人性認知症　113
老年期　70, 91
ロールシャッハ・テスト　131

◆わ
ワーキングメモリ　8, 14-16, 31, 127

人名索引

◆あ
アーデン（Arden, J. B.）　1, 7, 12, 20, 27
アクスライン（Axline, V. M.）　174
安達　潤　143
安東末廣　30

◆い
岩永竜一郎　188

◆う
ヴィゴツキー（Vygotsky, L. S.）　48
ウィニコット（Winnicott, D. W.）　75
ウィング（Wing, L.）　95
ウェクスラー（Wechsler, D.）　126
ウェルトハイマー（Wertheimer, M.）　40

◆え
エアーズ（Ayres, A. J.）　188
エインスワース（Ainsworth, M. D. S.）　29
エリクソン（Erikson, E. H.）　67-69

◆お
太田昌孝　100

◆か
カーター（Carter, B.）　89
ガウス（Gaus, V. L.）　184, 185, 190

◆き
キャノン（Cannon, W. B.）　61

ギルフォード（Guilford, J. P.）　134

◆く
グッドイナフ（Goodenough, F. L.）　129
クライン（Klein, M.）　174
クレペリン（Kraepelin, E.）　134

◆こ
コッホ（Koch, K.）　132

◆し
ジェイコブソン（Jacobson, E.）　168
シェイファー（Shafer, R.）　43
清水將之　105
シモン（Simon, T.）　126
シャクター（Schachter, S.）　62
シュルツ（Schultz, R. T.）　117

◆す
スキナー（Skinner, B. F.）　52
杉山登志郎　104
スピルバーガー（Spielberger, C. D.）　136
スルーフ（Sroufe, L. A.）　58

◆た
ダイス・ルイス（Dise-Lewis, J. E.）　10
高橋和子　161

◆と
冨永良喜　159

ドラード（Dollard, J.） 55
ドリュウズ（Drews, A. A.） 176, 177

◆な
成瀬悟策 164

◆は
バード（Bard, P.） 61
ハヴィガースト（Havighurst, R. J.） 67-69
長谷川和夫 136
パテル（Patel, C.） 160
パブロフ（Pavlov, I. P.） 51
バロン・コーエン（Baron-Cohen, S.） 94, 115, 116, 139, 141, 142
バンデューラ（Bandura, A.） 55

◆ひ
ピアジェ（Piaget, J.） 46
ビネー（Binet, A.） 126
ヒュブナー（Huebner, D.） 153

◆ふ
深町 健 135
ブリッジス（Bridges, K. M. B.） 58
フロイト（Freud, S） 170
フロイト・アンナ（Freud, A.） 174
ブロードマン（Brodman, K.） 135

◆へ
ペリフェリー（Pelphrey, K.） 117
ベンダー（Bender, L.） 138

ベントン（Benton, A. L.） 139

◆ま
マクゴルドリック（McGoldrick, M.） 89
マズロー（Maslow, A. H.） 63
松原達哉 129

◆み
宮城音弥 76
ミラー，L.J.（Miller, L. J.） 137
ミラー，N.E.（Miller, N. E.） 55

◆や
矢田部達郎 134
山中 寛 159, 161

◆り
リゾラッティ（Rizzolatti, G.） 22
リンフォード（Linford, L.） 1, 7, 12, 20, 27

◆る
ルビン（Rubin, E. J.） 42
ルリア（Luria, A. R.） 48

◆ろ
ロールシャッハ（Rorschach, H.） 131
ロジャーズ（Rogers, C. R） 148, 170

◆わ
ワトソン（Watson, J. B.） 52

執筆者一覧 (執筆順)

安東　末廣	編者	第1章, 第6章第2節4・6
森川　泰寛	ヒューマンケア熊本	第2章, 第6章第1節4・5, 第2節1
田中　陽子	九州保健福祉大学社会福祉学部	第3章, 第6章第1節1, 第2節2
安東　桃子	宮崎県スクールカウンセラー	第4章, 第6章第2節3
高野美智子	医療法人隆徳会　鶴田病院	第5章, 第6章第1節2・3, 第2節5

◆ 編者紹介 ◆

安東末廣（あんどう・すえひろ）
　宮崎国際大学教授，宮崎大学名誉教授
　臨床心理学　臨床心理士

【主著・論文】
　『脳科学にもとづく子どもと青年のセラピー―日々の実践に役立つ治療法―』（共訳）
　　　J. B. アーデン，L. リンフォード（著）　福村出版　2010
　『学校での危機介入―すべての職員が支援者となるために―』（監訳）　M. A. Heath,
　　　D. Sheen（著）　ナカニシヤ出版　2007
　『研究論文で学ぶ臨床心理学』（共著）ナカニシヤ出版　2006
　『幼児期～青年期までのメンタルヘルスの早期介入―発達に応じた8つの効果的なプロ
　　　グラム―』（監訳）　S. I. パイファー，L. A. レディ（著）　北大路書房　2005
　『学校ベースのプレイセラピー―現代を生きる子どもの理解と支援―』（監訳）　A. A. ド
　　　ゥルーズ，L. J. キャリィ，C. E. シェイファー（編）　北大路書房　2004
　『自分理解の心理学』（共著）　北大路書房　2000
　『人間関係を学ぶ―本質・トレーニング・援助―』（編著）　ナカニシヤ出版　1995
　『行動療法ケース研究9・登校拒否Ⅱ』（共著）　岩崎学術出版社　1993
　「シェイピングによる登校拒否の治療―レディネスの形成から登校行動の形成への段階
　　　的治療―」　行動療法研究，17(1)，33-42，1991

生き方支援の心理学
―脳の働きから心や行動を理解する―

| 2012年9月10日 | 初版第1刷発行 | 定価はカバーに表示 |
| 2024年2月20日 | 初版第5刷発行 | してあります。 |

編　者　　安　東　末　廣
発　行　所　　㈱北大路書房
〒603-8303　京都市北区紫野十二坊町12-8
電　話（075）431-0361㈹
FAX（075）431-9393
振　替　01050-4-2083

©2012　　　　　　印刷・製本／創栄図書印刷㈱
検印省略　落丁・乱丁本はお取り替えいたします。
ISBN978-4-7628-2785-3　　Printed in Japan

・ JCOPY 〈㈳出版者著作権管理機構 委託出版物〉
本書の無断複写は著作権法上での例外を除き禁じられています。
複写される場合は，そのつど事前に，㈳出版者著作権管理機構
（電話 03-5244-5088, FAX 03-5244-5089, e-mail: info@jcopy.or.jp）
の許諾を得てください。